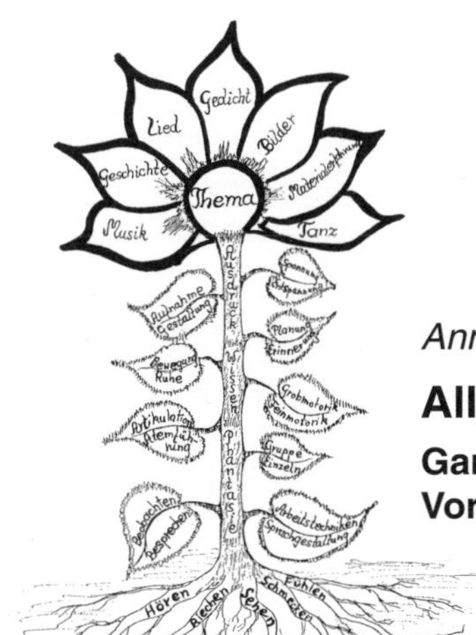

Anna Fischer-Olm

Alle Sinne helfen mit

Ganzheitliche Arbeit in Kindergarten, Vorstufe und Grundschule

Anna Fischer-Olm

Alle Sinne helfen mit

Ganzheitliche Arbeit in Kindergarten, Vorstufe und Grundschule

borgmann

Edition: borgmann publishing

2. Aufl. 2002
Gesamtherstellung: Löer Druck GmbH, Dortmund

Bestell-Nr. 8123 ISBN 3-86145-145-X

Inhalt

Vorwort

Das vorliegende Buch erwuchs aus meiner Arbeit an der Sonderschule für Sprachbehinderte, auch Sprachheilschule genannt. Das bedeutet aber keinesfalls, daß die Stundenbilder nur für besonders betreuungsbedürftige Kinder gedacht sind – die Prinzipien und Erkenntnisse, nach denen sie aufgebaut sind, gelten für jeden lernenden Menschen. Durch die Vorträge und Veröffentlichungen von Johannes Graichen wurde ich angeregt, mich mit den derzeitigen Forschungsergebnissen der Neuropsychologie zu befassen. Dadurch wurde meine Arbeitsweise außerordentlich verändert. Ich versuche, „hirngerecht"zu arbeiten.

Sie werden merken, daß das Buch aus mehreren Teilen besteht: Einmal ist von Klassen, einmal von Kindergartenkindern, einmal von Mutter/Kind-Gruppen die Rede. Die Betreuung dieser Gruppen ist mein Lehrauftrag. Die Unterrichtsbilder sind aber in jeder Kindergruppe jüngerer Kinder unterrichtbar.

Der Unterricht ist – von der Rhythmik/Psychomotorik herkommend – durch die Elemente Musik, Sprache, Bewegung bestimmt. Mit der Zeit ergänzte ich die Elemente der Therapiestunden durch andere Mosaiksteinchen, die ich später darstellen werde.

Der erste Teil des Buches beschäftigt sich mit der elementaren Formerfahrung. Die Behandlung dieses Themas ist bei sprachlich auffälligen Kindern zwingend, da sie ja häufig auch von der Legasthenie betroffen sind. Die Grundformen, aus denen die Buchstaben bestehen, werden vielfältig auf immer wieder neue Art geübt: Formerfahrung als Voraussetzung zum Leselehrgang.

Der zweite Teil beschäftigt sich mit vier verschiedenen Tieren. Die Kinder sollen in der handelnden Auseinandersetzung Verständnis und Interesse an der Natur bekommen.

Den Tanz halte ich für ein so vielfältiges, entwicklungsförderndes Tun, daß ich ihm einen ganzen Abschnitt gewidmet habe.

Im vierten Teil beschäftigen wir uns mit einem Märchen: Der Geschichte vom Sternentaler. Beispielhaft soll aufgezeigt werden, was an Lernerfahrungen multisensorieller Art um ein Märchen herum möglich ist.

Sie werden in meinen Stundenbildern die Handschrift mancher bekannter Fachleute wiederfinden: Gerda Bächli, Wilma Ellersieck, Marianne Frostig, E.J. Kiphard, Barbara Kleinert-Molitor, Hugo Kükelhaus, Hannelore Krause-Wichert, Hanscarl Leuner, Georgi Lozanov, Maria Montessori, Peter Petersen ...

„Welch ein Sammelsurium!“ wird mancher sagen. Doch dazu möchte ich Friederike Meixner zitieren:

„Es ist die Aufgabe der Pädagogen, die Forschungsergebnisse verschiedenster wissenschaftlicher Disziplinen auf ihre Relevanz für die Arbeit mit den Kindern hin zu überprüfen. Nehmen wir von überall her, was brauchbar ist.“ (In ihrem Vortrag während der Münchner Arbeitstagung für Sprachheilpädagogik im September 1989)

Die Mosaiksteine der Unterrichtsbilder

Tanz

Zu Beginn jeder Stunde wird getanzt. Das lockert, löst vom Alltag, stimmt auf die Stunde ein. Die Gruppe „begrüßt" sich durch den tanzbedingten Partnerwechsel. Der Körper wird erwärmt, die Ausdauer gedehnt (deshalb sollten alle „ans Schnaufen" kommen).
Das Kind hört an der Musik, wann ein neues Muster gefordert wird. Sicher wird dieses Phrasenhören durch einen Text unterstützt. Deshalb nehme ich zu Beginn der Gruppentherapie Tanzlieder, später auch Cassetten mit Volkstanzmusik. Das Kind soll sich Muster merken, sie rechtzeitig planen und abrufen. Ängstliche Kinder müssen sich von der Mutter lösen, nicht angepaßte sich einordnen. Ich halte Tanz für wunderbar vielfältig.

Artikulationstraining und Atemtraining

Vom Thema her bestimmt werden Laute, Lautverbindungen und die Atemführung geübt; da sie sich scheinbar zwingend aus dem Inhalt der Geschichte ergeben, macht das Kind gerne mit. Ist die Übungsleiterin selber begeistert bei der Sache, genieren sich die Mütter auch nicht.
Machen die Mütter mit, machen auch schüchterne Kinder mit.

Stimmführung und Sprachgestaltung

Beim Rezitieren der Gedichte und Sprüche wird durch den Rhythmus, den Reim, sozusagen eine Schiene vorgegeben, auf die das Kind sich setzen kann. So schleifen sich Wörter, Satzmuster, Stimmhöhen, Atemverteilung spielerisch ein. Das Gedächtnis wird trainiert, unterstützt durch den emotionalen Gehalt, den die Verse durch das Nachspielen bekommen. Das **darstellende Spiel** ergibt sich zwangsläufig aus dem Anliegen, Sprache sichtbar zu machen und emotional zu verankern. Gleichzeitig gönnen wir dem Gedächtnis weitere „Krücken" durch das begleitende

Handgestenspiel

Bedenken wir, daß uns die Mediziner sagen, daß Hand- und Mundmotorik ganz nahe beieinander liegen, so haben wir eine weitere Begründung für diesen schönen Mosaikstein.

Genaues Sehen und Hören

sind in jedem Stundenbild enthalten, darüber hinaus aber muß das Kind viel **selber tun**, sonst wird es weniger behalten, als eigentlich möglich wäre.

Beruhigung wechselt mit Aktivierung

Wollen wir die Kinder dazu anregen, aktiv zu werden, selbst etwas zu erfinden, selbst etwas zu gestalten, sollten wir gegenläufige Bewegungen, Tempowechsel, Balancesituationen schaffen. Wollen wir sie beruhigen, wählen wir gleichförmige, parallele Körperbewegungen.
Die Stimmführung darf dynamisch, ja dramatisch sein, die Bewegungen raumgreifend, Rechts-Linkswechsel mit Körpermittenüberschreitung häufig.
Wollen wir beruhigen, entspannen, das Kind in einen eher meditativ aufnehmenden Zustand versetzen, soll die Musik vom Tempo her in etwa dem Herzschlag entsprechen. Die Stimmführung soll ruhig, ohne große Höhenwechsel sein, eher tief als hoch. Parallelbewegungen beruhigen und eine feste Fixierung auf einem sicheren Untergrund auch (Körbchensitz: Die Kinder sitzen auf ihren flach am Boden liegenden Füßen).
Auch die Texte und damit die Bewegungsfolgen sollten beide Elemente in stetem Wechsel beinhalten: Spannung und Lösung.
Zu jedem Stundenbild gehören Übungen, bei denen Dreidimensionales in Zweidimensionales übertragen werden soll.

Visuomotorische Schulung

Beispiel: Die real gesehene und gefühlte, selbst im Spiel erlebte Schnecke soll eine Zeichnung oder eine kleine Plastik werden.
Das Töpfern **(Künstlerische Gestaltung)**bietet dem Kind die Gelegenheit, in der Dreidimensionalität zu bleiben, das Gesehene und Gefühlte möglichst genau wiederzugeben. Darüber hinaus stärkt es wunderbar die Handkraft und -geschicklichkeit, hilft dem Kinde, sich schöpferisch zu verwirklichen.
Das Arbeiten mit Ton ist in keiner Weise mit Malen, Kleben, Ausschneiden zu vergleichen. Es hat eine gänzlich andere Qualität. Das leichte Herausformen aus dem weichen Material Erde, welches dann durch das Feuer zu Stein wird, quasi Ewigkeitswert bekommt, die Begegnung mit diesen zwei Elementen, ist weder durch Plastizierwachs noch durch Knete oder Bastelmasse zu ersetzen.
Natürlich soll aber nicht nur durch Töpfern künstlerisch gestaltet werden, sondern auch durch **Basteln** und Malen mit verschiedensten anderen Materialien.

Was die **Musik** kann und bewirkt, brauche ich hier nicht aufzuführen. Das hört, sieht, fühlt, weiß, erfährt jeder. Ob selbstgemacht oder Cassette hängt von den Fertigkeiten und Vorlieben der Übungsleiter ab. Sicherlich wird man je nach Thema verfahren. Da die sprachverzögerten Kinder aber große Schwierigkeiten im Erfassen von Musiken haben, sollten sie möglichst einfach strukturiert, leicht eingängig und den herrschenden Hörgewohnheiten nicht zuwider sein. Später kann man in kleinen Schritten das Musikhören differenzieren, über eigenen kleinen Musikgestaltungen das Aufnahmevermögen verfeinern, fremde Klänge beimischen **(Auditive Schulung)**.
Da wir ständig in Bewegung sind, ist die Psychomotorik eigentlich schon enthalten. Immer wieder gibt es aber Themen, bei denen sich ausgesprochen bewegungsintensive Stunden anbieten. Diese sind dann unter **„Psychomotorik"** aufgeschrieben.
Ein wichtiger Bestandteil der Arbeit sind die **Übungen zur Stille.** Ob es sich um meditative Bewegungen, um Traumreisen, um Bildbetrachtung oder Hörerlebnisse handelt, immer ist die ganze Aufmerksamkeit des Kindes in der Stille gefordert.

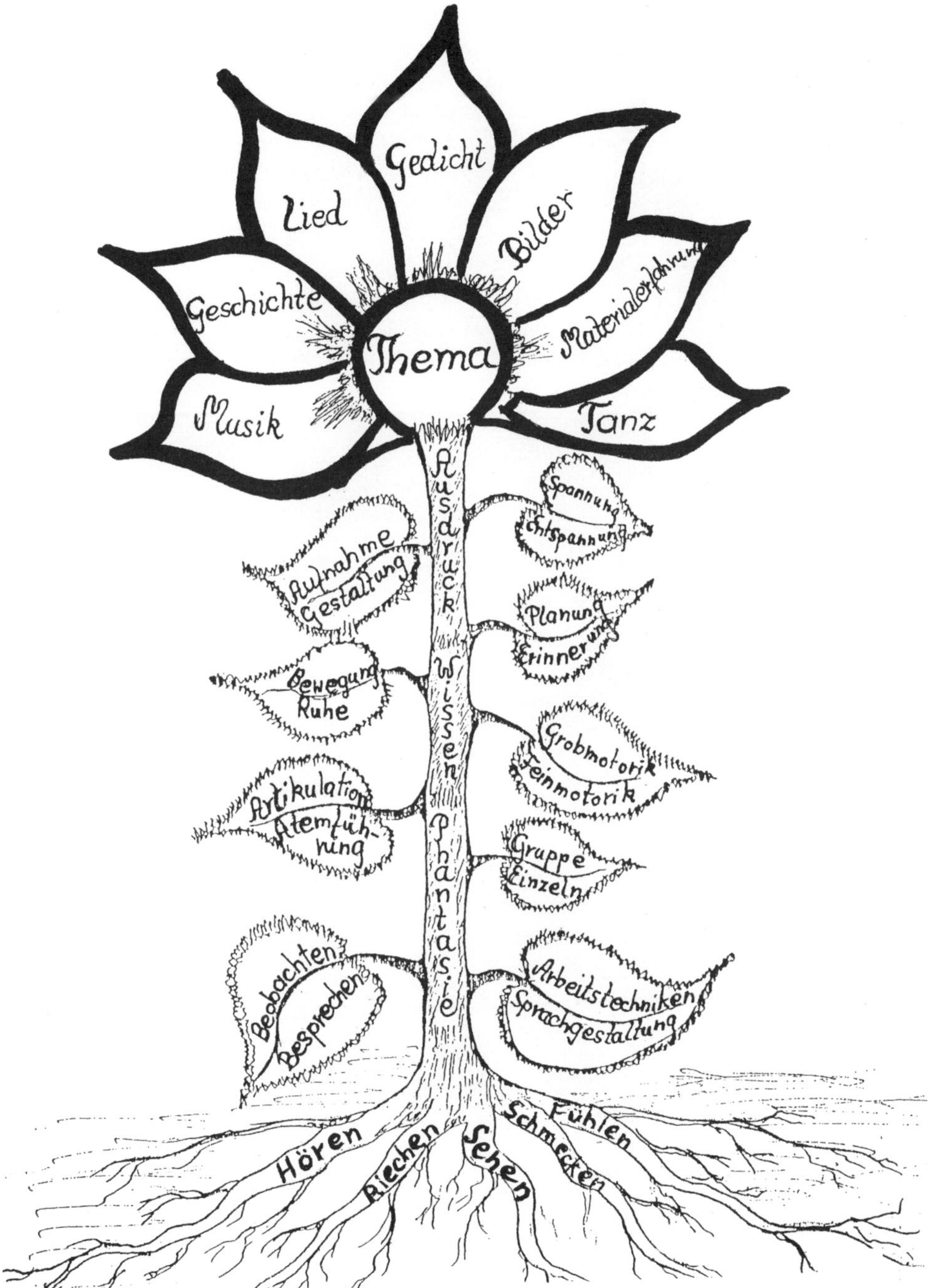
Gedicht
Lied
Bilder
Geschichte
Materialerfahrung
Thema
Musik
Tanz
Ausdruck
Wissen
Phantasie
Spannung
Entspannung
Aufnahme
Gestaltung
Planung
Erinnerung
Bewegung
Ruhe
Grobmotorik
Feinmotorik
Artikulation
Atemführung
Gruppe
Einzeln
Beobachten
Besprechen
Arbeitstechniken
Sprachgestaltung
Hören
Riechen
Sehen
Schmecken
Fühlen

„Wie soll es weitergehen?“

„Soweit – sogut“

„Balancieren ist ganz schön schwer!“

Elementare Formerfahrung

Erste Unterrichtseinheit „Gerade und Gebogen“

Die erste Unterrichtseinheit „Gerade und Gebogen“ soll den Kindern die elementare Erfahrung vermitteln, daß wir überall von Linien und Formen umgeben sind, die entweder Ecken, Kanten und Seiten haben oder Kurven, Wölbungen und Windungen. Das wissen die Kinder zwar mit dem Körper, aber sie sollen lernen, bewußt die Formen zu benutzen (Bewegungsplanung und Steuerung), sie auch in verstecktem Gewand zu erkennen (Diskriminierung), sie in der Musik zu erkennen (Hörschulung), sie zweidimensional reproduzieren zu können (Feinmotorik), sie zeichnerisch oder plastizierend gestalten zu können (Gestaltung). Die Kinder sollen lernen, daß wir Raum auf verschiedene Weise erleben können, daß unterschiedliche Formen unterschiedliche Gefühle in uns auslösen. Sie sollen um ihren Platz im Raum, um ihren Platz in der Gruppe, die diesen Raum mitbevölkert, wissen. Sie sollen die Gefühle erfahren, die dadurch ausgelöst werden, daß wir uns in die Bewegungslinien anderer Menschen hineinbegeben. Die Kinder sollen über der Auseinandersetzung mit der Gruppe und den geraden und gebogenen Raumlinien ihre eigenen Bewegungen besser planen lernen, damit sie den vorhandenen Raum optimal ausnutzen können.

Unterrichtseinheit 1/ Bild 1: Gerade Formen im Raum – Viereck

1. Tanz, Polonaisenmusik
2. Raumwege im Verhältnis zum festen Punkt
3. Gemeinschaftsspiel: Wir bauen ein Haus
4. Von der Dreidimensionalität in die Zweidimensionalität
5. Schlußphase: Gerade Wege im Kreis
6. Hausaufgabe

Materialbedarf: Handtrommel, Klangstab, Teppichfliesen, Gymnastikstökke, Karton, Malblöckchen

1. Tanz, Polonaisenmusik

1.1 Die Kinder sitzen auf der Bank an der Wand. Sie werden mit ihrem Namen und Blickkontakt (Augenstraße) begrüßt. Dabei modifiziert die ÜLin die Stimme:
Mal tief – mal hoch, mal schnell – mal langsam, mal laut – mal leise. Die Kinder sollen möglichst so antworten, wie sie angesprochen wurden, um ihre Stimme als Instrument benutzen zu lernen (Echoübungen).

1.2 Die ÜLin ruft flüsternd ein Kind nach dem anderen auf, jedes faßt das vorhergehende an der Hand.

1.3 Auf eine Polonaisenmusik führt nun die ÜL die Schlange von einer Ecke des Raumes in die andere, an den Wänden entlang oder diagonal. Wichtig ist, daß nur gerade Wege, die den ganzen Raum ausloten, gelaufen werden und der Richtungswechsel deutlich „eckig" gestaltet wird.

1.4 Ganz kurz wird besprochen, was heute an dem Tanz Besonderes war: Die Wege führten immer von Ecke zu Ecke.

1.5 Hat der Tanz Spaß gemacht, übernimmt ein Kind nun die Führung, dabei wird es wohl die geraden Wege verlassen wollen. Das Tanzprinzip wird nochmals in Erinnerung gerufen.

1.6 Um den Begriff „Ecke" zu festigen, wird noch ein kurzes Spruchspiel angeschlossen:

Sieh hier springt (oder rennt) das schnelle Kind!
Saust herum als Wirbelwind!
(Die Kinder sausen frei herum im Raum)
In die Ecken eins-zwei-drei,
und die Mitte ist jetzt frei!
(Die Kinder laufen schnell in irgendeine der Ecken)

Der Sprechrhythmus wird mit der Handtrommel unterlegt. Diese Übung sollte man mehrfach durchführen, da die Kinder viel Freude an dem Wechsel zwischen Bewegung und Ruhe haben.

2. Raumwege im Verhältnis zum festen Punkt

2.1 Die ÜLin bringt viereckige Teppichfliesen, Gummiplätzchen, Schaumstoffpuzzles oder ähnliches. Jedes Kind sucht sich seine Farbe mit Benennung aus. Alle Kinder suchen sich einen Platz im Raum „weit weg vom anderen, nicht in den Ecken, nicht unter der Heizung, nicht an der Wand“. Diese Einschränkungen werden nacheinander gesagt, so daß das Kind sich die verschiedenen Plätze anschaut und sie gedanklich ausklammern muß.

2.2 Eine achttaktige Melodie im Viererrhythmus gibt das Lauftempo vor. Das Kind hat die Aufgabe, im Raum herumzulaufen, ohne auf die Plätzchen zu treten oder einen anderen zu berühren. Bei Verstummen der Musik soll es zu seinem Platz zurücklaufen. Diese Übung sollte mehrmals durchgeführt werden. (Bildliche Vorstellung: Das Plätzchen ist das eigene Haus, wir gehen spazieren in einem Garten)

Teil 1, zügiges Schrittempo
(etwa ein Drittel schneller als bei Erwachsenen)

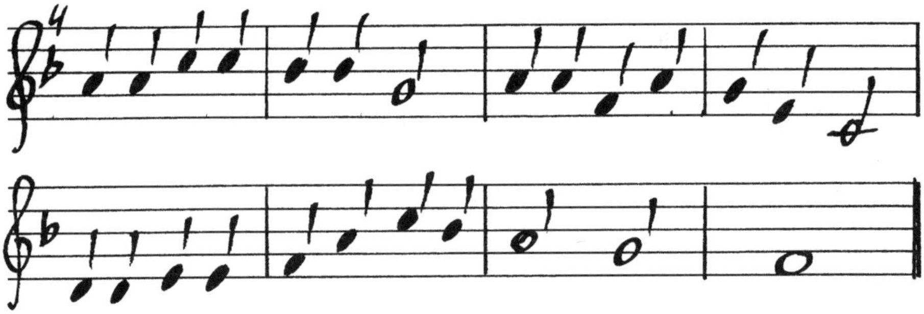

2.3 Die gleiche Übung rückwärts gelaufen (mehrmals).

2.4 Rückwärts und vorwärts im Wechsel (mehrmals).

2.5 Inzwischen müßten die Kinder die beiden Motive kennen. Nun wird es Aufgabe, mit dem letzten Ton ganz gewiß auf dem Platz zurück zu sein. Die beiden Motive werden durch eine Codierungspause deutlich voneinander getrennt, so daß dem Kind Zeit zur Planung bleibt.

Teil 1, leicht variiert, gleiches Tempo

2.6 Die Kinder dürfen jetzt die Plätzchen mit Gymnastikstöcken verbinden, so daß möglichst viele gerade Verbindungswege zwischen den Stationen entstehen (Straßen zwischen den Häusern).

2.7 Aufgabe ist es nun, möglichst dicht an den Stöcken entlang von Station zu Station zu laufen, ohne mit einem anderen Kind in Kollision zu geraten. Diese Aufgabe wird erst ohne Musik oder Trommelrhythmus durchgeführt, da es die ganze Aufmerksamkeit der Kinder bindet, zu schauen, in welche Richtung die anderen gehen. Auch muß das vorherige Bewegungsprogramm – zurück zum eigenen Haus – wieder „gelöscht" werden.

2.8 Wird diese Aufgabe gut beherrscht, hat das Kind für den Weg von einem Haus zum anderen nur eine begrenzte Zeit zur Verfügung, nämlich unsere erste Musikphrase.

3. Gemeinschaftsspiel: Wir bauen ein Haus

3.1 Wir bauen die Umrisse eines Hauses mit den Plätzchen und den Stökken.

3.2 Jeder setzt sich auf einen von den Ecksteinen (Gummiplätzchen).

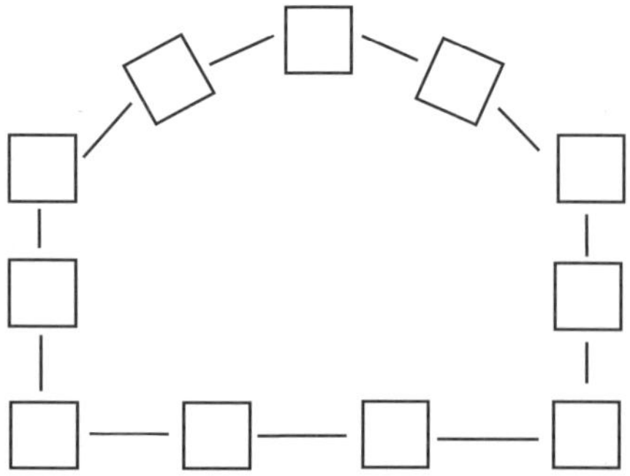

3.3 Die Melodie ertönt, jetzt mit Text unterlegt. Die Kinder wechseln richtungsgleich zum nächsten Eckstein. Verstummt die Musik, muß jedes Kind einen Platz erreicht haben, sonst „stürzt es ab". Die abgestürzten Kinder nehmen sich eine Handtrommel und trommeln den Rhythmus des kleinen Liedes mit.

3.4 Bleiben nur noch wenige Kinder übrig, werden die Geräte und Trommeln weggeräumt.

Mein Haus, das hat ... Ecken

Mein Haus, das hat zwölf Ecken, zwölf Ecken hat mein Haus
Und hätt es nicht zwölf Ecken, so wär es nicht mein Haus.

4. Von der Dreidimensionalität in die Zweidimensionalität

4.1Die Kinder bekommen einen großen Karton und zwei Malblöckchen gegensätzlicher Farben. Zuerst wird der Karton mit einem zweifarbigen Rahmen versehen. So muß das Kind zweimal die Form Viereck nachfahren.

4.2 Die ÜLin macht mit irgendeinem Instrument einzelne Töne. Bei jedem Ton setzen die Kinder einen Punkt auf den Karton.

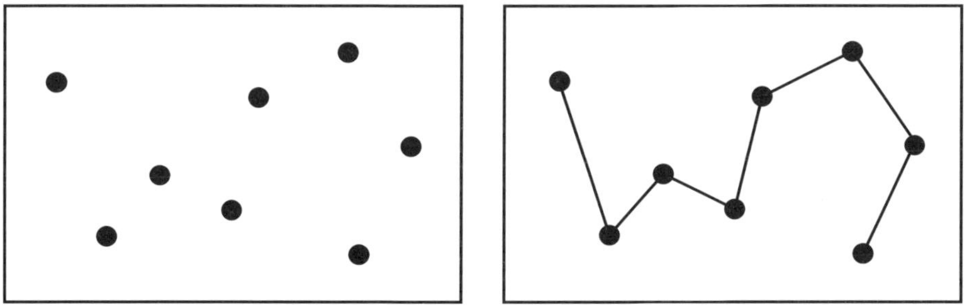

4.3 Nun werden die Punkte mit geraden Linien verbunden.

4.4 Der Karton wird umgedreht, wieder mit einem Rand versehen. Die Kinder malen die Ecksteine eines Hauses, wie sie es vorher in der Großbewegung erfahren haben.

4.5 Mit der anderen Farbe werden die Punkte zu einem Haus verbunden. Daheim beliebig erweitern und verzieren.

5. Schlußphase: Gerade Wege im Kreis

5.1 Alle stehen im Kreis. Die ÜLin macht „eine Augenstraße“ das heißt, sie sieht ein Kind ganz fest an und streckt ihm den nach oben geöffneten Handteller entgegen.
Beide laufen, wenn der Blickkontakt hergestellt ist, in einer schnurgeraden Linie aufeinander zu und sagen sich ade. Danach schaut die ÜLin das nächste Kind an usw.

6. Hausaufgabe

6.1 Das gemalte Haus schön verzieren oder ein neues malen (Begriffe wie Fenster, Tür, Dach, Kamin, Dachpfannen etc. bewußt einbringen)

6.2 Die Blätter mit den geraden Straßen, Vierecken verschiedener Größe und sich schneidenden geraden Linien bearbeiten.

6.3 Den Spruch und das Lied lernen

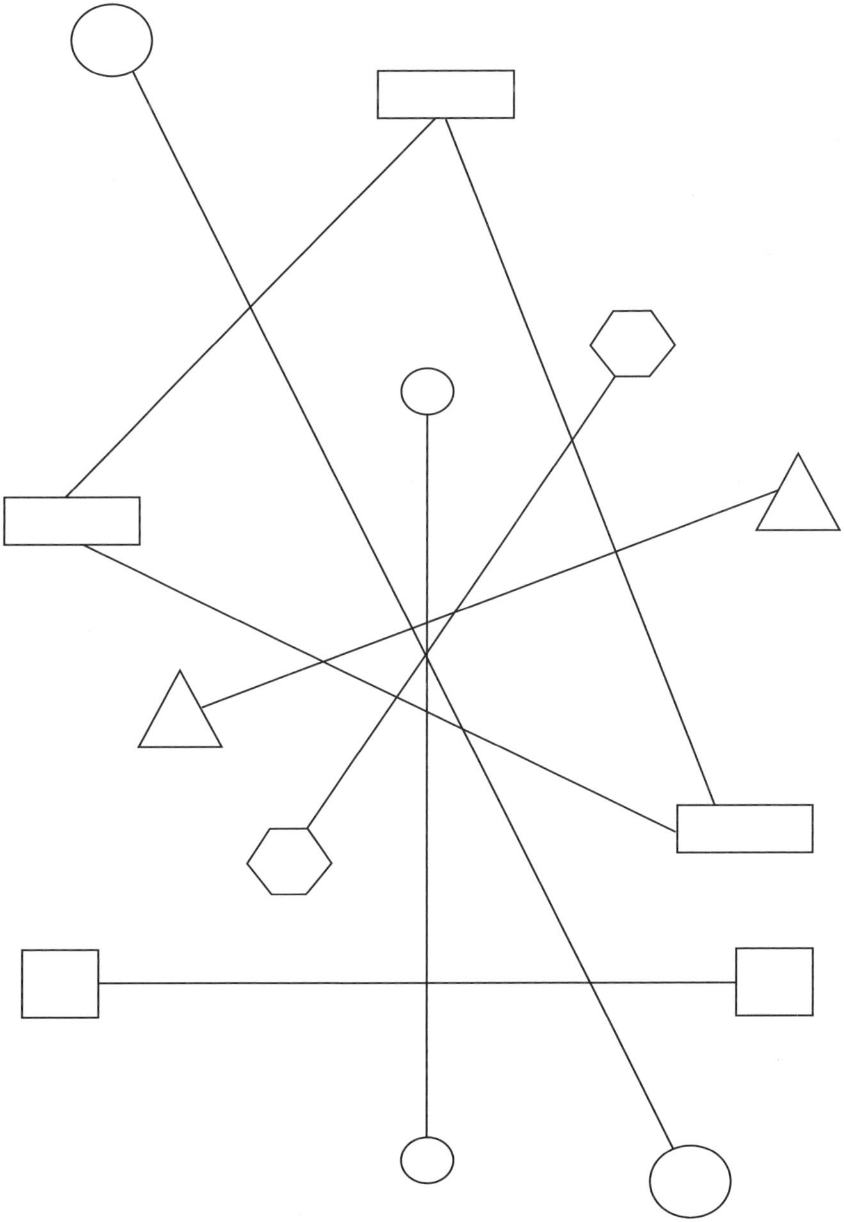

Male gleiche Formen gleich an!
Gib den Linien zwischen ihnen die gleiche Farbe!

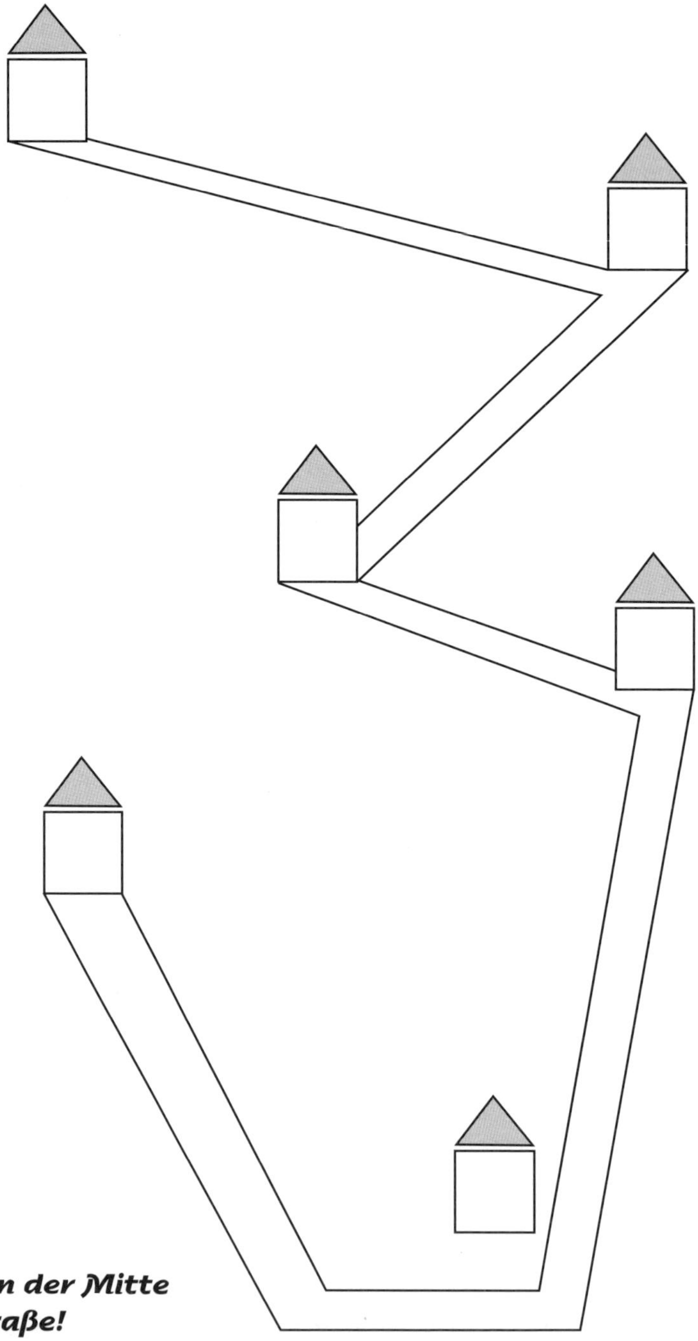

Laufe in der Mitte der Straße!

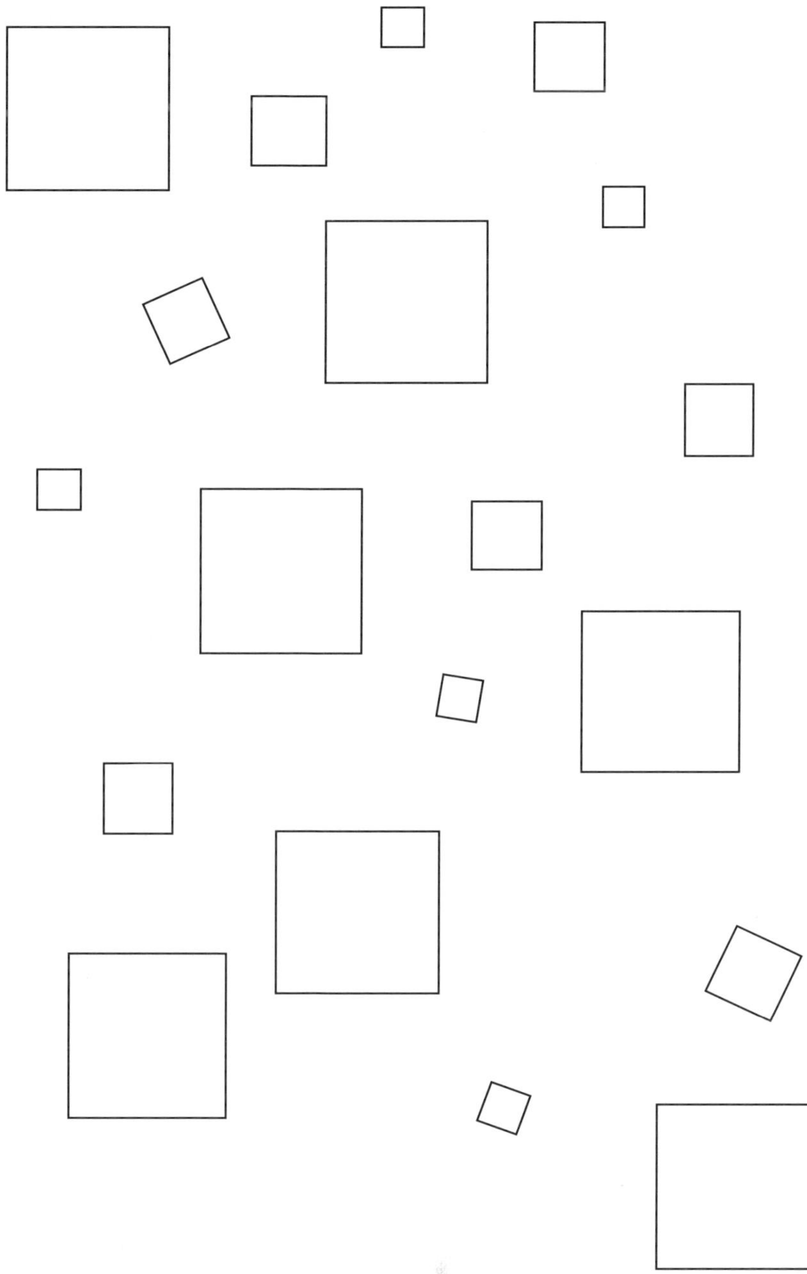

Male die gleich großen Quadrate in der gleichen Farbe an!

U1/Bild 2: Runde Formen im Raum – Kreis

1. Tanz: Wir öffnen das Tor
2. Kreiserfahrung (Reifen)
3. Abschlußgestaltung: Bewegungsstraße
4. Schlußlied: Rund ist der Ball
5. Hausaufgabe

Materialbedarf: Vierfarbige oder einfarbige Gymnastikreifen

1. Abfragen der Hausaufgabe – Tanz: Wir öffnen das Tor

(Dieses Ritual ist am Anfang immer gleich, ich werde es in Zukunft nicht extra erwähnen)

1.1 Die Kinder stehen sich in einer Gasse gegenüber, die Hände über dem Kopf erhoben.

„Wir schließen das Tor“	aufeinander zugehen, Hände aneinanderlegen zum Tor
„Wir öffnen das Tor“	wieder auseinandergehen zur Gasse
„der Sven und die Katja die treten hervor“	die beiden aufgerufenen Kinder treten in die Mitte der Gasse und fassen sich an den Händen
„heißa durch die lange Reihe alle anderen müssen stehn, heißa durch die lange Reihe und Auf Wiedersehn“	im Seitgalopp tanzen die Kinder durch die Gasse,die anderen Kinder klatschen den Rhythmus

Alle Kinder treten wieder zu einer großen Torgasse zusammen

Dieser Tanz wird getanzt, bis alle Kinder den Seitgaloppdurchgang haben. Er ist eine Anknüpfung an die letzte Stunde mit dem Thema „gerade Formen im Raum“.

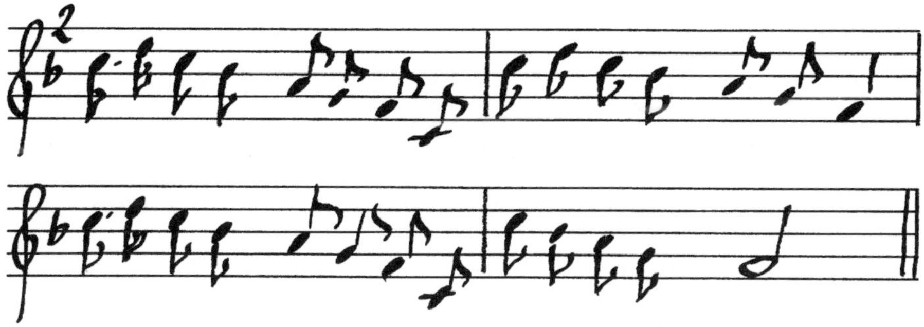

Bei fortgeschrittenen Kindern können einige Wiederholungsübungen angeschlossen werden, bevor wir zu dem Thema „Gebogene Formen im Raum“ übergehen

a) Wir stellen uns in einer langen Reihe auf
b) Wir bilden zwei lange Reihen.
c) Die Reihen stehen sich gegenüber
d) Die Beiden Reihen kreuzen sich
e) Die Beiden Reihen gehen von einer Ecke des Raumes zu anderen
f) Beide stehen mit dem Rücken zur Wand

1.2 Als Vorbereitung für die runden Formen tanzen wir den „Knopflochkolo“. (Musik: Milanovo Kolo oder irgendeine andere beliebige Kolo-Musik)

Die Kinder stehen im Halbkreis. Die Übungsleiterin hüpft mit der Schlange im Schlepptau durch das erste Loch (gegenüber zwischen dem ersten und zweiten Kind) durch.
Dann hüpft das gegenüberstehende 1. Kind mit der Schlange durch das Loch zwischen ÜLin und nebenstehendem Kind durch .
Durchgang für Durchgang wird nun laut zählend immer das nächst weitere Loch durchhüpft.

Aufpassen: Die Kinder dürfen nicht loslassen! Die „Lochkinder“ lassen die Hände lose gleiten!

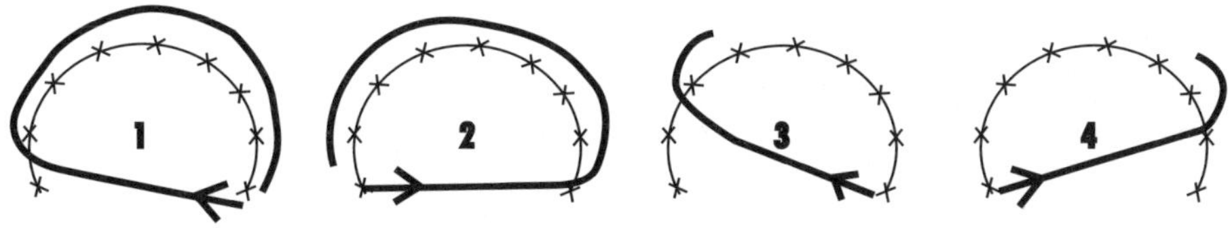

1.3 Eine fortgeschrittene Variante ist, daß die beiden „Köpfe“ sich anschauen und dann miteinander durch das mittlere Loch ziehen, dann der eine links davon, der andere rechts durch das nächste Loch usw.

1.4 Noch fortgeschrittener ist es, beide Varianten zu kombinieren.

2. Kreiserfahrung (Reifen)

2.1 Die ÜLin bringt – wenn vorhanden – vierfarbige Reifen. Die Einfarbigen gehen auch, nur fällt dann das Farbtraining während des Aussuchens flach. Die Kinder suchen sich einen Reifen und einen Platz im Raum aus.

2.2 Ein langsamer Dreier wird improvisiert, während die Kinder auf ihrem Reifen balancieren.

2.3 Es folgt eine Materialerfahrungsphase, in der die Kinder allerlei Kunststückchen mit ihrem Reifen ausprobieren. Die ÜLin macht die anderen hin und wieder auf das eine oder andere Kind und seine Übung aufmerksam, solange, bis jedes einmal lobend erwähnt wurde.

Kommen seitens der Kinder nicht genug Bewegungsanregungen, kann die ÜLin ruhig ergänzende Vorschläge machen oder einfach vormachen:

a) Den Reifen blind abfühlen
b) Auf dem Rücken liegend den Reifen mit Händen und Füßen drehen
c) Den Reifen im Raum rollen
d) Durch den rollenden Reifen durchkriechen oder durchhopsen
e) Den am Boden liegenden Reifen abfühlen
f) Den Reifen fallen lassen und mit den Händen das Fallgeräusch nachahmen
g) In den fallenden Reifen hineinspringen
h) Den Reifen im Stand drehen
i) Mit dem Reifen einen Rhythmus am Boden schlagen
j) Außen am Reifen entlangschreiten
k) Innen am Reifen entlangschreiten
l) Über den Reifen wechselseitig hinweghopsen
m) Ihn über dem Knie, dem Arm, dem Fuß etc. spazierentragen
n) Hulahupp (Um die Hüfte drehend halten)
o) Sich wie eine Schlange von oben nach unten hindurchwinden.
p) Den Reifen unten am Fuß aufsetzen und ihn langsam über den Körper bis zum Gesicht rollen lassen und zurück.

q) Den Reifen im Stand langsam um den ganzen Körper herumkreisen lassen.

Gruppenarbeiten:

a) Gegenseitig die Reifen zu verschiedenen Bewegungsübungen halten.
b) Musterlegen
c) Bewegungsstraßen bauen
d) Muster in der Luft zusammenstellen, sich auflösen lassen.
e) Viele Reifen zu einer Tonne übereinanderlegen und dann vorsichtig hinein- und wieder herausklettern.

Ich will hier nicht mehr aufzählen, die Kinder kommen auf so viele Ideen, daß ich Seiten füllen könnte.

3. Abschlußgestaltung: Bewegungsstraße

3.1 Mit den Reifen wird eine Bewegungsstraße gebaut, wobei hierbei weitgehend die Vorschläge der Kinder aufgenommen werden sollen.

3.2 Der Durchgang wird noch einmal variiert durch verschiedene Gangarten (hüpfen, rückwärts ...)

4. Schlußlied: Rund ist der Ball

4.1 Rund ist der Ball-
und rund ist der Ring,
und rund so manches andre Ding.

Rund ist die Sonne,
rund ist der Kreis.
Mal sehn, wer noch was Rundes weiß.

Rund ist die Kugel,
rund ist das Rohr.
Wo kommt denn noch was Rundes vor?

Rund ist die Dose,
rund ist das Rad,
das vielmals sich zu drehen hat.

Rund ist der Mond,
und rund ist das Loch –
nun sag mir doch, was weißt du noch?

Zu diesem Lied werden beim Singen passende Bewegungen gemacht.

5. Hausaufgabe

5.1 Suche in irgendeinem Katalog lauter runde Sachen – schneide sie aus und klebe sie auf.

5.2 Versuche, einen Teil von ihnen in deiner Wohnung wiederzufinden!

5.3 Lerne das Rund-Lied auswendig!

U1/B3: Gebogene Raumwege

1. Tanz: Wiederholungen
2. Wir bewegen uns ohne Ecken
3. Von der Dreidimensionalität zur Zweidimensionalität
4. Abschlußphase: Zwei Sprüche zum Thema
5. Hausaufgabe

Materialbedarf: Reifen, Seile, kleine Plastikreifen, kleine Kordeln, Karton, Malblöckchen

1. Tanz: Wiederholungen

1.1 „Wir öffnen den Kreis“

1.2 Knopflochkolo wird wiederholt

1.3 Wir singen das „Rundlied“ mit Bewegungen

2. Wir bewegen uns ohne Ecken

2.1 Jedes Kind sitzt wieder in seinem Reifen. Nun ertönt eine beschwingte Dreiermusik. Die Kinder haben den Auftrag, im Raum herumzutanzen, ohne die Reifen zu berühren oder in sie hineinzuspringen.

2.2 Die Musik wird von Mal zu Mal kürzer, so daß es den Kindern am Ende gerade noch um einen benachbarten Reifen herum reicht.

2.3 Sie sollen sich den kurzen Weg, den sie laufen, merken.

2.4 Seile werden ausgeteilt, der letzte Weg wird mit den Seilchen sichtbar gemacht.

2.5 Ein Kind legt sein Seil als erstes aus – die Aufgabe, die Reifen nicht zu berühren, steht noch.

2.6 Die anderen legen jetzt nacheinander ihre Seilchen an, so daß gebogene Wege zwischen den Reifen entstehen.

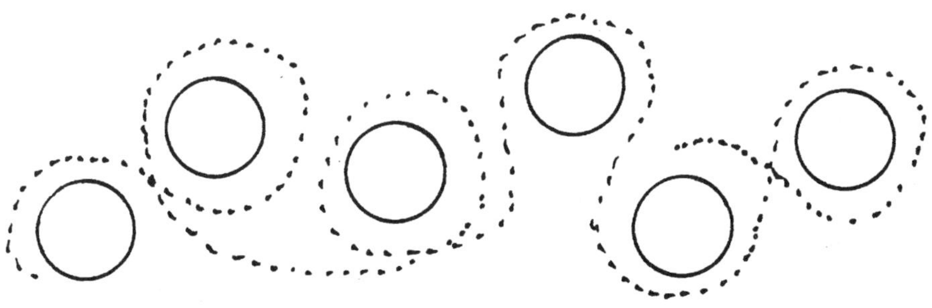

2.7 Diese Wege werden barfuß abbalanciert, ohne daß die Seile verrutschen dürfen. Eine leise, langsame Dreiermusik (gleich auf welchem Instrument) begleitet das meditative Abschreiten. Hier könnte man auch eine Cassette mit einer langsamen, barocken Musik laufen lassen.

2.8 Jedes Kind kehrt leise zurück in seinen Reifen.

2.9 Flüsternd wird eins nach dem anderen aufgerufen, um der ÜLin den Reifen über den rechten, das Seil über den linken Arm zu hängen.

2.10 Die Kinder finden sich zu einem großen Kreis und setzen sich in den Körbchensitz (sie sitzen auf ihren flach am Boden liegenden Füßen)

3. Von der Dreidimensionalität in die Zweidimensionalität

3.1 Jedes Kind bekommt ein Malblöckchen, einen großen Karton, einen kleinen Plastikarmreif und eine etwa einen Meter lange Kordel. Nun legt es die Reifchen auf dem Karton aus und einen gebogenen Weg mit der Kordel drumherum.

3.2 Die Formen werden nachgemalt, die Reifchen auch.

3.3 Die Reifchen und der Faden werden außerhalb des Kartons zu einem Muster verlegt.

3.4 Der Karton wird umgedreht und das gelegte Muster abgemalt.

3.5 Nun können die Kinder aus der freien Hand Kreise auf einen leeren Karton malen und die gebogenen Wege frei drumherumlaufen lassen.

3.6 Arbeitsblätter, bei denen gebogene Wege nachzufahren sind, liegen für die schnelleren Kinder bereit.

4. Abschlußphase: Zwei Sprüche zum Thema

4.1 Die Kinder verteilen sich im Raum. Der ÜL singt die kleine Sequenz. Wenn sie verstummt, bleibt er bei einem Kind stehen, das sich nun hinten anschließt.
Die Raumwege sollen immer um die Kinder herum führen und deutlich beschwingt den Sechsachteltakt in der Bewegung aufnehmen.

Runde Wege wolln wir gehn,
tanz nur fort und bleib nicht stehn.
Tanz herum und tanz heran,
schau, dich mein ich, schließ dich an.

Schließt das letzte Kind hinten an, zieht der ÜL die Gruppe zu einer Geraden auseinander.

4.2 Mit einer Handtrommel unterstützt die ÜLin deutlich den Herzschlag (2/ 4 Marschrhythmus) des folgenden Verses:

Mein rechter Fuß will stets voran
er ist schon stark – man sieht's ihm an!
Er kennt den Weg – er weiß das Ziel!
Er führt mich stets wohin ich will!

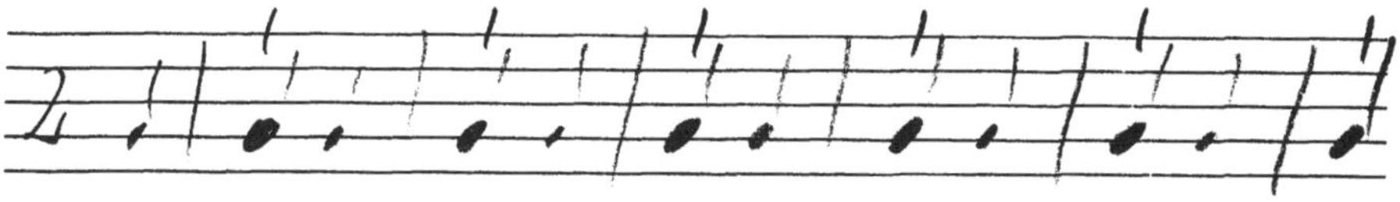

Mein rechter Fuß will stets voran, er .... (Maguerite Lobeck)

Während der Rezitation dieses Spruches werden gerade Raumwege gelaufen, wobei immer heftig mit dem rechten Fuß aufgestampft wird. Ist der Vierzeiler fertig, stellen sich alle leise zu einem Kreis auf.

Doch der Linke, leise-leise,
führt mich rundherum im Kreise.
Ohne Lärmen, ohne Sehen,
lehrt er mich auch rückwärts gehen.

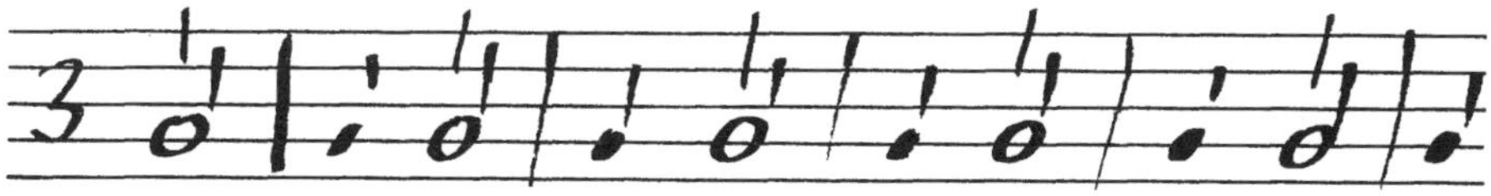

Doch der Linke, leise, leise, dreht sich rundherum im Kreise ... (Maguerite Lobeck)

Während dieser Rezitation geht der Kreis rückwärts, immer mit dem Linken zuerst, dabei sehr leise und sanft auftreten. Durch den Dreiertakt beim Sprechen entsteht eine Art Walzerschritt rückwärts.
Dieser Spruch ist ein schönes Beispiel dafür, wie wir Spannung und Entspannung, laut und leise, hart und weich im Wechsel anbringen können. Sowohl der Stimmgebrauch als auch die Körperarbeit ist hier ja einem extremen Wechsel ausgesetzt, bis hin zu den andersartigen Raumwegen und den verschiedenen Rhythmen.

5. Hausaufgabe

5.1 Kreise verschiedener Größe sollen auf ein großes Blatt gemalt werden. Hierzu dürfen runde Formen zum Umreißen benutzt werden: Unterteller, Tassen, Schnapsgläschen ... Die gleiche Übung mit geraden Strichen.

5.2 Mit Lineal und verschiedenen Kreisen soll ein Bild gemalt werden, in dem Gerade und Kreise miteinander kombiniert werden.
Diese Gestaltungsthemen hören sich sehr trocken an, die Kinder machen es aber gerne. Die Anforderung ist überschaubar, sie können mit verschiedenen Farben Effekte wählen, sie haben eine Schablone, an die sie sich halten können. Gerade bei Kindern, die sich wenig zutrauen („ich kann nicht malen“) sind solche Aufgaben sehr beliebt.

5.3 Den Spruch „Mein rechter Fuß“ daheim mit Bewegungen immer wieder machen, bis er auswendig gekonnt wird.

5.4 Die Blätter, bei denen Kreise verschiedener Größe erkannt werden müssen, arbeiten.

Male die gleichen Kreise gleich an!

U1/B4: Taktschwerpunkt in bezug zu Raumlinien Zweier (gerade) und Dreier (gebogen)

1. Tanz: Gänselieslpolka
2. Dreier und Zweier/Vierer mit Material
3. Von der Großmotorik zur Kleinmotorik
4. Schlußphase: Graphische Notation der Gänselieslpolka
5. Hausaufgabe

Materialbedarf: Gummifliesen, Klebeband, Gymnastikdoppelbänder, Tau, Gymnastikstäbe, Metallophon oder Flöte, Malblöckchen, Kartons.

1. Tanz: Gänselieslpolka

1.1 Gänselieslpolka
(Cassette erhältlich bei Ludwig Lang, Postfach 100430, 74504 Schwäbisch Hall, Fax: 0791/490434)

Muster a) Kreisfassung
Alle Kinder mit Seitgalopp
acht Takte rechts im Kreis herum,
acht Takte links im Kreis herum.

Muster b) Knieschlag- Knieschlag, (1 – 2)
klatsch-klatsch-klatsch (3 und vier)

Muster c) Je zwei Kinder schauen sich an,
rechte Hand an rechte Hand legen,
einen kleinen rechten Kreis laufen;
Linke Hand zu linker Hand – andersrum

Muster d) Einhaken und während der nächsten
musikalischen Phrase frei im Raum spazieren.
Wieder zusammenfinden zum Kreis, von vorn.

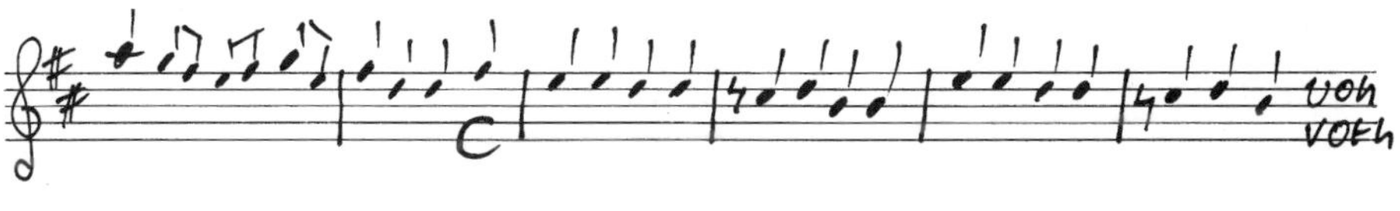

2. Dreier und Zweier/Vierer mit Material

2.1 Jedes Kind sucht sich einen Platz im Raum, der mit einem Gummiplätzchen markiert wird.

2.2 Die Kinder bekommen einen Gymnastikstab mit der Aufgabe, beim Schwerpunkt des Taktes auf den Boden zu stoßen. Die ÜLin trommelt einen deutlichen Vierer mit schwer-leicht-leicht-leicht.

2.3 Mit Klebeband werden – in einer Hälfte des Raumes – gerade Raumwege fixiert, wobei die Richtung immer in einer Distanz von etwa vier Schritten wechselt. Die Kinder haben nun die Aufgabe, nicht nur beim Schwerpunkt aufzustoßen, sondern auch den Klebebandspuren zu folgen. Die ÜLin spielt (oder trommelt) wieder die Musik mit dem deutlichen Vierer.

2.4 Die Kinder gehen zurück zu ihrem Plätzchen. Sie bekommen – zusätzlich zum Stock – die kurzen Gymnastikdoppelbänder. Die ÜLin intoniert einen beschwingten, nicht zu schnellen Dreierrhythmus. Die Kinder tanzen mit ihren Gymnastikbändern zum vorgegebenen Rhythmus. Der Stock bleibt am Platz.

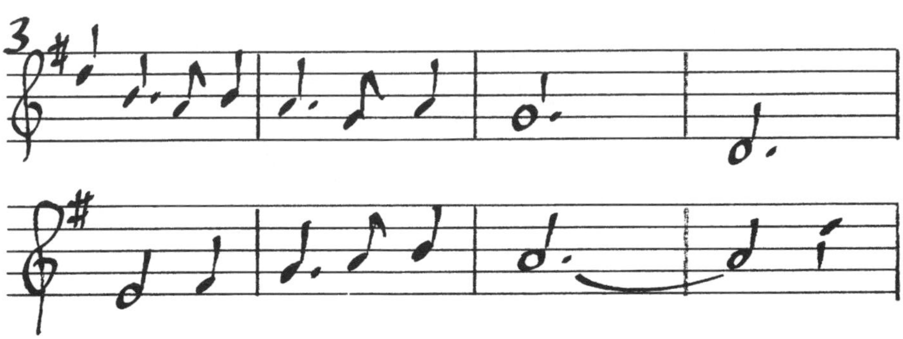

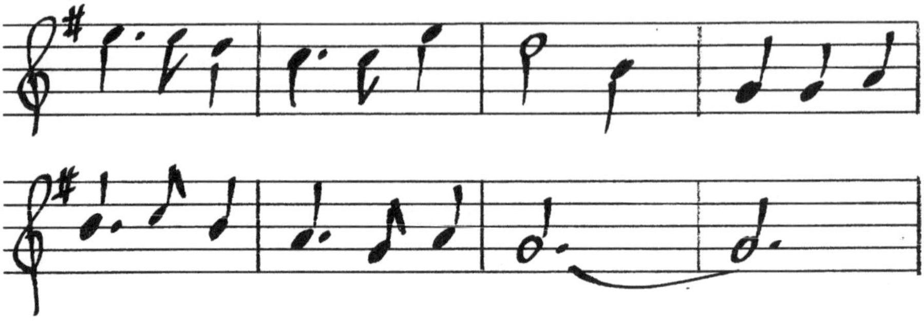

2.5 In der anderen Hälfte des Raumes werden mit dem Klebeband gebogene Raumwege markiert. Die Kinder folgen den fixierten Wegen auf dem gegebenen Dreierrhythmus.

2.6 Beide Rhythmen werden im Wechsel eingespielt. Die Kinder hören und wählen – je nach Rhythmus – Stock und die „gerade Hälfte des Raumes" oder Gymnastikband und die „gebogene Hälfte des Raumes".

2.7 Die Darbietung des Rhythmus kann dahingehend variiert werden, daß der Vierer vom Metronom (mit Klingelautomatik auf eins) übernommen wird, der Dreier von der Flöte oder einem beliebigen Instrument. Unterstützende Vorstellung: Die eine Hälfte des Raumes ist die Roboterwelt, die andere Hälfte die Elfenwelt. Die Kinder wechseln nun zwischen diesen beiden Welten.

2.8 Stock und Gymnastikband werden eingesammelt, die Kinder hören nun den Rhythmus und wechseln zwischen den Welten ohne die Hilfsmittel.

2.9 Die Klebebänder werden abgezogen, der Raum wird mit einem Tau zweigeteilt. Die Kinder wechseln nun nach angegebenem Rhythmus zwischen den Welten – ohne alle Hilfsmittel.

3. Von der Großmotorik zur Kleinmotorik

3.1 Wir finden uns zum Kreis. Kartons und Malblöckchen werden ausgeteilt. Der Rand des Zeichenkartons wird nachgefahren – ein „schöner Rahmen darum gemacht".

3.2 Die Kinder hören den Viererrhythmus und ziehen mit dem Schwerpunkt (Richtungswechsel!) gerade Linien auf das Papier.

3.3 Anschließend wird ein wenig darüber gesprochen, wie die Linien zueinander stehen:
Nebeneinander / Übereinander / Sie kreuzen sich / Untereinander / Im Eck
....

3.4 Auf die Rückseite des Kartons kommen nun die gebogenen Linien des Dreiers. Sonst alles wie bei 3.3.

3.5 Ein großer neuer Karton wird mit einem Strich halbiert, nun haben wir auf dem Papier die Trennung in zwei Welten.

4. Schlußphase: Graphische Notation der Gänselieslpolka

4.1 Wir tanzen noch einmal die Gänselieslpolka.

4.2 Wenn wir die erste Bewegungsfolge zeichnen sollen, welche Form entsteht dann? (Großer Kreis)
(Falls die Kinder die Abstraktion noch nicht in sich haben, die Raumwege jedes Kindes mit einem Seilchen legen)
Die Linien auf die Tafel oder auf vorbereitetes Papier übertragen.

4.3 Zweite Bewegungsfolge: Kleine Kreise

4.4 Dritte Bewegungsfolge: Gerade Spazierwege im Raum. Wie bei den anderen Mustern verfahren

Formen:

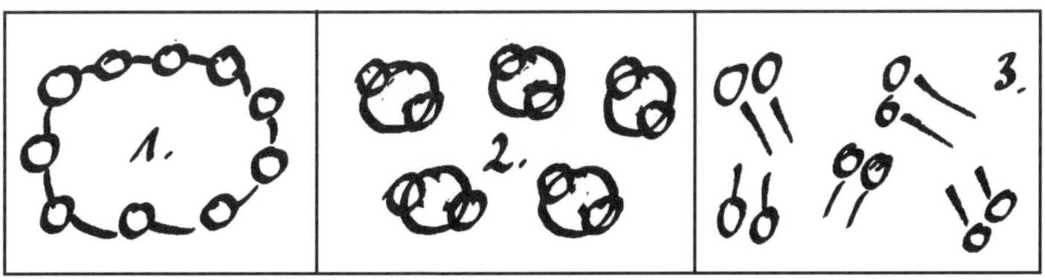

5. Hausaufgabe

5.2 Noch einmal „Mein rechter Fuß“

5.2 Der Daumen wird als Druckstempel für den kleinen Kreis benutzt, die geraden Linien werden freihand gezogen. Die Muster entstehen mit Wasser- oder Fingerfarben, die Farbwahl trifft das Kind.

Aufgabe: Mehrere Muster aus den Daumenkreisen mit verbindenden Strichen dazwischen entwerfen. Vielleicht überlegt sich das Kind sogar einmal schon, wie man dieses oder jenes Muster in den Raum übertragen könnte.

Beispiele:

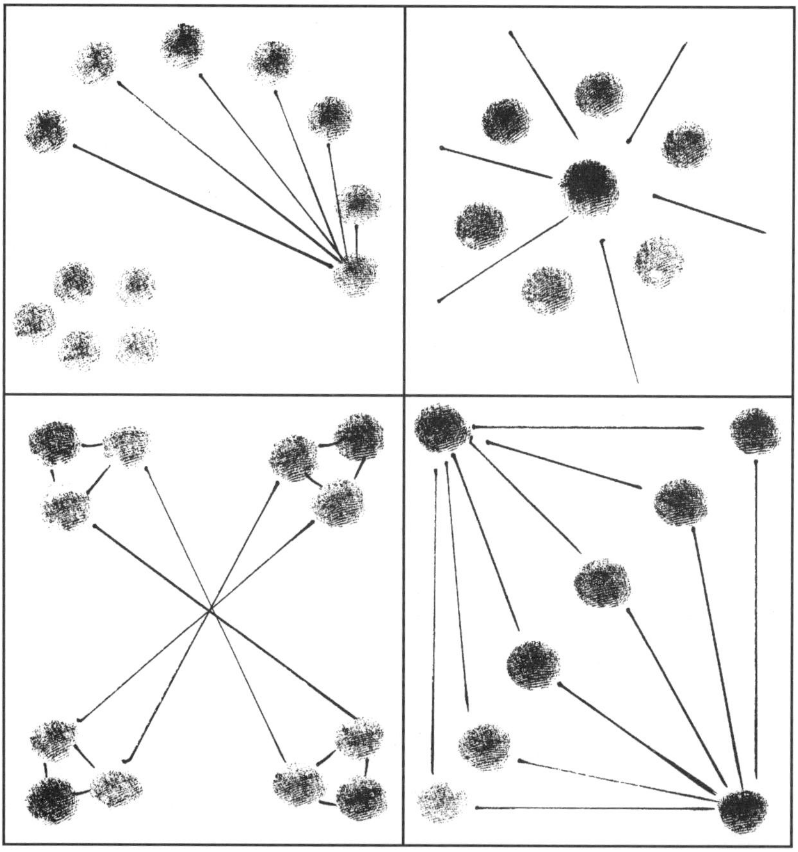

Eventuell können den Kindern fertige Bilder dieser Art zum besseren Verständnis der Aufgabe gezeigt werden.

Zweite Unterrichtseinheit: Führen und Folgen

Die Unterrichtseinheit „Führen-Folgen" kann auch unabhängig von der Einheit „Gerade und Gebogen" durchgeführt werden. Im Laufe der Jahre hat es sich bei mir aber als sinnvoll erwiesen, diese Einheiten in der hier angebotenen Folge zu unterrichten.
Die Kinder haben sich gerade von der Erfahrung und Vorstellung her in das Thema Raumwege eingelebt, sie haben ein Gefühl für die Größenverhältnisse des Raumes entwickelt, haben gelernt, sich feste Punkte im Raum zu merken, den anderen Kindern auszuweichen oder Bewegungsfolgen mit ihnen zusammen zu erarbeiten, haben gelernt, Ähnlichkeiten der Form zu erkennen und dreidimensionale Formen in zweidimensionale zu übertragen. Haben hören gelernt (Takt, Melodie, Phrase, Pause).
Nun erweitern sich die Aufgaben: Sie sollen lernen, genau den anderen und seine Bewegungsfolgen zu beobachten, sich sensibel seinen Bewegungen und seinem Rhythmus anzupassen oder den anderen so zu führen, daß er die Möglichkeit hat, zu folgen. Das Miteinander in Optik, Akustik, Bewegung und Sprache hat in dieser Unterrichtseinheit einen ganz anderen Stellenwert.
Stand in der ersten Unterrichtseinheit die Selbsterfahrung im Vordergrund, ist es jetzt die Erfahrung des anderen Individuums und die eigene Reaktion darauf.

U2/B1: Führen und Folgen – Schwerpunkt Optik

1. Spiellied „Hänsel und Gretel“
2. Folgen und Führen
3. Gruppengestaltung zum Thema
4. Hausaufgabe

Materialbedarf: Gong, für jedes Kind ein Säckchen mit Schaumstoffstückchen

1. Hänsel und Gretel (überliefert)

1.1 Die ÜLin erinnert die Kinder kurz an das Märchen von Hänsel und Gretel.
Welche Personen kommen darin vor? Hänsel, Gretel und die Hexe, die Eltern.
Was kommt noch in dem Märchen vor? Der Wald, das Hexenhaus, das Haus der Eltern.
„Für unser Spiel brauchen wir die Eltern und das Haus der Eltern nicht, wohl aber den Wald, das Hexenhaus, die Geschwister und die Hexe.“
Zwei Kinder sind das Haus, drei übernehmen die Menschenrollen, der Rest ist Wald.

1.2 Wir fangen nun mit einer kleinen Körperschemaübung an, die in das Thema „Baum“ gekleidet ist.

– „Der Baum hat tief in der Erde feste, kleine Wurzeln“
  (Wir klopfen auf unsere Füße: Zuerst die Zehen. Das sind die feinen,

kleinen Wurzeln. Dann werden die Wurzeln etwas dicker – wir klopfen die Beine bis zum Knie.)

- „Der Baum steht ganz fest auf seinem Platz, nichts und niemand kann ihn wegrücken. Die Wurzeln werden dicker.“
(die Oberschenkel feste klopfen und drücken)
- „Dann gehen die Wurzeln in den Baumstamm über.“
(Der Leib wird herzhaft abgeklopft)
- „Die Äste des Baumes sind fest und beweglich zugleich“
(die Arme herauswachsen lassen)
- „Die Zweige biegen sich im Wind)
(Die Hände mit gestreckten, beieinander liegenden Fingern in alle Richtungen bewegen)
- „Die Blätter bewegen sich im Wind“ – sch-sch-schschsch
(Die Finger vereinzeln sich und bewegen sich mehr oder weniger heftig, je nach Windgeräusch)
- „Manchmal kommt auch ein kleiner Regen – plopp, ppplopp“
(Einzelne Finger bewegen sich, wie von einem Tropfen getroffen. Auch hier können wir es wieder zart oder heftig regnen lassen)
- „Und nun ist wieder alles ganz still“

1.3 Das Lied wird gesungen, die Kinder spielen einfach passend zum Text die Handlung.
Mehrere Rollenwechsel

2. Folgen und Führen

2.1 Jedes Kind sitzt auf seinem Platz, der nicht gekennzeichnet ist. Auf rhythmische oder musikalische Signale laufen/gehen/schleichen/springen die Kinder durch den Raum. Kommt die Pause – schnell zurück zum eigenen Platz.

2.2 Die Übung wird erweitert: Kommt die Pause, ertönen Gongschläge. Die Kinder zählen halblaut mit und finden sich dann in der vorgegebenen Zahl zusammen. Zwischendurch ist immer wieder nur ein Schlag zu hören, damit die Kinder „ihren“ Platz nicht vergessen.

2.3 Die Kinder finden sich auf Signal zu Zweiergruppen zusammen.
Eine einfache Melodie (Variation „Hänsel und Gretel“) wird intoniert. Das erste Kind läuft, soweit es nach der Musik kann. Pause. Die gleiche Melodie ertönt, das zweite Kind folgt und kommt beim ersten Kind zum Stillstand. Pause. Die Melodie ertönt, beide Kinder laufen miteinander zum ursprünglichen Platz zurück.

2.4 Das Zweite ist diesmal zuerst dran. Es bekommt ein Säckchen mit kleinen Schaumstoffstückchen darin und legt – wie weiland Hänsel – zur Melodie von vorhin einen Weg aus.

2.5 Das andere Kind, das am Platz zugeschaut und gewartet hat, läuft den gekennzeichneten Weg nach und sammelt dabei die „Steine“ ein. Miteinander zurück zum Platz. Rollenwechsel.

2.6 Die gleiche Übung wird nun ohne die Unterstützung durch „Steine“ gemacht. Eins läuft einen Weg vor, das andere soll genau den gleichen Weg nachvollziehen. Rollenwechsel.

2.7 Können die Kinder diese Aufgabe gut, kann sie noch dadurch erweitert werden, daß das zuschauende Kind sich nicht nur den präzisen Weg des Vorauslaufenden merken muß, sondern auch noch die Art, wie dieser gegangen ist: Auf einem Bein hüpfend, rückwärts, mit den Armen wedelnd, stolpernd ...

3. Gruppengestaltung mit Thema

3.1 Zwei Gruppen werden eingeteilt. Sie besprechen sich miteinander flüsternd, welche Bewegungen (als Gruppe insgesamt) sie ausführen wollen: Einen Kreis laufen ... vorrücken ... in eine Ecke rasen.

3.2 Die Gruppen machen sich wechselseitig die Bewegungsfolgen auf die bekannte kleine Melodie vor. Die zuschauende Gruppe vollzieht das Gesehene nach.

3.3 Schlußkreis – Sprachgestaltung

Ich bin ich,	(mit beiden Händen auf sich zeigen)
Und du bist du.	(Im Kreis auf die anderen zeigen)
Wenn ich rede	Mit den Händen vor dem Mund sie Schnattergebärde machen)
Hörst du zu	(Hände hinter die Ohren legen)
Wenn du redest	(auf die anderen zeigen)
bin ich still	(nach der Zeile Hand auf den Mund legen; große stille Pause)

Weil ich dich verstehen will!
(Umfassende Gebärde mit den Armen machen)

Welchen Weg gehen Hänsel und Gretel zum Haus?

4. Hausaufgabe

4.1 Den Vers mit den Bewegungen auswendig lernen

4.2 Hänsel und Gretel im Wald malen.

4.3 Hexengeräusche ausdenken

4.4 Die Arbeitsblätter machen.

U2/B2: Führen und Folgen Schwerpunkt Partnererfahrung

1. Tanz: Schlangenkolo
2. Begegnung und Miteinander
3. Reiz – Reaktion / Indirekte Bewegungsführung
4. Führung durch Musik und Partner
5. Schlußspiel: Wolleknäuel
6. Hausaufgaben

Materialbedarf: Seile, Häkelschnur- Wollknäuel

1. Tanz: Schlangenkolo

1.1 Die Kinder werden von der ÜLin mit den Augen gerufen. Jedes sucht sich einen Platz im Raum. Ein Kind beginnt, auf den Trommelrhythmus der ÜLin zu laufen. Schweigt die Trommel, hängt sich das nächstsitzende Kind hinten an.

1.2 Ist die Schlange komplett, wird eine Kolo-Musik eingespielt. Immer, wenn eine Pause in der Musik ist (Lautstärke wegnehmen), geht das erste Kind ganz nach hinten und das nächste führt.
Cassettenvorschlag: Kuckuvica (Ludwig Lang Eigenverlag)

2. Begegnung und Miteinander

2.1 Die Kinder gehen nach Musik frei im Raum herum. Begegnen sie sich, begrüßen sie sich freundlich.

2.2 Bei der nächsten Übung sollen die Kinder sich vorstellen, daß sie den, dem sie begegnen, nicht leiden können. Eine steife, frostige Begrüßung soll durchgeführt werden.

2.3 Jetzt begegnen sie zur Abwechslung jemand, den sie lange nicht gesehen haben und den sie sehr gern mögen.

2.4 Nun sehen sie schon von weitem einen, den sie auf gar keinen Fall grüßen möchten. Sie versuchen, ihm auszuweichen.

2.5 Bei der nächsten Übung begrüßen die Kinder sich nicht, sondern versuchen, sich mit Grimassen oder plötzlichen Rufen zu erschrecken.
Wichtig bei dieser Übung ist, daß der andere nicht körperlich berührt werden darf.

2.6 Dieses Mal laufen wir zu dem, den wir besonders gern haben und bleiben auch bei ihm. Die Kinder gehen zu zweit durch den Raum spazieren und begrüßen die anderen Paare im Vorbeigehen.

2.7 Jedes Paar bekommt ein Seil. Zu Beginn soll das Seil zwischen den beiden sehr kurz gehalten und straff gespannt werden. Die Raumwege werden nun ungleich schwieriger, da immer den anderen Seilschaften ausgewichen werden muß. Eine ruhige Vierviertelmusik unterstützt den Gehrhythmus.

2.8 Bei jeder Musikpause (Lautstärke wegnehmen) wird das Seil etwas verlängert und damit die Aufgabe erschwert.

2.9 Als schwierigste und letzte Aufgabe sollen mit straff gespanntem Seil Raumbewegungen ausgeführt werden, ohne mit anderen in unlösbare Begegnungen zu kommen. Nun ist auch drüber- und druntersteigen erlaubt, über den Kopf-heben oder seitlich schlank machen.

3. Reiz – Reaktion: Indirekte Bewegungsführung

3.1 Das eine der beiden Kinder geht rückwärts, das Seil am Boden schleifen lassend. Das Seil kann sich schlängeln wie eine Schlange, rollen wie eine Welle, gerade fortziehen wie ein Flugzeug – aber immer muß es den Boden berühren. Das andere Kind muß nun versuchen, das Seil durch Drauftreten oder Ergreifen zu erwischen. Gelingt ihm das: Rollenwechsel. Auch hier wieder die schwierige soziale Aufgabe, dem anderen eine Chance zu geben und damit das Spiel erst möglich zu machen.

3.1 Das eine Kind hockt am Boden, das Seil von Hand zu Hand schnell um seinen Körper herumführend. Das andere muß nun abpassen, wann das Seil kommt und darüberspringen. Wird das Bein berührt: Rollenwechsel. Fall ein Kind so gut ist, daß sein Bein niemals berührt wird, tauschen die Kinder nach einer Weile einfach so.
Die Seile werden eingesammelt.

4. Führung durch Musik und Partner

4.1 Die Kinder fassen sich zu zweit. Eins führt das andere im Rhythmus der improvisierten oder eingespielten Musik durch den Raum, das andere läßt sich weich führen.
Der Sinn der Aufgabe: Der Führende ist für das Wohlbefinden und die Unversehrtheit des anderen verantwortlich.
Manchmal finden Kinder Freude daran, den anderen stolpern zu lassen oder so schnell zu rennen, daß er nicht nachkommen kann. Diese Kinder müssen anfangs von der ÜLin gut eingeführt und beobachtet werden. Rollenwechsel.

4.2 Die Aufgabe wird erschwert: Der Geführte soll die Augen schließen und sich vertrauensvoll dem anderen in die Hand geben.

Bei jeder Musikpause wechselt die Führung.
Alle diese Übungen werden durch Musik mit ruhigem Metrum (etwa 60) und vornehmlich höheren Tönen begleitet, um eine ruhige, entspannte Atmosphäre zu schaffen. Schön ist es, wenn singend oder spielend improvisiert werden kann. Die ruhigen Meditationsmusiken, die auf dem Markt sind, eignen sich aber auch hervorragend.

4.3 Die beiden stehen sich gegenüber. Nun wird – bei offenen Augen – einer die Führung der Hände und Arme übernehmen. Die Hände sollen sich nur ganz zart an den Fingerspitzen berühren. Die besondere Schwierigkeit dieser Übung ist für den Führenden sensible Langsamkeit, damit der Geführte auch die Chance hat, der Bewegung folgen zu können.
Welch schönes Synonym für den Vorgang des Unterrichtens!
Wie immer bei der Musikpause Rollenwechsel.

4.4 Die Bewegung wird auf den ganzen Körper ausgedehnt.

5. Schlußspiel: Wolleknäuel

5.1 Die Kinder verteilen sich im Raum. Die ÜLin hat ein großes Knäuel aus Häkelschnur. Sie hält das Ende fest und wirft es dem ersten Kind zu. Dieses Kind muß seinerseits die Schnur festhalten und das Knäuel weiterwerfen. So entsteht mit der Zeit ein wirres Netz.

5.2 Ist das Knäuel beim letzten Kind angekommen, fängt dieses an, es wieder aufzurollen. Kommt es beim vorletzten an, übernimmt dieses das Knäuel usw.

5.3 Handgestenspiel „Wolle wickeln“
Die Kinder sitzen im „Körbchensitz“ im Kreis. Die ÜLin erzählt, daß in der Mitte ein Korb mit vielen Wollknäueln steht (Phantasievorstellung). Die Kinder werden nacheinander gefragt, welche Farbe sie sich nehmen und holen sich – imaginär – ein Knäuel aus dem vorgestellten Korb.
Wir nehmen unser imaginäres Wollknäuel in die eine Hand, die andere „faßt“ das Ende des Fadens. Nun wickeln wir den Faden ab und sagen dazu: Ssssst-sssst-ssst
Jedes „ssst“ wird von einem großen Armschwung im Rhythmus begleitet.

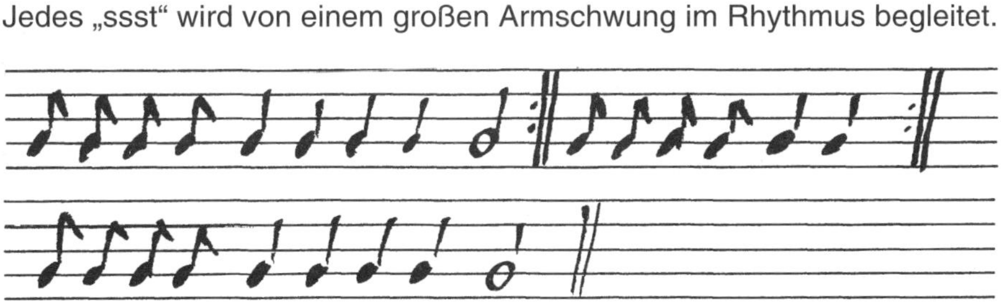

Wolle – wolle wickeln
kann das Kind!
Wolle-wolle wickeln
wie der Wind!
Walle-walle-welle
wickel nicht so schnelle
wickel nicht so wilde
wie der Wind!

(Alfred Baur)

Mit dem rhythmisch gesprochenen Text wird der imaginär abgewickelte Faden wieder aufgewickelt.

5.4 Das Knäuel wird in die andere Hand genommen und ab- und aufgewikkelt.

6. Hausaufgaben

6.1 Das Kind soll zuhause aus Wolle eine bunte Kordel drehen. (Einen Doppelfaden an die Haustür binden, mindestens acht Meter zurücktreten. Einen Kuli durch das gespannte Ende stecken und in eine Richtung drehen. Wenn ausreichend fest gedreht worden ist, zusammenschnurren lassen und unten verknoten. Nun „melken“, das heißt, solange von oben nach unten streichen, bis die Kordel alle Knoten verloren hat.

6.2 Jemand aus der Familie soll das „Schlangetreten-Spiel“ mitspielen. Das Seil wird wie eine Schlange in Bewegung versetzt, das Kind soll darauftreten. Gelingt der Tritt, bleibt die Schlange am Boden liegen. Sie soll nun so abgemalt werden. Mehrmals.

6.3 Die Arbeitsblätter erledigen (Linien folgen)

6.4 Den Wollwickelspruch mit Bewegungen auswendig lernen.

Verbinde die gleichen Bilder!

U2/B3: Führen und Folgen: Schwerpunkt Hören

1. Spiellied: Horch, die Uhr hat acht geschlagen
2. Sich durch Lautstärken führen lassen
3. Schlußphase: Die Geige sie singet
4. Hausaufgabe

Materialbedarf: Korb mit verschiedenen Klangerzeugern, Bilder mit Instrumenten, Tonband mit Tonbeispielen

1. Spiellied: Eben hat es acht geschlagen

1.1 Die ÜLin ruft jedes Kind mit akustisch besondere musikalischen Motiv zum Kreis. Das Kind soll seinen Gruß möglichst in gleicher Lautstärke oder Tonhöhe oder gleichem Rhythmus gestalten.

Beispiele:

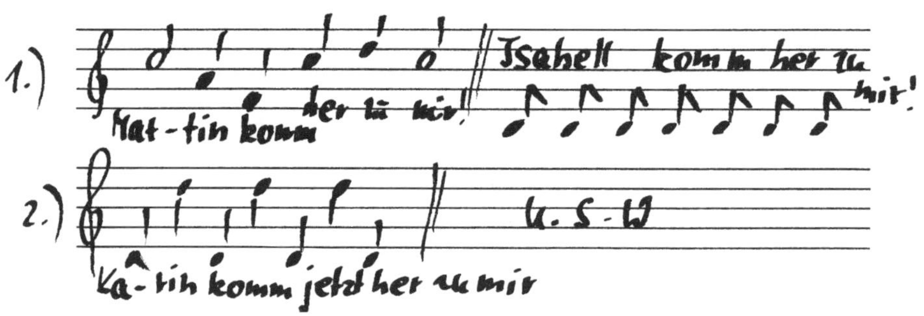

1.2 Zwei Kinder wenden sich einander zu. Das eine soll das andere durch Vorwärtsschreiten zurückdrängen, das andere nach einer Weile seinerseits vorwärtsgehen und nun das erste zurückdrängen.

1.3 Je vier Kinder stehen einander gegenüber und machen die gleiche Übung. Wichtig ist das gleichzeitige Vorrücken und Zurückgehen.

1.4 Alle Kinder formieren sich zu einer Gasse. Auf Signal schreitet die eine Reihe voran und drängt die andere zurück, auf ein neuerliches Signal rückt die andere vor. Mehrmals im Wechsel.

1.5 Spiellied: „Horch, die Uhr hat acht geschlagen“
Einmal durchsingen mit Händeklatschen, einmal mit Schenkelpatschen, einmal mit Klopfhölzchen, eventuell mit Trommeln.

1.6 Die Kinder stehen sich in zwei Reihen gegenüber. Bei: Horch, die Uhr hat acht geschlagen ... rückt die eine Reihe auf die andere vor. Bei: Hoi, jetzt geht's los! weicht die erste Reihe zurück, die andere vor. Wiederholung gleiche Bewegungsfolge.

Nun stehen sich die beiden Gruppen gegenüber und reagieren pantomimisch auf das, was die anderen singen.

Erste Gruppe singt sehr leise:	Hoi, jetzt geht's los!
Zweite Gruppe ermunternd:	Etwas lauter
Erste Gruppe schreit:	Hoi, jetzt geht's los!
Zweite Gruppe erschreckt begütigend:	Etwas leiser!
Erste Gruppe normale Lautstärke:	Hoi, jetzt geht's los!
Zweite Gruppe normale Lautstärke:	So ist's richtig!
Alle zusammen:	Hoi, jetzt geht's los!

Alle: *Horch, die Uhr hat acht geschlagen: Jetzt geht's los!*
Und wir wollen euch nun sagen: Jetzt geht's los!

Erste Gruppe: (Leise singend)
Hoi, jetzt geht's los!

Zweite Gruppe: (Ermunternd)
Etwas lauter

Erste Gruppe: (Sehr laut singend)
Hoi, jetzt geht's los

Zweite Gruppe: (Beschwichtigend)
Etwas leiser!

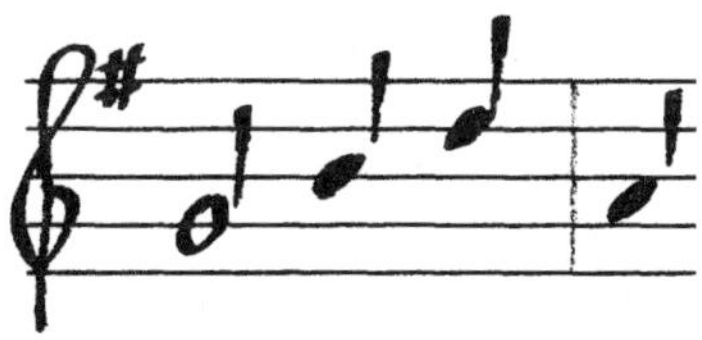

Erste Gruppe: (Mittlere Lautstärke)
Hoi, jetzt geht's los!

Zweite Gruppe: (Bestätigend)
Ja, so ist's richtig!

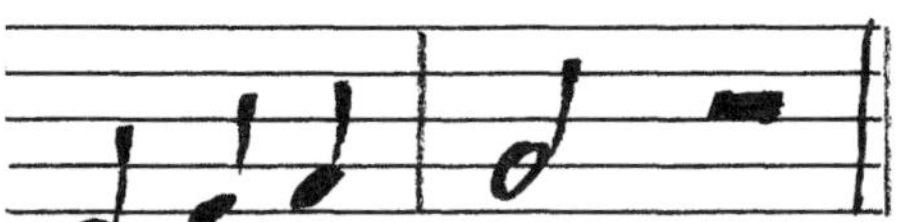

Alle zusammen:
Hoi, jetzt geht's los!

2. Sich durch Lautstärke führen lassen

2.1 Die ÜLin gibt mit ihrer Stimme – begleitet von deutlichen Körperbewegungen (mit denen das bald folgende Zeichen für crescendo und decrescendo schon angedeutet wird) Lautstärken vor.

Sie schreit laut	– die Kinder imitieren Stimme und Bewegungen
Sie flüstert leise	– Imitation durch die Kinder
Blätterrauschen	– Imitation
lauter werdender Regen	– Imitation
leise blasender Wind	– Imitation ...

Der Phantasie sind keine Grenzen gesetzt. Bei größeren oder schon geübten Kindern braucht die ÜLin nur die ersten drei-vier Sequenzen vorzugeben, dann kann reihum ein Kind die Führungsrolle übernehmen.

2.2 Das zweite Spiel beginnt: Die ÜLin spricht eine sinnlose Silbenfolge nach rechts, das Kind nimmt die Folge antwortend auf und gibt sie fragend nach rechts weiter. So wandert die Silbe in fragendem oder antwortendem Ton rundherum im Kreis, bis sie wieder bei der ÜLin ankommt. Das gleiche Spiel linksherum. Mehrere Durchgänge, damit die Kinder hören, wie verschieden in Ton, Rhythmus und Klangfarbe diese Silben gestaltet werden können.

2.3 Die Kinder tun sich zu zweit zusammen. Eins schließt die Augen, das andere intoniert eine Silbe, die es dauernd wiederholt. Der Blinde folgt „seinem“ Geräusch quer durch den Raum, sich nicht irritieren lassend von den anders geraunten Silben um ihn herum. Rollenwechsel.

2.4 Nach dieser Übung wird ein Korb in die Mitte gestellt, in dem verschiedene Klangerzeuger liegen. Jedes Kinderpaar sucht sich nun ein Gerät aus. Sie lassen wechselseitig die Töne hören, schauen es gründlich an und beschreiben ihr Gerät der Gruppe.

2.5 Einer schließt die Augen, der andere führt ihn mit „seinem“ Geräusch durch den Raum.
Rollenwechsel.

2.6 Wir finden uns nach dem Abschluß dieser Übung wieder zum Kreis. Jedes Kind hat jetzt einen Klangerzeuger aus dem Korb genommen.
Der ÜL macht die Bewegung für Crescendo – das Gesicht sollte pantomimisch die Bewegung begleiten.
Die Kinder gehen in der Lautstärke mit ihren Instrumenten mit.

2.7 Das An- und Abschwellen der Tontrauben wird mehrfach durchgezogen.

2.8 Die Kinder übernehmen die Rolle des Dirigenten.

Der ÜL sollte deutlich mit den Händen Zeichen geben. Soll eine Pause gemacht werden, kann eine starke Fangbewegung der Hände den Vorgang unterstützen.

2.9 Nach jedem Durchgang wird das Instrument nach rechts weitergegeben, damit jedes Kind einmal jeden Klangerzeuger ausprobieren kann.

2.10 Die ÜLin intoniert eine Melodie auf dem Klavier oder einem anderen Instrument ... Die Kinder hören hin, machen mit. Sie müssen jetzt ohne Handbewegungen – rein durch das Hören – die Lautstärke erkennen und imitieren.

2.11 Können sie das sicher, kommt die Großbewegung hinzu. Sie suchen sich einen Platz im Raum.
Bei lauter Musik werden sie automatisch stampfen, bei leiser schleichen, bei normaler Lautstärke einfach gehen.

2.12 Die ÜLin hat Bilder bekannter Instrumente. Sie zeigt die Bilder und die Kinder sagen aus der Erinnerung, ob es sich um ein lautes oder leises Instrument handelt. Dabei entwickelt sich mit Sicherheit ein Gespräch darüber, daß die Instrumente „von Haus aus" schon einen verschieden lauten Klang haben, unabhängig davon, daß man jedes Instrument laut oder leise spielen kann.
Die Bezeichnungen für die Instrumente werden am Rand eingeübt. Beim Orffinstrumentarium sollte immer wieder auf die richtige Handhaltung hingewiesen werden.

2.13 Die Kinder bekommen Bilder sechs gängiger Instrumente: Klavier – Flöte – Trompete – Trommel – Geige – Harmonika. Von einem Tonband kommen die akustischen Bilder eben dieser sechs Instrumente. Die Bilder sollen nun in der richtigen Reihenfolge hingelegt werden.

3. Schlußphase: Die Geige sie singet

3.1 Das Lied „Die Geige sie singet" wird mit Handgestenspiel und Pantomime von der ÜLin vorgetragen.

3.2 Die Kinder machen beim zweiten Durchgang schon mit.

3.3 Die Kinder singen mit Handgestenspiel mit, die ÜLin zeigt auf großen Karten das Bild des genannten Instruments.

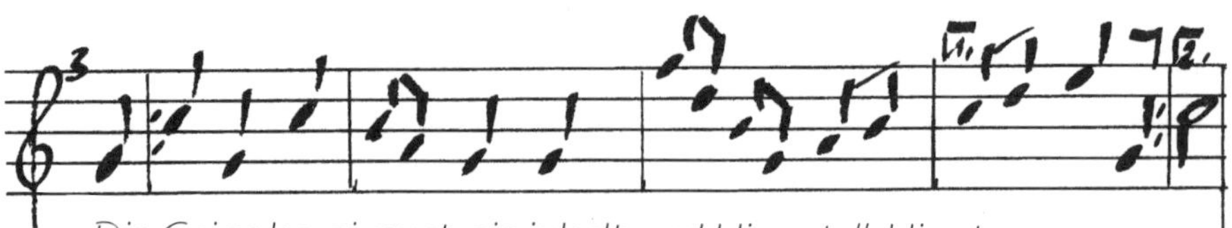

(W. Geissler, 1886)

4. Hausaufgabe

4.1 Aus irgendwelchen Katalogen Bilder von Musikinstrumenten heraussuchen, ausschneiden und aufkleben. Zeitschriften auf musizierende Menschen hin durchschauen. Eventuell in ein Musikgeschäft gehen und sich alte Werbezeitschriften geben lassen.

4.2 Das Lied von der „singenden Geige" auswendig lernen.

U2/B4: Führen und Folgen mit Instrumenten

1. Wiederholung
2. Aufnahme und Wiedergabe von Klangbildern
3. Schlußphase: Kanon „Große Uhren machen Tick-tack"
4. Hausaufgabe

Materialbedarf: Teppichfleckerln, Trommeln, Schlaghölzchen, Triangeln, Becken

1. Wiederholung

1.1 Das Lied „Horch, die Uhr hat acht geschlagen" wiederholen.

1.2 „Die Geige, sie klinget" wiederholen

2. Aufnahme und Wiedergabe von Klangbildern

2.1 Die Kinder sitzen auf einem Teppichfleckerl. Jedes Kind bekommt eine Trommel. Die ÜLin intoniert einen normalen Gehrhythmus. Die Kinder trommeln erst am Platz, auf Zuruf laufen sie trommelnd los. (Damit soll verhindert werden, daß ein Kind mit einem falschen Rhythmus schon losläuft und so auch die Großbewegung falsch macht. Es ist leichter, erst die Hände in den richtigen Rhythmus zu bringen.)
Pausiert die ÜLin, laufen alle schnell zu ihrem Teppichfleck zurück.

2.2 Nun intoniert die ÜLin einen flotten Laufrhythmus. Die Kinder versuchen zu trommeln, es fällt ihnen aber schwer. Die ÜLin bringt einen Korb, in dem Klanghölzchen, Triangel, Becken sind. Die Kinder suchen nun das Instrument aus, das am ehesten zu dem sehr schnellen Rhythmus paßt und am schnellsten zu bedienen ist (Klanghölzchen). Die Kinder bekommen gezeigt, daß bei schnellen Rhythmen die Hölzchen am leichtesten zu bedienen sind, wenn man eine größräumig kreisende Bewegung mit den Armen beim Klopfen macht.

2.3 Die Kinder hören jetzt den Lauf- und den Wanderrhythmus im Wechsel und greifen sich zur Begleitung das jeweils passende Instrument. Das nicht Gebrauchte bleibt beim Teppichplätzchen liegen. Die Musik pausiert immer kurz, bevor ein neuer Rhythmus eingegeben wird.
Damit die Kinder nicht in einen gewissen Automatismus verfallen, sondern wirklich noch zuhören, kann auch zwei- oder dreimal der gleiche Rhythmus hintereinander gegeben werden.

2.4 Der Korb kommt wieder in die Mitte. Ein Kind schlägt das Becken an, ein anderen die Triangel. Welcher Klang steht länger im Raum?
Wir nehmen nun das Becken für die sehr langen Klänge. Wie eine Glocke wird das Becken beim Gehen im Raum geschwungen, das erleichtert den Bewegungsablauf balancieren.
Die drei Klänge werden im Wechsel erkannt, das passende Instrument ergriffen und die passende Bewegung gemacht.

2.5 Als letztes kommt die Triangel für die halblangen Klänge hinzu.
Wir haben jetzt die wichtigsten Notenwerte von Klangbild und Bewegung her eingeübt:

Bewegung		*Sprechen*		*Musizieren*		*Notenwert*
Rennen	*	Klapperhölzchen	*	Schlaghölzer	*	Achtelnoten
Gehen	*	Schritt	*	Trommel	*	Viertelnote
Schreiten	*	Klin - gen	*	Triangel	*	Halbe Note
Balancieren	*	Lang - sam schwin - gen	*	Becken	*	Ganze Note

Diese Unterrichtssequenz kann immer wieder mal als Gehörübung aufgegriffen werden. Sie macht den Kindern großen Spaß und bereitet den Boden vor für die Inhalte, die im Musikunterricht normalerweise so große Probleme machen: Notenwerte, Takt, Schwerpunkt, Längenhören.

2.6 Stilleübung: „Wer kann seine Trommel (Triangel, Becken, Schlaghölzer) so leise aufräumen, daß man kein Geräusch hört?"
Die Kinder räumen die Instrumente in die bereitgestellte Körbe. Diese Übung ist besonders schwer, weil immer nur ein Kind zum Korb schleichen und sein Instrument hineinlegen kann. Ein anderes, das vielleicht auch gerade aufstehen und aufräumen wollte, muß sich – nach eigener Entscheidung – wieder setzen. So ist die Spielregel.
Indirekt wird hier das Zurückstehen für andere oder das „Sich nun aber durchsetzen" geübt.

3. Schlußphase: Kanon „Große Uhren machen Tick-tack"

3.1 Große Uhren machen Tick-tack
Der Kanon wird mit den vorher benutzten Bewegungen eingeübt.

Bei der Halben mit den Armen schwingen
Bei den Vierteln klatschen
Bei den Achteln die Finger gegeneinander klopfen

4. Hausaufgabe

4.1 Daheim lange und kurze Klänge aussuchen
Mit einem Kochlöffel auf die verschiedensten Gegenstände schlagen und schauen, was länger klingt.

4.2 Arbeitsblatt 1: Das graphische Bild dem Instrument zuordnen (Klang aus der Erinnerung holen)

4.3 Arbeitsblatt zwei: Die Kästchen ausschneiden und Striche gleicher Länge zuordnen oder mit einem Strich verbinden.

4.4 Den Kanon singen

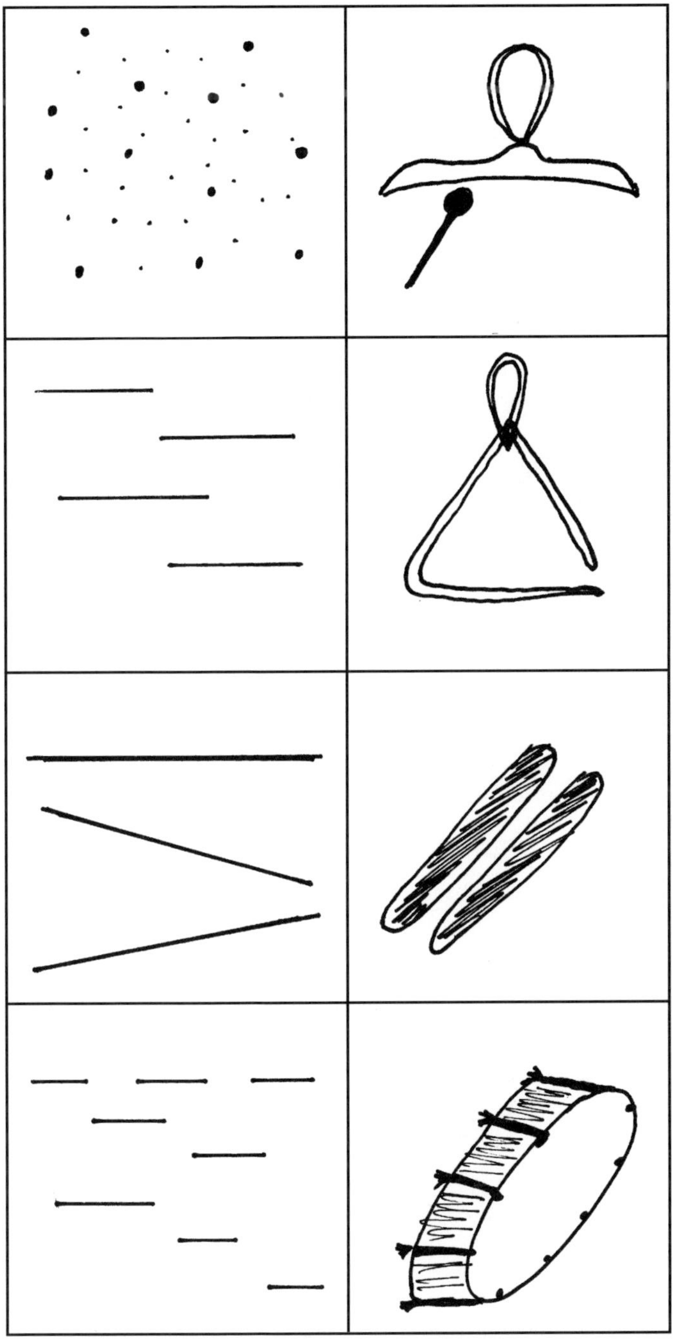

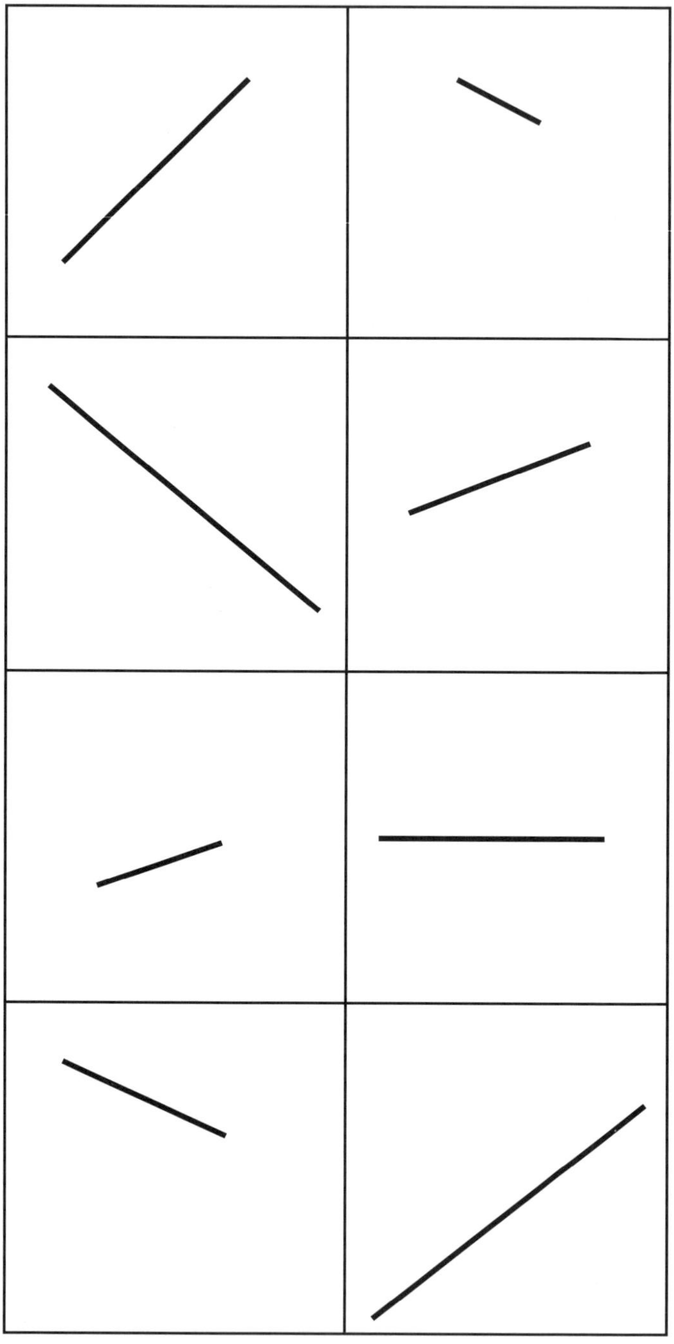

Dritte Unterrichtseinheit „Imitation und Spiegel“

Die Unterrichtseinheit „Imitation und Spiegel“ setzt schon ein gewisses räumliches Bewußtsein voraus. Das Kind soll auf Anhieb gerade und gebogen, klein und groß, lang und kurz, Kreis und Viereck, Ellipse und Mehreck unterscheiden können. Es muß über eine erhöhte Sensibilität für Bewegungsbilder außerhalb seiner selbst verfügen, Geräusche hören und Bewegungen zuordnen können.
Deshalb empfiehlt es sich, diese Unterrichtseinheit im Anschluß an die Einheiten „Gebogen und Gerade“ und „Führen und Folgen“ zu machen.

U3/B1: Imitation

1. Tanz: Polonaise
2. Sprachlich/akustische Imitation
3. Optische Imitation
4. Übertragung in die Zweidimensionalität
5. Schlußphase: Grimassentanz
6. Hausaufgaben

Materialbedarf: Trommeln, Gong, Körperschemamännchen, Zauberhut, eventuell Lampe, Kartons, Blöckchen

1. Tanz: Polonaise

1.1 Die Polonaise ist wie kein anderer Tanz auf dem Nachahmen aufgebaut. Das erste und zweite Paar geben vor, alle machen es nach. Soll anfangs noch Raum für Erklärungen sein, wird ein ruhiger Viervierteltakt gewählt. Können die Kinder schon eine gewisse Anzahl an Figuren, kann ein flotter Vierer anregender und spaßiger sein.

Mögliche Figuren:

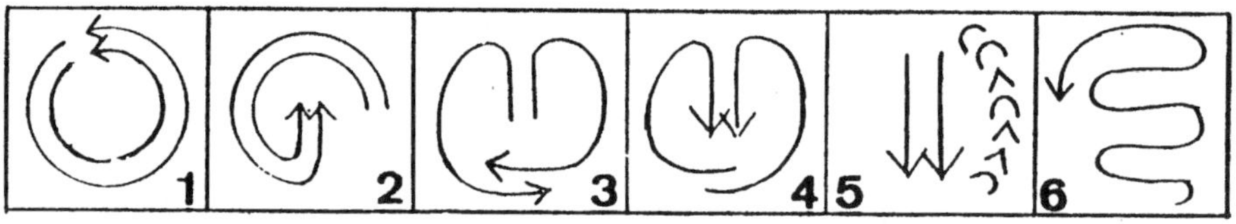

Die Polonaise endet im Kreis

2. Sprachlich/akustische Imitation

2.1 Die ÜLin sagt eine sinnlose Silbe zum Nachbarn, der muß sie an seinen Nachbarn weitersagen ... die Silbe wandert laut und deutlich im ganzen Kreis herum.
Bei dieser Übung soll darauf geachtet werden, daß die Köpfe immer gut mitlaufen, damit das Kind, dem die Silbe „weitergegeben" wird, auch angeschaut wird.

2.2 Die Silben werden stärker rhythmisiert.

2.3 Sie werden in Tonhöhe und Lautstärke modifiziert.

2.4 Autostoppspiel:
Das imaginäre Auto fährt mit „brummmm" bei der ÜLin los. Das „brumm" geht von Kind zu Kind, bis eines das Auto anhalten will. Es imitiert das

Quietschen der Bremsen und streckt dabei einen Fuß vor. Das Auto muß umdrehen und in der anderen Richtung zurückfahren, bis wieder ein Kind „anhält" und das Auto in die andere Richtung schickt. Mit der Zeit soll sich das Tempo ordentlich steigern.
Jedes Kind darf nur einmal das Auto anhalten. Sind alle durch, ist das Spiel zu Ende.

2.5 Die Kinder bekommen eine Trommel. Jedes sucht sich einen Platz im Raum. Die ÜLin intoniert auf der Trommel einen (sehr einfachen) Rhythmus. Schweigt die Trommel, greifen die Kinder mit ihren Trommeln den Rhythmus auf.

Einige Beispiele:

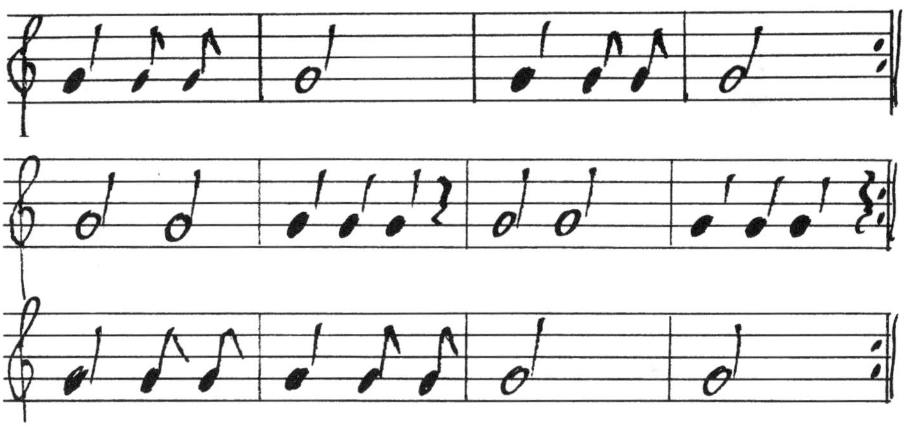

2.6 Die Bewegung kommt hinzu. Meist bewegen sich einige wenige Kinder richtig im Rhythmus. Das reicht, die anderen darauf aufmerksam zu machen und zum Nachmachen anzuregen. Trommeln aufräumen.

3. Optische Imitation

3.1 Die ÜLin holt das Körperschemamännchen (oder eine beliebige bewegliche Puppe) vor. Diese Puppe turnt. Die Kinder sagen, was „der Leo" so macht. (Körperteile in ihrer Stellung benennen.)

3.2 Die Kinder machen nach, was Leo vormacht. Die Puppe wird wieder schlafen gelegt.

3.3 Ein Kind bekommt einen Zauberhut und den Zaubergong.
Alle laufen nach eigenem Gusto herum, bis der Gong ertönt. Sie erstarren in möglichst verrückten Haltungen. Der Zauberer sucht sich eine Salzsäule

heraus und tippt sie an. Nun müssen alle Kinder die Pose des Angetippten nachmachen.

3.4 Der Angetippte wird Zauberer, das Spiel beginnt von vorn.

4. Übertragung in die Zweidimensionalität

4.1 Wenn die Sonne scheint, kann man diese Übung draußen machen, drinnen braucht man eine starke Lampe. Je zwei Kinder arbeiten zusammen. Das eine bringt das andere in eine „Statuenstellung". Die Schwierigkeit bei dieser Aufgabe ist, daß die Statue nicht umfallen darf. Die Lampe wird auf die Statue gerichtet, der Schatten auf einem großen Papier nachgezeichnet.

4.2 Rollenwechsel

4.3 Alle Bilder sind an die Wand gehängt worden. Kann man noch erkennen, um welches Kind es sich handelt? Wenn ja, woran?

5. Schlußphase: Grimassentanz

5.1 Grimassentanz
Kreisform ohne Handhaltung. Die ÜLin fragt, wer denn Grimassen schneiden kann. Reihum bewundert man, was so an Scheußlichkeiten zu sehen ist.

Teil A:
Die ÜLin grimassiert mit hörbaren Lautverbindungen nach rechts, bei der Wiederholung der Phrase nach links. Die Kinder imitieren sofort, bis auf die besonders gehemmten, die sich erst nach einiger Zeit dareinfinden. Dieses Muster kommt mehrfach wieder, so daß bei den Artikulationen die verschiedenen Artikulationsstellen – und besonders schwierige Verbindungen im Wechsel mit besonders leichten – intoniert werden können.

Teil B:
Seitgalopp mit geschlossener Kreishandfassung nach rechts, bei der Wiederholung nach links.

Teil C:
Wir tun so, als wäre ein Faden am Knie und ziehen daran das Knie hoch, lassen es dann plötzlich fallen. (Balancesituation!) Dazu sprechen wir: Hochheben, fallenlassen.

Wir legen irgendeine dreiteilige Tanzmusik zugrunde.

6. Hausaufgaben

6.1 Aus einer alten Illustrierten Werbebilder herausschneiden. Die Haltung der Personen auf den Fotos abkopieren in der Bewegung.

6.2 Vier Kärtchen mit einem Strichmännchen malen, das sehr verschiedene Haltungen einnimmt. Die werden in der nächsten Stunde den anderen gezeigt und gleiche Haltungen zusammengelegt.

6.3 Vor dem Spiegel verschiedenste Grimassen mit Lauten dazu üben.

U3/B2: Imitation und Spiegel mit Material

1. Spiellied vom Spiegel
2. Imitation und Spiegel mit Hilfe der Formhölzer
3. Schlußphase: Stille und Balancieren
4. Hausaufgabe

Materialbedarf: Silberkarton mit Schnur, Zwei Pakete farbiger Formhölzer, großes Tau

1. Spiellied vom Spiegel

1.1 Die ÜLin holt die einzelnen Kinder vom Platz ab. Dabei soll das Kind genau die Bewegungen nachmachen. Hat sie das Kind an seinen Platz im unsichtbaren Anfangskreis geführt, wird das nächste geholt. Stehen alle Kinder im Kreis, bekommt jedes zweite einen Silberkarton an einer Schnur, den sie sich umhängen kann.

1.2 Einführung des Spielliedes:

Wichtig ist im folgenden, daß die Bewegungen sehr langsam ausgeführt werden, damit die anderen nahezu gleichzeitig mit ihrer Bewegung nachfolgen können.

1.3 Je zwei Kinder tun sich zusammen. Zu der Melodie des Liedes oder einer schwebenden, beruhigenden Musik soll nun ein Kind der Spiegel, das andere der Mensch sein, der im Spiegel etwas tut. Erinnerung an die Hausaufgaben! Zur Unterstützung der Vorstellung bekommt das Spiegelkind den Silberkarton.

1.4 Dieses Sing-Bewegungsrondo geht solange, bis jedes Kind einmal die Gesten vorgeben durfte.

1.5 Rollenwechsel

1.6 Spazierengehen im Spiegelsaal: Die Spiegelkinder bleiben auf ihren Plätzen. Die anderen gehen von Spiegel zu Spiegel und probieren immer wieder verschiedenste Grimassen oder Bewegungen aus. Auf einen Gongschlag hin wechseln die Rollen (und die Silberkartons).

2. Imitation und Spiegel mit Hilfe der Formhölzer

2.1 Zwei große Kartons mit den Formhölzern werden hereingeholt. Die ÜLin läßt raten, was wohl darin sein könnte. (Größe, Schwere, Geräusch beim heftigen Absetzen)

2.2 Nacheinander wird ein Formtyp herausgeholt und von den Kindern beschrieben:

Der große gerade Blaue
Der kleine runde Gelbe
Der kleine grüne Gerade
Der große runde Rote

Endergebnis: Wir haben vier Formen in vier verschiedenen Farben.

2.3 Je zwei Kinder bilden ein Paar. Die Hölzer werden ausgeteilt, wobei die Paarkinder immer einen identischen Satz haben (sie sollen ja die gleichen Muster legen später)

2.4 Die Selbsterfahrungsphase mit Material folgt. Jeder darf bauen, was er will. Zwischendurch gucken wir immer, was bei den anderen gebaut worden ist und holen uns Anregungen.

2.5 Die Kinder, die Lust haben, können sich zu zweit zusammentun. Dadurch, daß nun mehr Material da ist, sind andere Gestaltungen möglich. Es sollten aber immer die anfangs bestimmten Paarkinder beieinander bleiben, damit die Bausätze nicht durcheinander kommen.

2.6 Die ÜLin sagt nach einer Weile deutlich das Ende dieser Phase an. Alle gehen herum und schauen sich die Werke der anderen an.

2.7 Die Paarkinder machen die erste Spiegelübung auf einfachstem Niveau: Das eine Kind legt ein Formholz hin, das andere sucht aus seinem Stapel ein gleiches aus und legt es dagegen. Rollenwechsel, bis alle Formhölzer in einer Reihe liegen.

2.8 Zur Wiederholung eine Imitationsübung: Ein Kind baut vor, das andere nach. Rollenwechsel.

2.9 Der Raum wird mit einem Seil mittendurch geteilt. Das Seil ist die Spiegelachse. Die Kinder sitzen sich diesseits und jenseits des Seiles gegenüber.

2.10 Das erste Kind legt seine Formhölzer, das andere versucht, diese Figur zu spiegeln. Das fällt vielen Kindern leichter als der Nachbau. Bei manchen muß aber ermahnt werden, genauer hinzuschauen. Meist verbessern sie sich dann sofort. Mehrmals Rollenwechsel.

2.11 Wir bauen ein großes Werk. Die ersten beiden Kinder fangen an zu legen, die anderen schauen gespannt zu, ob der Nachleger alles richtig macht. Das zweite Paar baut an die erste Figur an, usw. Am Ende haben wir eine Gesamtgestaltung.

3. Schlußphase: Stille und Balancieren

3.1 Jedes Kind sammelt seine Hölzer wieder ein, die „Spiegelachse“ wird auch weggelegt. Nun legt das erste Kind seine Hölzer hintereinander zu einer Straße aus, das nächste legt an ... so geht es weiter, bis alle Hölzer verbaut sind.

3.2 Die Kinder balancieren barfuß – bei leiser, beruhigender Musik – über diese Straße. Das ist nicht leicht, da die Kurven eng sind. Ein hohes Maß an Körperbeherrschung und Konzentration ist nötig.

3.3 Die Hölzer werden nach ihren Merkmalen von den Kindern weggeräumt.

3.4 Die Kinder stehen im Kreis, Schlußspruch.

Lache ich – so lacht er auch.
Weine ich, so weint er auch.
Winke ich, so winkt er auch.
Beiße ich, so beißt er auch.
Wer dem Burschen will zu Leibe,
der haut – bauz – in eine Scheibe.

Zu diesem Spruch werden begleitend die passenden Gebärden gemacht.

4. Hausaufgabe

4.1 „Ich bin der Spiegel“ auswendig lernen und daheim mit der Mutter spielen.

4.2 Den Rätselspruch zum Spiegel mit Gebärdensprache auswendig lernen.

4.3 Ein Blatt in der Mitte knicken. Auf die eine Hälfte mit Wasserfarbe eine Figur malen, zusammenfalten, abdrücken. Mehrere Bilder herstellen, damit das Prinzip augenfällig wird.

4.4 Mehrere Spiegel werden hintereinander gesetzt, um das Phänomen des „Spiegel im Spiegel“ zu sehen.

4.5 Wer Lust hat, kann Leporellos machen.
Dazu wird ein normal dünnes Blatt im Zickzack geknickt und eine halbe Figur ausgeschnitten. Das kann anfangs ein halber Kreis, ein Tannenbaum oder ähnliche Einfachstformen sein. Beim Auffalten sehen wir eine Reihe gleicher Figuren, eine Vervielfältigung. Erinnerung an den Spiegel im Spiegel!

Vierte Unterrichtseinheit: Sechs Grundformen auf allerlei Art

Die nun folgende Unterrichtseinheit befaßt sich ausführlich mit den Formen „Gerade – Kreis- Spirale – Schlaufe – Welle – Acht". Dabei bewegen wir uns entlang des Gedichtes von Guggenmoos: Der Faden. Es wurde leicht bearbeitet, da einige Sprechrhythmen unseren Kindern nicht so leicht eingingen.
Alle diese Formen sind vielfachst in unserer Umgebung, unserem Körper, der uns umgebenden Landschaft aufzufinden. Auch in der Schreibschrift finden wir gerade diese Formelemente immer wieder. Hat das Kind seine Wahrnehmung bisher vor allem an Raumlinien und am Partner geschult, gilt es jetzt, diese sechs Formen in immer wieder neuem Gewand zu erkennen und zu verinnerlichen.

U4/B1: Einführung des Gedichtes und der Formen

1. Tanz: Hava nagila (Kreis)
2. Präsentation des Gedichtes
3. Die sechs Formen im großen Raum
4. Schlußphase: Kordeln in Form legen
5. Hausaufgaben

Materialbedarf: Fotoapparat zum Dokumentieren, Wollfaden, Nähfaden, Paketschnur, Kordel, Seil, Tau, bunte Wollkordeln, Klebeband, Bild mit Hava-Graphik (Kreis) für die Wand

1. Tanz: Hava nagila (Kreis)

1.1 Hava nagila (Kreisform mit einem Schritt:
Rechts seit, links vor, rechts seit, links hinter)

Dieser Schritt fällt den Kindern häufig sehr schwer. Es hat wenig Zweck, ihn mit dem einzelnen Kind zu üben. Ich habe die Erfahrung gemacht, daß es – einfach mit der Zeit bei häufiger Wiederholung – irgendwann „schnackelt“. Bei den motorisch stärker behinderten Kindern bricht das Muster in der Regel wieder zusammen, wenn das Tempo anzieht.

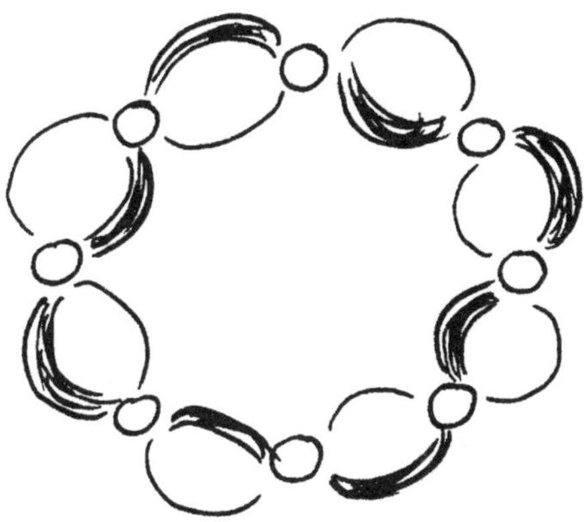

2. Präsentation des Gedichtes

2.1 Materialerfahrung, Sprachschulung

Die ÜLin hat einen Nähfaden,
einen Wollfaden,
eine Paketschnur,
eine Kordel,
ein Seil,
ein Tau in der Kiste.

Stück für Stück wird nun herausgeholt, benannt, angefaßt, genau betrachtet (eventuell unter einer Lupe). Wir stellen fest, daß auch der kleinste und dünnste Faden schon gedreht ist. Je dicker die Fäden oder Stricke werden, umso mehr Fäden wurden zusammengezwirbelt.

Den Kindern wird erklärt, daß die Geschichte, die nun erzählt wird, eigentlich von einem Faden handelt. Aber weil man Fäden so schlecht sehen kann, nehmen wir stattdessen eine selbstgedrehte Wollkordel.

2.2 Präsentation des Gedichtes

Der Faden (leicht bearbeitet nach J. Guggenmos)

Es war einmal ein Faden,
der lag da wie – ein – Strich.
Der lag da ... und langweilte sich.
Was tue ich? Ich ringle mich.
Er ringelte sich zur Spirale.
Und dann mit einem Male –
machte er aus sich draus –
eine Schnecke mit ihrem Haus.
Gleich wurde etwas Neues gemacht:
Heidewitzka — eine Acht!
Und dann eine Dickedull,
eine kugelrunde Null.
Und dann noch, mit viel Geschick,
einen Fisch — ein Meisterstück.
„Was kann ich bloß jetzt noch sein?"
dachte der Fisch, da fiel ihm was ein:
„Ich schlängle mich als Schlange,
wenn mich wer sieht, dann wird ihm bange"
Daß ihn wer sieht ------
drauf wartet er schon lange!

(Original aus: Zeitschrift Grundschule, Heft 11/1986)

Die Darbietung des Gedichtes muß unbedingt auswendig erfolgen. Zum einen wird die Modulation der Stimme dann lebhafter, zum anderen kann die Aufmerksamkeit der Zuschauer mit der „Augenstraße" gefangen werden. Ihre Restaufmerksamkeit braucht die ÜLin dafür, parallel zu den Rezitationen die Figuren am Boden mit der Kordel zu legen, von denen sie gerade spricht.

2.2 Das Gedicht wird ein zweites Mal rezitiert, wobei die ÜLin die Form der am Boden liegenden Kordel, nachdem sie sie neuerlich gelegt hat, in der Luft nachfährt. Die Kinder sollten nun die Bewegung schon mitmachen.

2.3 In einer Schachtel werden verschiedenfarbige Kordeln präsentiert. Jedes Kind sucht sich seine Lieblingsfarbe aus. Das Kind, das sich als letztes hat eine Kordel wegnehmen dürfen, bringt dem von ihm bestimmten Nächsten die gewünschte Farbe.

2.4 Nun kommt der dritte Gedichtsdurchgang, bei dem die Kinder mit ihren Kordeln die Formen legen. Bei der Spirale oder der Acht wird das eine oder andere Kind Hilfe brauchen. Kordeln mit Farbnennung einsammeln.

3. Die sechs Formen im großen Raum

3.1 Mit Klebeband werden die sechs Formen groß am Boden fixiert, von den Kindern gespannt beobachtet und benannt.
Sie suchen sich einen Platz außerhalb der Formen, diese sollen auch umgangen werden bei der nun folgenden Übung: „Das Klavier (die Trommel, das Metallophon) sagt dir, wie du gehen sollst".
(Wiederholung schreiten, gehen, rennen, hüpfen)
Schweigt das Klavier, bleiben die Kinder stehen und lauschen.
Die ÜLin ruft nun eine Form auf. Die Kinder laufen hintereinander die Form ab.
Bei der zweiten Übung versammeln sie sich schnellstmöglich auf dem richtigen Klebestrich.

3.2 Diese Übung durch alle Formen durchmachen, bei Unsicherheiten mehrfach. (Fotos machen)

3.3 Die Klebebänder werden abgezogen, die Kinder machen die gleiche Übung ohne Hilfsmittel.

3.4 Die ÜLin sucht sich auch einen Platz im Raum. Das Gedicht wird rezitiert – einige von den Kindern können inzwischen schon mitsprechen – und wenn der Name der Form fällt, versuchen wir, diese mit dem Körper darzustellen. Es wird verschiedene Lösungen geben.

3.5 Zwei Kinder tun sich zusammen. Erneute Rezitation, die beiden stellen die Form zusammen dar.

3.6 Drei Kinder versuchen nun ihr Glück.

3.7 Zum Schluß soll die ganze Gruppe miteinander die Formen darstellen. Interessant ist, daß nun viel mehr am Boden gearbeitet wird als bei dem Durchgang mit den fixierten Strichen. Manchmal braucht eine Gruppe ein bißchen Hilfe bei dieser Übung.

3.8 Die Möglichkeiten der Formdarstellung, die von der Gruppe gefunden wurden, werden noch einmal dargestellt (Wiederholung) zum Abfotografieren.
Am Ende der gesamten Unterrichtseinheit stellen wir ein Buch über dieses Gedicht her, dazu brauchen wir die Bilder.

4. Schlußphase: Kordeln in Form legen

4.1 Wir nehmen uns noch einmal eine Kordel und wiederholen bei gleichzeitiger Rezitation die Legeübung vom Anfang.

4.2 Wir wiederholen den Hava nagila und stellen fest, daß es sich um einen Kreistanz – um die Dickedullnull – handelt. Eine graphische Darstellung des Tanzes wird an der Wand befestigt.

5. Hausaufgaben

5. Daheim eine kurze Kordel drehen (Anweisung siehe zweite Unterrichtseinheit zweites Bild)

5.3 Auf einem großen Karton die Kordel entsprechend der Rezitation legen und nachfahren, immer wieder – die Linien der verschiedenen Formen dürfen sich ruhig kreuzen.

5.4 Fühlkarten herstellen: Auf einen DIN A 5 Karton mit Wolle oder Stoff oder Paketschnur oder Teppichresten die sechs Formen aufkleben. Schön wäre es, wenn möglichst viele Kinder verschiedene Sachen zum Fühlen hätten.

U4/B2: Vertiefung über Tasten, Fühlen, Hören, Gestalten

1. Spiraltanz (Stilleübung)
2. Wiedererkennen durch Fühlen
3. Wiedererkennen durch Hören
4. Schlußphase: Schneckenhaustanz
5. Hausaufgaben

Materialbedarf: Klebeband, Kerze, Blindmasken, Flöte, Metallophon, Großes Becken mit 2 Schlägeln, Gong oder singing bowl, Rasselbüchse, Bilder von den Instrumenten, gekoppelt mit den Formen, Großes Bild von der Spirale für die Wand

1. Spiraltanz (Stilleübung)

In der Mitte des Raumes wurde mit Klebeband eine Spirale fixiert. In der Spirale steht eine brennende Kerze.

1.2 Auf bloßes Anschauen hin sucht sich jedes Kind seinen Platz auf dem gedachten Kreis um die Spirale herum.

1.3 Eine möglichst ruhige, taktfreie Entspannungsmusik wird eingespielt (taktfrei, damit jedes Kind seinen eigenen Schritt finden kann bei dieser nicht ganz leichten Aufgabe). Vorschlag: Kitharo´s best

Die ÜLin blickt ein Kind an; das Kind balanciert auf der Spirale hinein, holt die Kerze und balanciert wieder heraus.
Die Kerze wird an ein anderes Kind weitergegeben. Dieses stellt sie wieder hinein und bestimmt durch Anblicken den nächsten Tänzer.
So geht es, bis alle dran waren. Als letzte bekommt die ÜLin die Kerze und löscht sie aus. (Foto)
Welche Form hatte der Tanz? Die Zeichnung Spirale wird unter den Karton mit dem Kreis geheftet.

2. Wiedererkennen durch Fühlen

2.1 Die Kinder haben ihre daheim gebastelten Fühlkarten dabei. Sie finden sich zu zweit zusammen und bekommen eine Blindmaske.
(Diese sind sehr einfach herzustellen: Man näht ein Rechteck aus mehreren Lagen weichem Stoff, innen mit Vlieseline verstärkt. Ein Rollgummi wird rechts und links angenäht. Da Kinder ungern die Augen schließen, sind diese Masken für Fühlübungen eine gute Hilfe)

2.2 Jedes Kind hält nun dem anderen seine Karten zum Fühlen hin und läßt die Formen raten.
(Fotos nicht vergessen! Dabei sollte jedes Mal eine andere Form auf der Karte zu sehen sein)

2.3 Die Kinder tauschen die Kartensets untereinander, so daß auch andere Fühleindrücke entstehen.

2.4 Eine Karte von jedem Set wird in die Mitte des Kreises gelegt. Wir versuchen, die richtige Bezeichnung für jedes Material zu finden.

2.5 Das eine Kind hebt dem anderen ruhig sein Gesicht oder den Arm entgegen. Nun wird mit sanftem Strich eine Form nach der anderen aufgemalt und erraten. Rollenwechsel.
Diese Fühlübung ist einfacher als die nun folgende, da das bemalte Kind zusätzlich die Hand sieht. (Foto)

2.6 Ein Kind wendet dem anderen den Rücken zu. Die Formen werden auf den Rücken gemalt und erraten. Wie immer Rollenwechsel.

3. Wiederkennen durch Hören

3.1 Zu Beginn dieser sehr schwierigen Übung wiederholen wir die Rezitations-Bewegungsübung, jeder einzeln für sich.
Die ÜLin rezitiert laut, oder singt in leisem Singsang den Text. Bei dem Wort für die Form könnte sie schon den späteren Klang mit der Stimme andeuten.

Die Kinder bewegen sich passend zum Text:
Sie liegen wie ein Strich – gespannt, mit gestreckten Gliedern
Sie ringeln sich, bis sie eine leidliche Spirale darstellen
Sie liegen auf dem Bauch (Laufmuskel) und heben ihre Beine als *Schnekkenhaus.* Die Arme mit den Händen können die Fühler darstellen.
Sie versuchen, einen *Kreis* mit den Armen über dem Kopf und einen mit den Beinen zu machen, um eine Acht zu simulieren. Das können wir sowohl im Liegen wie im Stehen. Wir können auch mit den Fingern eine Acht machen oder mit den Armen.
Die Null kommt natürlich ins Rollen und versucht, durch den Raum zu rollen (Bärenrollen vormachen)
Der Fisch, dessen Schwanz die gekreuzten Beine darstellen, hat es etwas schwer, die grazilen Bewegungen herzuzeigen, die ihm sonst eigen sind.
Die schlängelnde *Schlange*, die gerne die anderen erschrecken möchte, fällt natürlich am leichtesten.

3.2 In der Mitte des Raumes liegen jetzt sechs Instrumente:
(Hier muß sich natürlich jeder Ül nach seinen Möglichkeiten entscheiden)
Die Flöte – mit langanhaltendem Ton für den Strich
Das Metallophon – mit enger werdenden Tonfolgen für die Spirale
Das große Becken mit 2 Schlägeln – mit crescendo und decrescendo für die Acht
Der Gong oder die singing bowl für die Null
Der Psalter oder die Kantele für den Fisch
Die selbstgemachte Rasselbüchse für die Schlange
Die Kinder experimentieren mit den Instrumenten und helfen beim Aussuchen (Foto). Haben sich alle geeinigt, werden

3.3 Bilder, auf denen Instrument, Form und Wortbild zu sehen sind, hergestellt. Sie werden für jedermann sichtbar an der Wand befestigt.

Beispiel:

Diese optische Unterstützung ist anfangs notwendig, da die Kinder sechs Klänge auf einmal nicht behaltend zuordnen können. Würde man aber in langen Übungen Klangbild für Klangbild einschleifen, wird es den Kindern langweilig.

3.4 Ein Durchgang folgt, bei dem der ÜL rezitiert und bei den Formwörtern den passenden Ton macht.

3.5 Sechs Kinder bedienen die Instrumente, die anderen bewegen sich dazu. Das Gedicht wird noch ein letztes Mal mitrezitiert.

3.6 Die Instrumente werden an andere Kinder weitergegeben, die nun im freien Wechsel – nach Blickkontakt – die Signale geben. Die Kinder, die sich bewegen, haben die Bilder an der Wand als Unterstützung. Mehrmaliger Wechsel.
Diese Übung macht den Kindern viel Freude, da sie sowohl gerne Instrumente spielen als auch anspruchsvollere Aufgaben lösen mögen.

3.7 Mit der Zeit sollen die Kinder, die gerade die Bewegungsaufgabe haben, nicht nur das Signal erkennen und die Form darstellen, sondern möglichst auch passende Bewegungsarten dazu finden. Wenn die ÜLin mitmacht und einiges vorgibt, geht das meist nach einer Weile ganz gut.

4. Schlußphase: Schneckenhaustanz

4.1 Wir wiederholen das aus der Unterrichtseinheit „Schnecken" bekannte Lied und tanzen darauf die Spirale.
Teil A: Alle Kinder fassen sich an der Hand, eins ist der Kopf, das letzte der Schwanz. Langsam auf der Spirale nach innen wandern.

Teil B: Alle drehen sich in der Pause um, der Schwanz wird zum Kopf und führt in schnellem Lauf die Schlange aus der Spirale heraus.

5. Hausaufgaben

5.1 Zu jeder Form soll ein Muster erfunden werden. Den Kindern werden Beispiele gezeigt.

Beispiele:

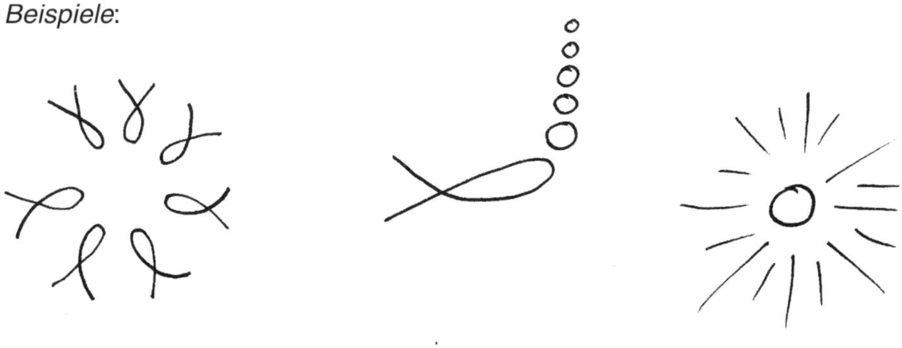

5.2 Arbeitsblätter „Strich, Spirale, Kreis“
(Nachfahrarbeit)

5.3 Das Gedicht immer wieder rezitieren und die Formen auf den Fühlkarten nachfahren, in die Luft zeichnen, der Mutter zum Raten auf den Rücken malen ...

Fahre nach und male bunt! Welche Form fehlt jeweils?

U4/B3: Die Formen in der Gestaltung mit Ton

1. Tanz: Kontramusik (Strich und Fisch)
2. Arbeiten mit Ton

Materialbedarf: Guter, fetter Plastizierton, Lappen, Brettchen, Karte mit Strich und Fisch für die Wand

Für diese Einheit brauchen wir mindestens zwei, manchmal drei Stunden bei guter Vorbereitung. Aber die Kinder lieben das Töpfern und bleiben begeistert bei der Stange.

1. Tanz: Kontramusik (Strich und Fisch)

1.1 Die Kinder stehen sich in zwei Reihen {Strichen) gegenüber. Auf eine Kontratanzmusik werden Strich und Fisch getanzt.

Teil A: Das erste Paar wendet im Halbkreis und geht gemessenen Schrittes die ganze Reihe ab. Hier schließt es sich an. (Foto)
Teil B: Alle Paare wenden dos à dos aneinander vorbei und rücken zwei Schritte nach oben auf.

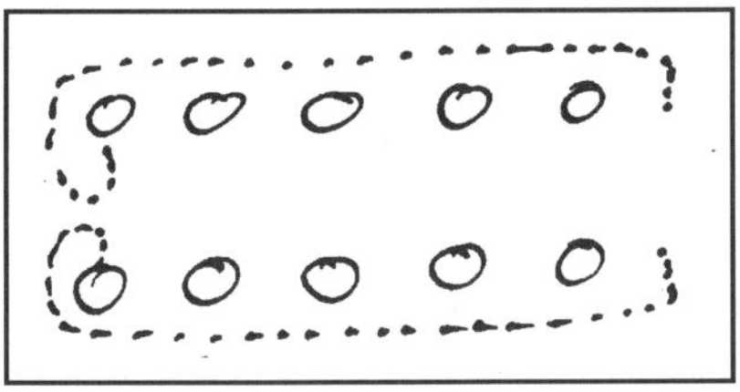

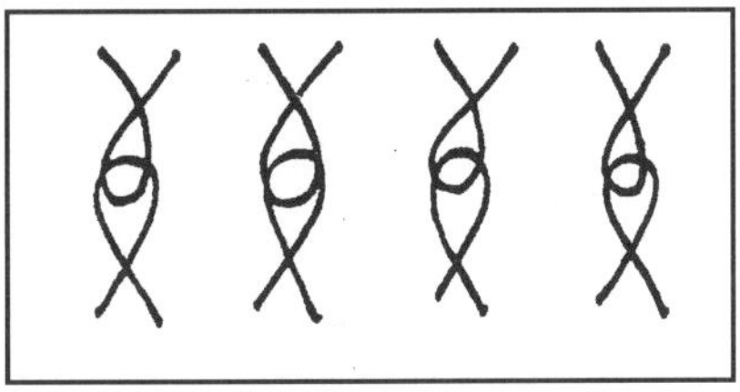

1.2 Die vorbereiteten Formkarten für die Figuren dieses Tanzes neben Kreis und Spirale hängen

2. Arbeiten mit Ton

Die Anfangsphase ist vor jedem Plastizieren gleich:

- Der Ton wird mit der Hand vom Hubel gebrochen. Jedes Kind soll eine gute Handvoll haben.
- Mit den Fingern wird der Ton durch und durch geknetet

  Spruch dazu:
  Knete – daß der Knochen kracht!
  So wird Ton aus Matsch gemacht! (Foto)
- Der zweite Arbeitsgang ist anfangs schwer. Das Kind soll mit beiden Händen eine Rolle formen, sie in der Mitte auseinanderbrechen und beide Teile zusammen schlagen.

Spruch dazu:
Roller-roller-raffaffaff
und --- dann --- paff!
Bei „paff“ werden die beiden Teile zusammengeschlagen.

- Beim dritten Arbeitsgang wird der Tonbollen immer wieder mit ganzer Kraft- und einem lauten Schrei tief aus dem Bauch heraus – auf den Tisch geknallt.
- Nun ist der Ton fertig zum Bearbeiten.

Es ist ohne weiteres möglich, daß die Kinder einfach die Formen „pur“ arbeiten. Manchmal aber haben sie das reine Formtraining schon ein bißchen über, dann hilft eine Verpackung.
Will man den unten aufgeführten Vorschlägen folgen, ist es sinnvoll, diese Arbeitsgänge im Vorgriff für sich allein zu machen. Zum einen, um ein Bewußtsein für die Klippen zu haben, zum anderen, um den Kindern das Stück so vorzeigen zu können, wie es am Ende dann sein soll. Nach dem Anschaun aber wieder wegpacken, das Kind soll sich ja nicht an der ÜLin messen!

Strich: Die Kinder machen eine schöne runde Rolle. Die wird oben sanft abgeflacht und ein Loch hineingebohrt. Unten machen wir auch ein Loch. Später wird oben eine Schleife und unten ein Trockenblumensträußchen befestigt als Wandschmuck.

Spirale: Wieder wird eine längere, dicke Rolle gemacht. Diese wird zur Spirale gelegt und nun mit einer Christbaumkerze 24 Löcher vorsichtig hineingedrückt. Die ÜLin bezeichnet die Druckstellen vorher mit Stecknadelpünktchen. Sie kann auch ihrer vorgearbeiteten Spirale statt Vertiefungen kleine Erhöhungen geben. Diese kann man dann auf die Spirale des Kindes drükken und damit Vertiefungen herstellen. Natürlich muß darauf geachtet werden, daß die Spirale des Kindes annähernd gleich lang ist. (Foto)
So haben wir einen sehr besonderen Advents „kranz“, in den jeden Tag eine weitere Christbaumkerze gesteckt wird, bis wir bei 24 in der Mitte sind.

Acht: Nach dem Vorbereitungsritual formen wir wieder eine nicht zu lange Rolle. Sie wird zu einer Acht gelegt. Später werden zwei runde Filzkissen mit Wattefüllung gebastelt und in die Achterhälften eingepaßt. Fertig ist das Nadelkissen für Stecknadeln einerseits, Nähnadeln andrerseits.

Null: Die Kinder formen aus dem Ton eine Kugel, diese wird halbiert und vorsichtig ausgehöhlt (am besten mit dem Finger). Die Kugel darf dabei nicht auf dem Tisch abgelegt werden, sondern muß umschließend in der einen Hand gehalten werden, da sonst die Form nach außen weggedrückt wird.

Aufpassen, daß die Kinder nicht zuviel wegnehmen! Die Halbkugel bekommt unten einen Stups, damit sie steht – fertig ist ein kleines Pflanzgefäß für Kresse.

Fisch: Die Kinder sind jetzt schon geschickter mit dem Ton.
Sie können mehrere ganz kleine Würstchen machen, aus denen sie dann verschieden große Fische formen. Diese werden in Mobile-Manier nach dem Brennen aneinander gehängt. Löcher nicht vergessen!

Schlange: Eine dicke Rolle wird gemacht. Diese wird auf verwickeltste Weise um eine dicke Kerze als Kerzenhalter herumgeschlungen. Will man nun ein Tellerchen haben, damit das Wachs nicht auf den Tisch tropft, läßt man die Kinder noch eine Kugel, die dann abgeplattet wird, machen. Dieser kleine Pfannkuchen wird unter den Schlangenaufbau geklebt. (mit Schlicker)

Nicht vergessen!

- Kinder auf einem Holzbrett oder einem Tuch arbeiten lassen, damit man die Werke vom Untergrund lösen kann.
- Für Kinder keinen mageren Ton kaufen, der bröselt zu schnell.
- Restton in feuchte Tücher wickeln und gut mit Plastik einpacken.
- Bei genau passenden Löchern vorher die Schrumpfung von 10% berechnen.
- Ansatzstellen ritzen und mit Schlicker (mit Wasser sahnig gemachter Ton) einpinseln vorm Zusammensetzen.
- *Nicht die Werke der Kinder nacharbeiten! Das Kind hat sich alle Mühe gegeben, derer es fähig war. Ein Nacharbeiten bedeutet die Rückmeldung: Du warst nicht gut genug für meinen Geschmack.*
- Zum Abschluß: Namen unter dem Werk nicht vergessen. Kinder erkennen ihre Sachen schon nach wenigen Stunden nicht mehr wieder.

U4/B4: Festigung der Formen auf vielseitige Art

1. Tanz: Bingo (Schlange)
2. Geschwindigkeitsübung
3. Formgestaltung mit dem Gymnastikband
4. Von der Groß- zur Kleinmotorik
5. Wiedererkennen im Versteck
6. Schlußgestaltung: Wir laufen die Acht
7. Hausaufgaben

1. Tanz: Bingo (Schlange)

1.1 Die Hälfte der Kinder bekommt ein blaues, die andere Hälfte ein rotes Seidentuch. Es wird um das rechte Handgelenk gebunden.

1.2 Sie suchen sich einen Partner aus. Die Paare stellen sich auf dem imaginären Kreis auf, die mit den roten Tüchern nach innen.

1.3 Wir üben (ohne Musik) voraus „Kordelflechten".

a) Die blauen Kinder treten mit einem Halbkreisschritt vor die roten Kinder. Sie geben sich die rechte Hand, die mit dem Tuch.
b) Alle strecken die linke Hand vor und laufen in Blickrichtung zum nächsten Kind, dessen linke Hand (ohne Tuch) wird ergriffen. Wieder die Tuchhand vor und zum nächsten Kind.

Die blauen Kinder gehen nach rechts, die roten Kinder gehen nach links, alle laufen „ihrer Nase nach"!
Diese Trockenübung machen wir – durch Trommelschläge, die den Wechsel ankündigen, unterstützt – mehrmals im Kreis herum (Foto)

Teil A: Die Kinder hüpfen angefaßt paarweise auf der Kreisform in dieselbe Richtung.
„There was a farmer and his dog and Bingo was his name:\\ B-i-n-g-o- (3x) and Bingo was his name"

Teil B: Die Blauen treten vor die Roten, Tuchhände zueinander. Fünfmaliger Partnerwechsel, der letzte ist der neue Partner auf dem Kreis.
„B – I – N – G – O"

Bei Kindern, die in einer harmonischen Klassengemeinschaft leben, fallen sich die letzten Beiden (ohhh) um den Hals.

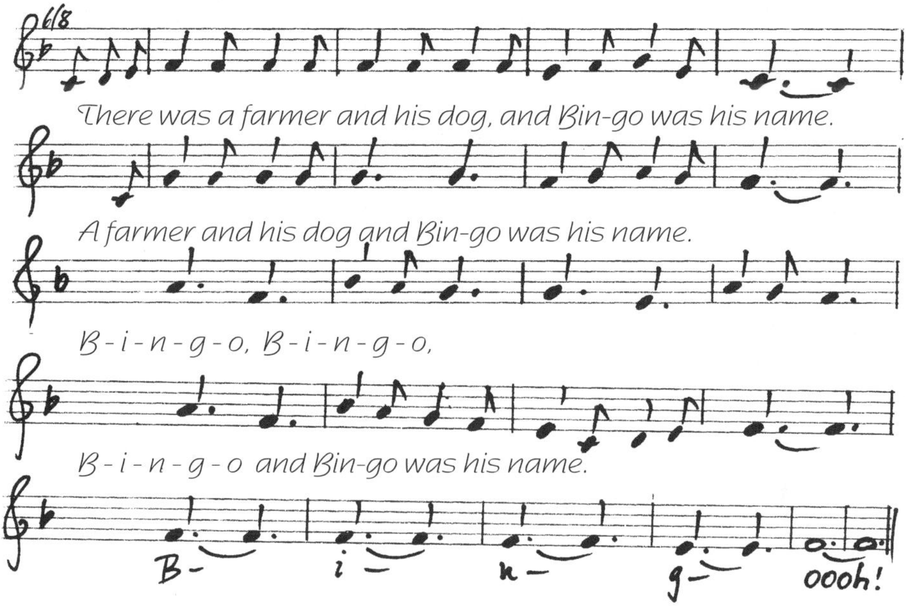

Der Karton mit der Schlangenlinie wird neben die anderen Karten an die Wand gehängt.

2. Geschwindigkeitsübung

2.1 Wir wiederholen – im Körbchensitz im Kreis sitzend – das Gedicht. Die Formen werden in die Luft geschrieben.

2.2 Die ÜLin hat Karten mit den sechs Formen in verschiedenen Farben vorbereitet.

2.3 Sie hält sie versteckt und zeigt immer nur ganz schnell die oberste Karte. Das Kind, das zuerst die Form erkannt hat und den Namen herausschreit, bekommt die Karte.
Natürlich sind einige Kinder so langsam, daß sie gar keine oder wenige erwischen würden. Da nehme ich mir dann die Freiheit, die Spielregel zu durchbrechen und diesem Kind immer mal wieder eine Karte hinzuhalten, die es in Ruhe benennen und dann behalten darf.
Seltsamerweise haben die Kinder mit dieser gerechten – nicht gleichen – Behandlung viel weniger Schwierigkeiten als Erwachsene in ähnlichen Situationen. Die Schnelleren wissen um ihr „Bessersein“, das reicht ihnen. Die Langsamen müssen ohnehin mit ihrer Schwäche zurechtkommen, es tut nicht nötig, sie noch deutlicher auszugrenzen. Die Kinder dürfen die Karten, die sie sich erarbeitet haben, auf dem Boden verteilen.

2.4 Freie Bewegung nach improvisierter Musik; in den Musikpausen wird eine Form aufgerufen. Jedes Kind versucht, soviel Karten wie möglich von dieser Form zu erwischen.
Auch hier liegt es in der Natur des Wettspiels, daß einige Kinder weniger Karten erwischen. Wenn eins besonders im Hintertreffen ist, lasse ich immer die Musik dann aufhören, wenn es gerade neben einer Karte steht und rufe die betreffende Form auf. (Foto)

2.4 Sind alle Karten aufgenommen, werden sie erst einmal nach Farben geordnet.

2.5 Dann wird innerhalb der Farben noch nach Formen geordnet, so daß wir von oben nach unten die Farben und von links nach rechts die Formen quasi „in der Tabelle“ haben.

3. Formgestaltung mit dem Gymnastikband

3.1 Die Kinder bekommen die Gymnastikbänder.
Regel 1 für die Benutzung: Jedes Kind bleibt erst einmal auf seinem Platz im Raum.
Regel 2: Das Band darf niemals auf dem Boden liegen, muß immer in Bewegung sein.
Freie Erfahrungsphase für jedes Kind, von leise improvisierter Musik begleitet. Die Kinder werden dabei beobachtet und gelungene Formen gelobt.

3.2 Die ÜLin hat auch ein Gymnastikband. Nun werden miteinander die sechs gelernten Formen in die Luft geschrieben.

Bei jeder Form kommt die Bewegungsfrage:
Wie kann man den Strich (Kreis, Spirale...) noch mit dem Band malen? Über dem Kopf – in der Hocke – von oben nach unten – indem ich mich um mich selber drehe – diagonal ... es gibt viel mehr Möglichkeiten, als man im ersten Moment denkt. Die Kinder kommen auf immer neue und alle anderen machen's nach. (Foto)

4. Von der Groß- zur Kleinmotorik

4.1 Die Kinder nehmen sich einen vorbereiteten Karton und ein Malblöckchen. Auf dem Karton ist dünn eine Formenschlange vorgezeichnet. Sie wird von den Kindern dick nachgefahren.

4.2 Mit einem andersfarbigen Stift werden die bekannten Formen hervorgehoben und von den Verbindungslinien optisch getrennt. (Diskriminierung)

4.3 Die Kinder versuchen auf der Rückseite, selbst eine solche Formenschlange herzustellen. Sie können dann mit einem andersfarbigen Stift eine zweite, dritte, vierte Formenschlange, die sich mit der ersten überkreuzt, malen.

4.4 Die Schlangenbilder werden ausgetauscht. Die Kinder fahren die Schlangen der Nachbarn nach.

5. Wiedererkennen im Versteck

5.1 Die ÜLin verteilt Bilder, in denen die Formen versteckt sind. Jedes Kind hat ein anderes Bild. Dafür können eigene genommen werden oder Kinderzeichnungen aus früheren Unterrichtseinheiten mit diesem Thema.
Die Bilder sind mit farbloser Folie bezogen.
Die Kinder bekommen einen wasserlöslichen Filzstift und umranden die gefundenen Formen.

5.2 Wegwischen, Bilder untereinander tauschen.

6. Schlußgestaltung: Wir laufen die Acht

6.1 Alle stellen sich in Achterform auf. Der Schnittpunkt und die beiden äußersten Punkte der Acht werden mit einem Klebekreuz markiert.
Zu einer ruhigen Barockmusik im Viervierteltakt schreiten wir Schritt für Schritt hinter unserem Vordermann her, schreiten die Acht ab.
Der Knackpunkt ist die Mitte, wo immer abgewartet werden muß, daß jeweils einer von links und einer von rechts den Schnittpunkt überschreitet.

Eine ruhige, fließende Gleichmäßigkeit ist das Ziel dieser Bewegungsübung: Warten können, dem anderen den Vortritt lassen können, Abstand zum Vordermann halten können, gleiches Tempo halten, ruhig durchatmen.

6.2 Die vorbereitete Karte mit der Acht wird den anderen Karten an der Wand zugeordnet. (Foto)

7. Hausaufgaben

7.1 Die Formen in Hefeteig backen, ablecken, essen.

7.2 Formen in verschiedenen Farben auf Kärtchen malen. Zerschneiden. Mischen. Neu zusammensetzen.

7.3 Aus der halben Form die ganze erraten.

7.4 Selber Formensuchbilder malen.

7.5 Wer Lust hat, kann mit Kartoffeldruck Servietten für unser nächstes Frühstück bedrucken. Natürlich mit „unseren" Formen.

Weiterführende Spielideen

Materialbedarf: Rote und Blaue Seidentücher, 6erlei Karten mit Formen, lange Gymnastikbänder, Karton, Malblöckchen, Suchbilder, Bilder von der Schlange und der Acht für die Wand

1. Ein Kind führt das andere blind durch den Raum, die gelaufene Form muß geraten werden.
2. Sextett spielen mit den vorhandenen Farb-Form-Karten
3. Rätsel:
   a) Wir formen lautlos mit dem Mund das Wort – der andere rät
   b) Wir zeichnen's an die Wand – raten
   c) Aus Pfeifendraht biegen, fühlen – raten
   d) Ich sehe was, was du nicht siehst – raten
4. Mit Kerzenwachs die Formen in eine Schüssel mit Wasser tropfen lassen – am Fenster aufhängen.
5. Für Kindergartenkinder die geometrischen Montessori-Formen zum Nachfahren ausgeben.
6. Einmal auf einen Karton die Umrisse malen, einmal die Form ausschneiden – zuordnen.
7. Ausstechbilder der Formen machen.
8. Mit Klebe auf einen Karton tropfen lassen, Sand darüberstreuen – abfühlen.
9. Verschieden gekörntes Sandpapier für die Formen nehmen:
   a) Fühlend erkennen
   b) Von grob zu fein fühlend ordnen
10. Naturmaterialien suchen, den Formkarten zuordnen.
11. Buchstaben auf versteckte Formen untersuchen.
12. Mit den Farb-Form-Hölzern die Formen nachbauen.
13. Im Sportunterricht mit den vorhandenen Geräten eine Bewegungsstraße bauen, in der unsere Formen versteckt sind.
14. Die passenden Blätter aus dem Frostigschen Wahrnehmungstraining machen lassen.
15. Im Deutschunterricht beim Schreibbewegungstraining die Formen aufnehmen.
16. Im Musikunterricht passende Lieder aussuchen

Findest Du die versteckten Formen?

Fahre kräftig nach!

Im Anschluß an die Formerfahrungen kann man das

Faltbuch

mit den Kindern arbeiten.

Das Buch erzählt die Geschichte eines kleinen Quadrates, das mit seinem Leben plötzlich unzufrieden ist ... Eine tiefe Depression sucht das arme Quadrat heim, es fühlt sich langweilig und ungeliebt.

Da erscheint ihm ein Zauberer im Traum und eine wunderbare Reise durch die verschiedensten Identitäten beginnt für das kleine Quadrat – bis es am Ende zu der Erkenntnis geführt wird, daß alle diese Möglichkeiten in ihm selber stecken.

Aber bis dahin ist ein langer Weg ...

Auch das Programm „Schreibtanz" von Oussoren, erschienen im verlag modernes lernen, bietet sich als Erweiterung der Formerfahrung an.

Schnecken

Spinnen

Fische

Käfer

Schnecke

Spirale

Fisch

2.1 Schnecken

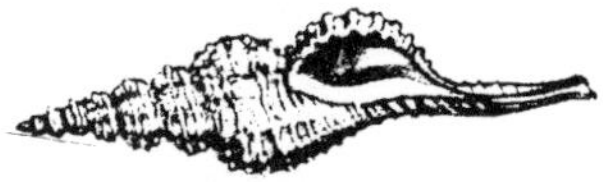

Lernziele

Das Kind soll sein Wissen über Schnecken erweitern. Die Wörter, die damit in Zusammenhang gebracht werden, sollen verfestigt werden. Genaue Beobachtung soll die Bewegung führen. Eine sprachliche Vorgabe (Gedicht, Lied, Spruch) wird in Ton dargestellt, das bedeutet, daß das Kind die Form ganz begriffen haben muß. Die Lautverbindung „schn" soll geübt werden. Die Konzentrationsfähigkeit in bezug auf ein Thema soll erweitert werden.

Sachliche Vorinformation über Weinbergschnecken

Da Kinder immer wieder überraschend weitgehende Fragen zu den Tieren stellen, mit denen wir uns beschäftigen, ist es unerläßlich, sich vorher gut zu informieren.

Der Körper des Tieres besteht aus *Weichkörper* und *Schale*. Das, was wir beim kriechenden Tier sehen, ist ein kleiner *Kopf* und ein großer *Fuß*. Der Eingeweidesack verbleibt stets in der Schale. Die zwei großen *Fühler* tragen die Augen, die als schwarze Punkte sichtbar sind *(Stielaugen)*. Die zwei kleineren Fühler sind zum Tasten und Riechen. Schon bei der kleinsten Berührung oder einem Luftzug werden alle Fühler eingestülpt. Der gelbe Wulst, den wir beim kriechenden Tier erkennen, ist eine vom Eingeweidesack ausgehende Hautfalte. Sie umgibt als „Mantel" den inneren Teil des Tieres an der Schalenöffnung. Das Loch, das wir am Mantelrand rechts erkennen können, ist das *Atemloch*. Es geht ständig auf und zu und führt

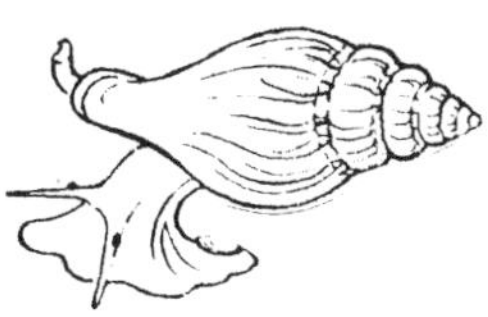

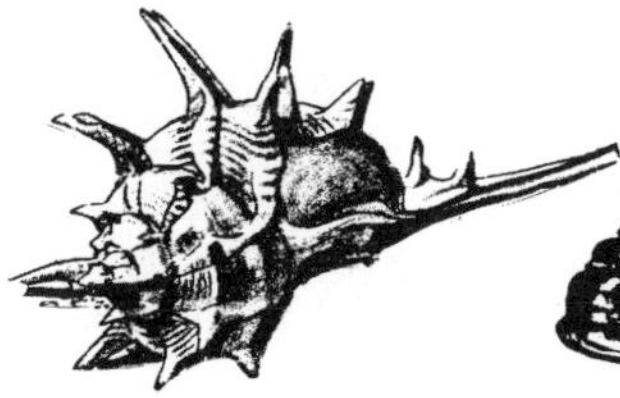

Luft in den Hohlraum zwischen Mantel und Eingeweidesack (Atemhöhe, Lunge).

Das Schneckenhaus ist eine spiralig gewundene, sich allmählich erweiternde Röhre. Schön für Kinder ist es, wenn man ein festeres Schneckenhaus (Seeschnecken eignen sich dafür besser) der Länge nach aufschneidet und die Kinder den Verlauf sehen können. Die Innenwände der Windungen bilden die sogenannte Spindel. Legt man das Häuschen in Salzsäure, löst es sich bis auf ein zähes Häutchen auf. Diese Haut besteht aus einem chitinähnlichen Stoff, dem Konchiolin. Das Schneckentier baut sein Häuschen größer, indem es ständig über den Mantelrand Kalk als zarten Saum abscheidet. Diesen entnimmt es der Nahrung. Der Saum wird nach und nach härter. Wenn sich das Tier ins Haus zurückziehen möchte, zieht es sich mit Hilfe des Spindelmuskels hinein.

Da die Schnecke wenig gegen Austrocknung geschützt ist, kommt sie bei heißem, trockenem Wind tagsüber nicht aus ihrem Haus heraus, sondern geht abends auf Nahrungssuche. Der *Schleimüberzug* des Körpers wird aus zahlreichen Drüsen aus der Haut abgeschieden.
Bleibt es lange trocken, läßt sie den Schleim an der Schalenöffnung zu feinen Häuten eintrocknen, die die Feuchtigkeit im Haus halten. Öfter können wir auch beobachten, daß sie sich an Bäume, Felsen oder Wände angepreßt hat und den Schleim am Schalenrand eintrocknen läßt. Bei für Schneckentierchen schönem Wetter (Regen, Feuchtluft) geht sie auch tagsüber auf Futtersuche.
Wenn es kälter wird, wühlt sie sich mit Hilfe des starken Fußes in lockeren Boden oder Laub ein und verschließt ihr Haus mit einem Deckel, dem Winterdeckel. So übersteht sie die kälteste Jahreszeit. Im Frühjahr wirft sie mit dem Fuß den Deckel ab.

Setzen wir die Schnecke auf eine Glasscheibe, so sehen wir, daß sie mit einer von hinten nach vorne verlaufenden *Wellenbewegung* fortkriecht. Wir sehen auf ihrem Weg ein Schleimband. Diesen Schleim liefert eine besondere Drüse am Vorderende des Fußes, so daß die Schnecke alle Unebenheiten auf ihrem Weg „ölen“ kann und so über rauh und glatt gleichermaßen unverletzt hinwegkriechen kann. Da die schleimige Sohle wie ein Saugnapf wirkt, kann sie auch an Wänden und Decken kriechen.

Die Weinbergschnecke ernährt sich von Pflanzenresten, vor allem von Blättern. Im Gegensatz zur Nacktschnecke geht sie selten an frisches Grün, sondern bevorzugt ausgerottetes. Sie wird also zu den Nützlingen gezählt. Mit dem festen, braunen Kiefer, der aus der Mundhöhle hervorragt, schneidet sie sich die Stückchen ab; mit der Reibplatte aus Chitin, die mit Tausenden nach hinten gerichteten Zähnchen besetzt ist, schabt sie die Nahrung klein. Wenn es heiß ist und die Pflanzen vertrocknen, fastet die Schnekke. Manche Landschnecken können bis zu einem Jahr hungern.

Die Weinbergschnecke ist ein Lungen- und Hautatmer. Die Mantelhöhle ist mit einer harten, faltenreichen Haut ausgekleidet, die von einem Netz bluterfüllter Hohlräume durchzogen ist. Hier findet der Gasaustausch statt. Die Weinbergschnecke hat – wie alle Weichtiere – ein offenes Blutgefäßsystem. Das bedeutet, daß die Arterien frei in die Körperhohlräume münden. Das Herz, das eine Herzkammer und eine Vorkammer hat, liegt über der Mantelhöhle.
Im Sommer gräbt die Weinbergschnecke mit ihrem Fuß eine kleine Grube, in die sie dann 60-70 weiße, fast erbsengroße Eier legt. Nach einigen Wochen gehen daraus die fast durchsichtigen Schnecklein hervor. Diese Vermehrung findet nur alle drei Jahre statt. Deshalb steht die Weinbergschnecke unter Naturschutz und darf nur in bestimmten Jahren zum Verzehr gesammelt werden.
Auch die heimischen Wasserschnecken sind Lungenatmer und müssen von Zeit zu Zeit zum Atmen an die Oberfläche. Sie kleben ihre Eier in länglichen Ballen an Pflanzen und Steine. Außerdem haben sie keine Stielaugen und nur nicht einstülpbare Fühler.
Bei den hauslosen Schnecken hat sich das Häuschen bis auf einen Buckel hinter dem Kopf zurückgebildet.

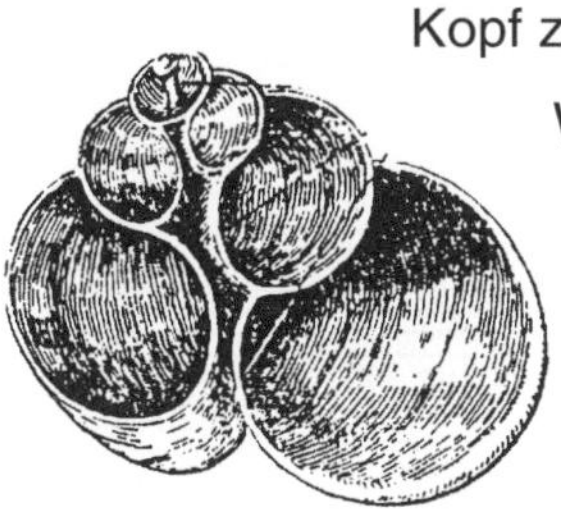

Weitergehende Informationen über andere Schneckentiere finden Sie in jedem Biologiebuch.

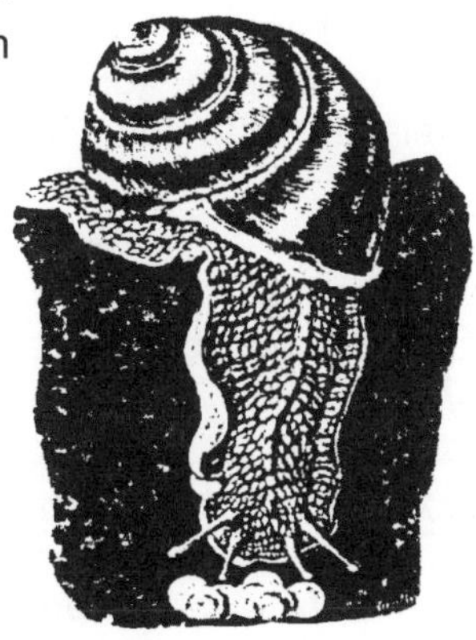

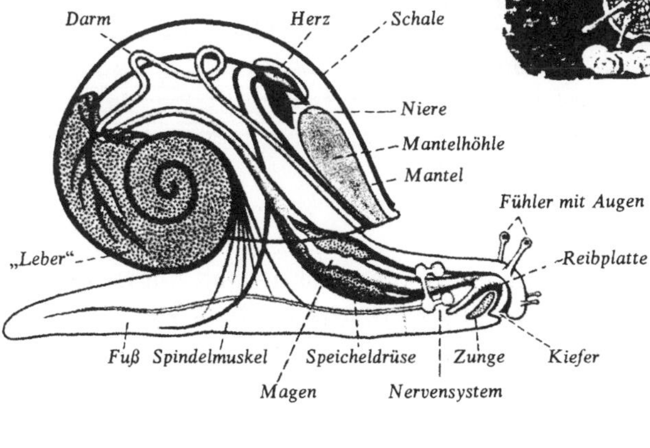

Bau der Weinbergschnecke

2.1.1 Erstes Unterrichtsbild

- Beobachten – beschreiben – nachvollziehen
- Texte und Rhythmen zur Bewegung
- Karte zum Schneckenleben (Wissen abrufen und erweitern)
- Liedgestaltung (Tanz)

Materialbedarf: Echte Schnecke/n sammeln, Spülmittel, Essig, Weinbergschneckenhäuser der verschiedenen Größe, Karte

1. Tanz „Ei wie langsam“

1.1 Auf Trommelschlag oder Klaviermusik gehen Eltern und Kinder sehr langsam im Raum herum. Hört die Musik auf, läuft jeder so schnell wie möglich zu seinem Platz zurück. Bei ungeübten Kindern wird der Platz markiert (bunte Teppichfliese, Kissen, Reifen o.ä.)

1.2 Nachdem das Langsamgehen gut gehört wird, gibt nun eine schnelle Musik die Gangart vor. Nach jedem Verstummen zurück zum Platz.

1.3 Langsam und schnell nun im Wechsel.

1.4 Einführung des Liedes: Ei wie langsam mit dazu passender Gangart.

1.5 Wir finden uns zum Kreis. Nun wird langsam nach rechts passend zum Text gegangen, kommt „ei wie wollt ich schneller laufen“ wendet sich der Kreis und läuft nun schnell in die andere Richtung.

2. Beobachtungsaufgaben

2.1 Die ÜLin hat richtige Weinbergschnecken mitgebracht. Wir lassen sie erst einmal in der Mitte kriechen; beschreiben, was wir sehen.

Wörter: Schnecke – Haus – Fühler – Augen – Fuß – Eingeweidesack – Stielaugen – Winterdeckel

Dabei wird in einfachen Worten erzählt, wie die Schnecke lebt, was sie frißt, wie sie überwintert etc. Die Kinder stellen oft erstaunlich detaillierte Fragen.

2.2 Nun wird die Schnecke ans Fenster gesetzt. Dabei können wir wunderbar die Fortbewegungswellen beobachten.

2.3 Alsdann machen wir mit Spüli oder Essig rund um die Schnecke einen Kreis, der an einer Stellen offen ist. Die Schnecke wird versuchen, darüber wegzusteigen oder die unbehandelte Stelle zu finden.

3. Bewegungsaufgaben

3.1 Was die Schnecke kann, können wir vielleicht auch. Die Bewegungswelle soll deutlich von hinten nach vorn laufen. Dabei merken die Kinder, daß unser Körper nicht so beweglich wie der von der Schnecke ist (Knochen!).

Text zur Bewegung:

Langsam kommt die Schneck voran,
kommt erst spät beim Ziele an.
Zug um Zug schleicht sie daher
- ach, der Weg ist lang und schwer.

3.2 Wir finden uns zum Kreis. Nun versuchen wir, mit Arm und Hand diese Schneckenbewegungen nachzumachen.

3.3 Die Mütter nehmen die Kinder als „Häuschen" huckepack und bewegen sich nach dem Spruch. Die Kinder sollen sich oben halten und – wenn möglich – den Spruch mitsprechen (Balancesituation).

3.4 Die Mütter bilden mit ihrem Körper ein großes Schneckenhaus, in welches die Kinder hineinkriechen können. Die Kinder strecken nun ganz langsam die Fühler aus und kommen herausgekrochen, die ÜLin geht herum, tippt einzelne Fühler an, die dann sofort eingezogen werden müssen. Nach den ersten zwei-drei Malen kann ein Kind diese Antipperrolle übernehmen.

Text dazu:

Schneck im Haus – Schneck im Haus
strecke deine Fühler aus.
Rührt man an die Fühler dein,
ziehst du dich ins Haus hinein.

Dieser Text kann auch im Terzsingsang (c-a) dargeboten werden.

4. Schlußphase

4.1 Wir schauen noch einmal nach, was unsere Schnecke inzwischen gemacht hat. Die Bedeutung der Schleimspur wird erklärt.

4.2 Das Lied, das wir zu Beginn einfach im Kreis herum getanzt haben, wird nun als Spirale getanzt. Langsam gehen wir hinein, rollen uns ein, dann in schnellem Laufschritt wieder hinauslaufen. (Ei wie langsam)

4.3 Schlußlied

Für heute ist die Rhythmik aus ...

1. Abwechselnd rechten und linken Fuß hüpfend bei jedem Viertel vorstellen. (... bis „nach Haus")
2. Auf der Stelle hüpfend und klatschend drehen bis zum Schluß

(Krause-Wichert)

5. Hausaufgabe

1. „Ei wie langsam" singen und bewegen können
2. Handfingerspiel: Das Kind ballt die Hand zur Faust und läßt zwei Finger als Fühler herauskommen. Tippt die Mutter daran, werden die Finger eingezogen. Dazu soll der Text gesprochen werden „Schneck im Haus". Rollenwechsel.
3. Die Kinder sollen bei Spaziergängen möglichst viele Schneckenhäuser sammeln und in der nächsten Stunde mitbringen (verschiedene Formen, Größen, Farben ...).
4. Eine schöne große Schnecke mit ihren Stielaugen und Fühlern malen.

2.1.2 Zweites Unterrichtsbild

- Fühlen – beobachten – beschreiben – ordnen
- Schneckenpuzzle mit Einzelteilen (Benennen)
- Gedichtgestaltung: Sieben kleine Schnirkelschnecken (von Josef Guggenmoos)

Materialbedarf: Verschiedene Schneckenhäuser zum Abfühlen, Trommeln, Schwebebank, Vorlagen für Quartett, Schneckenpuzzle

1. Wiederholung

1.1 Tanz (Ei wie langsam) mit Spiralform

1.2 Kreis. Handfingerspiel: Schneck im Haus

2. Hausaufgaben anschauen

2.1 Kreis. Das Bild ansehen, noch einmal die verschiedenen Teile der Schnecke benennen.
Eventuell parallel dazu das Puzzle zusammenlegen.

2.2 Wir legen die gesammelten Schneckenhäuser der Kinder in die Mitte und vergleichen sie nach Größe, Zeichnung, Form.

3. Fühlen und benennen

3.1 Nun legt der ÜL verschiedene Schneckenhäuser aus. Darunter sind auch die bizarr geformten Wasserschnecken. Die Kinder schauen sie an und beschreiben, was ihnen auffällt.

3.2 Jedes Kind bekommt von seiner Mutter verschieden geformte Schnekken in die Hand gelegt, die es mit geschlossenen Augen beschreiben soll. Der ÜL achtet darauf, daß die Mütter ruhig genug abwarten, was das Kind zu sagen hat.

4. Artikulationsübungen

4.1 Nun beginnt ein Imaginationsspiel, bei dem die ÜLin ruhig etwas von einem Magier bekommen darf. Alle sitzen im „Körbchensitz“ im Kreis. Dieser Sitz empfiehlt sich immer, wenn ein längerer Text oder ein Lied mit Arm-/Handbewegungen erarbeitet werden soll. Die Eltern und Kinder sitzen auf ihren Beinen und den gestreckten Füßen. So haben Oberkörper und Arme volle Bewegungsfreiheit, es ist auch ein Wachsen in die Höhe oder ein Zusammenziehen des Körpers möglich. Trotzdem ist der Platz fixiert, sind die Beine ruhiggestellt. Dieser Sitz macht vor allem den Eltern anfangs Schwierigkeiten, den Kindern weniger. Der Sitz kommt aus dem Yoga und soll Konzentration und Verinnerlichung unterstützen.

Das Spiel beginnt: Die ÜLin „sieht“ (Visualisierung!) in der Mitte des Kreises einen Haufen Stöcke, Stecken. Jeder nimmt sich (imaginär) einen. Die linke Hand wird zum „Stecken“, wird steif, die rechte Hand stellt die verschiedenen Schnecken dar. Man kann sich darüber streiten, ob Tiere vermenschlicht werden sollen, aber brauchbar für kleine Kinder zur Übung der Artikulationsmotorik ist dieses Vorgehen. Also: Nacheinander kommen nun sieben Mitglieder einer Schneckenfamilie mit ganz typischen Geräuschen nach Hause: Das Kindergartenkind kommt singend und hüpfend zu seinem Stecken heim, die Mutter schnauft abgehetzt vom Einkaufen, der große Bruder kommt mit seinem Motorrad angebrummt. Der Phantasie der ÜLin und der Kinder/Mütter sind keine Grenzen gesetzt. Dabei im Auge behalten werden sollten die Kinder mit besonderen Artikulationsstörungen; hier lassen sich spezifische Übungen unpersönlich verstecken. Solche Artikulationsübungen sind bei kleinen Kindern sehr beliebt; durch ihren Nachahmungstrieb braucht man sie zum Mitmachen auch gar nicht aufzufordern. Immer soll der rechte Arm mit zwei ausgestreckten Fingern (Fühler) mitgeführt werden, mal schnell, mal langsam, je nach der angegebenen Artikulation. Sind alle Schnecken daheim angelangt, beginnt die Rezitation des Gedichtes:

„**Sieben kleine Schnirkelschnecken**“ (von J. Guggenmos)

Sieben kleine Schnirkelschnecken
saßen einst auf einem Stecken.
Machten dort auf ihrem Sitze
kecke Schnirkelschneckenwitze.
Lachten alle so:
Hohohohohooooo!

Doch vom vielen Hoho-Lachen,
Schnirkelschneckenwitzemachen,
fielen sie von ihrem Stecken -
alle sieben Schnirkelschnecken.
Liegen alle da:
Hahahahahaaaaa!

(aus: Was denkt die Maus am Donnerstag?, Georg Bitter Verlag, 1967)

Es bleibt bei der vorher gefundenen Ordnung, die linke Hand ist Stecken, die rechte Hand die Schnecke(n). Bei Linkshändern natürlich umgekehrt. Dieses Spiel wird zwei- oder dreimal durchgeführt, je nachdem, wieviel Spaß die Kinder daran haben. Ist es erschöpft, gehen wir in die großräumige Gestaltung.

Die Mütter legen sich hintereinander zu einem „Stecken“ auf den Boden. Die Kinder liegen außen im Raum verteilt als Schnecken. Zu langsamer Musik oder Beckenschlägen (wegen der Länge des Tons) kriechen die „Schnekken“ auf den Stecken aus Müttern zu. Abwechslungsweise kann auch der Text: Langsam kommt die Schneck voran rezitiert werden. Die Kinder legen sich auf den „Stecken“, der sogleich anfängt, sich sachte zu bewegen.

4.3 Rezitation des Gedichtes, die Kinder spielen passend dazu. Der „Stekken“ bewegt sich kurz vor dem Herunterfallen immer heftiger (Balancesituation).

4.4 Rollenwechsel.

4.5 Die Hälfte der Gruppe bekommt Trommeln und rezitiert mit Silbenschlag, die andere Hälfte spielt.

4.6 Rollenwechsel.

5. Schlußphase

5.1 Kreisformation, Körbchensitz. Jedes Kind bekommt sieben Schneckenhäuser und legt sie mit „eins-zwei-drei ...“ auf den Arm. Nun wird das Gedicht ein letztes Mal rezitiert, alle Schneckenhäuser fallen am Ende herunter.

5.2 Schlußlied: Für heute ist die Rhythmik aus ...

6. Hausaufgaben

1. Das Gedicht wird mit den geübten Bewegungen gelernt.
2. Die anderen Schneckensprüche sollen wiederholt werden.
3. Die Kinder malen zusammen mit den Müttern ein großes Bild, auf dem die sieben Schnirkelschnecken zu sehen sind.
4. Das abgelichtete Blatt wird zu Quartettkarten verarbeitet. Mit diesen wird in der Familie Quartett gespielt.

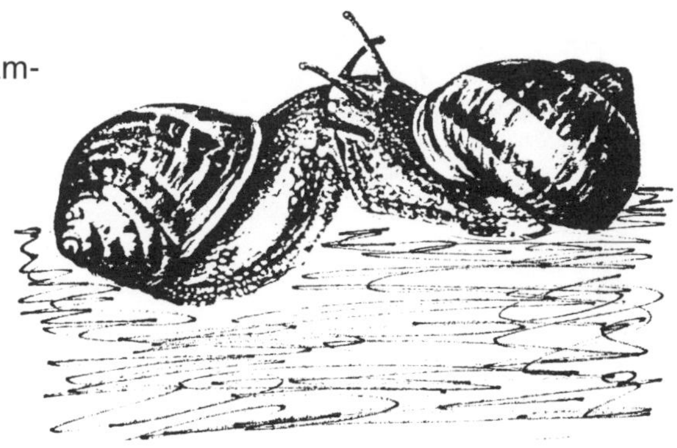

Schnecke bei der Hochzeit

Schnecke beim Eierlegen

Schnecke beim Salatfressen

Schnecke mit Deckel im Winter

(Ich brauche die braune Schnecke beim Eierlegen, ich brauche die gelbe Schnecke beim Salatfressen. Ich brauche die gestreifte Schnecke mit Winterdeckel. Ich brauche die gezackte Schnecke beim Kriechen etc.).

2.1.3 Drittes Unterrichtsbild

- Wiederholung der Texte und Lieder
- Gedichtwiederholung
- Gestalten der sieben Schnecken in Ton

Materialbedarf: Ton beziehungsweise Knete oder Bastelmasse , Karte zur erdgeschichtlichen Entstehung der Schneckenhäuser

1. Wiederholung

1.1 Schneckentanz „Ei wie langsam“
Wir tanzen einmal in Kreisform mit Wende, einmal in Spiralform mit Wende

1.2 Kinder verteilen sich am äußeren Rand des Raumes, Mütter bauen sich in der Mitte als Haus auf. Kinder kriechen nun mit Wellenbewegungen zum Spruch „Langsam kommt die Schneck voran“ zu ihrem Haus und verstekken sich darin.

1.3 Spiel: „Schneck im Haus“

2. Gestaltung in Ton

2.1 Der Ton wird mit aller Kraft durchgeknetet. Dabei darf man ruhig fest stöhnen und ächzen. Die Kinder werden anfangs mit sehr wenig Kraft kneten, es wird nur einigen gelingen, den Ton durch die Finger quatschen zu lassen. Aber die zielgerichtete Kraft wächst mit der Zeit.

2.2 Nun wird in den Händen aus dem Stück eine dicke Rolle gerollt, dazu sprechen wir rhythmisch:

„Roller roller raffaffaff – und dannn Paff“

Dieses „und dann“ wird wieder als Codierungspause eingesetzt, langsam und akzentuiert gesprochen. Das „Paff“ darf laut herausgeschrien werden. In der Bewegung läuft dazu folgendes ab: Bei „und dann“ wird die Tonrolle durch eine Drehbewegung in der Mitte auseinandergebrochen. Bei „Paff“ werden die beiden Teile zusammengeklatscht.

Dieser Vorgang dient einmal der Durcharbeitung und Entlüftung des Tones, zum anderen werden dort sehr vielfältige Handbewegungen geübt. Die Hände werden gekräftigt, zielgerichtete Feinmotorik im Zusammenhang mit Sprechen (notwendig später beim Schreiblehrgang!) geübt.

2.3 Nun wird besprochen, wie man das Schneckenhaus machen will. Dabei werden die meisten Kinder einfach eine Wurst machen wollen. Wir schauen uns also noch einmal genau das Schneckenhaus an. Die Kinder stellen fest, daß es nach innen hin immer dünner wird. Eines kann man nun gewiß sagen, daß unsere Rolle wie eine Möhre aussehen muß. Nun versuchen Kinder und Große, diese sich verjüngende Rolle zu formen. Das setzt besondere Sensibilität in den Händen voraus. Vielleicht wird durch die Mütter geholfen werden können.

2.4 Nach der ersten Schnecke kann die ÜLin erzählen, daß sich die Schnekken erst im Laufe der Jahrmillionen gekrümmt haben. Dazu kann eine Karte gezeigt werden.

Nachdem sieben Schnecken gemacht worden sind – der Einfachheit halber sind die Schneckenkörper im Haus versteckt – machen wir einen knorrigen Stecken und setzen sie darauf. Wenn ein Kind die Körper mitmachen will, ist das auch in Ordnung, wie überhaupt eventuelle Anregungen der Kinder und Mütter immer aufgegriffen werden. Aufgesetzt werden die Schnecken, indem die Stelle etwas eingeritzt und mit Spucke befeuchtet wird.

Nicht mit Wasser arbeiten lassen!

Das gibt nur eine große Dreckelei und der Ton läßt sich viel schwerer bearbeiten, weil er zu weich wird. Wenn ein Kind zu warme Hände hat oder zu lang geknetet hat, so daß der Ton bröselig wird, lieber ein Stück neuen Ton geben. So werden die Kinder zu einer gewissen Geschwindigkeit beim Arbeiten erzogen. Das würde uns Knete nicht leisten.

Kennzeichnung nicht vergessen!

Am Ende einer der späteren Stunden – nach dem Rohbrand – kann man die Kinder und Mütter ihre Schneckenstecken anmalen lassen. Roh sehen sie aber auch sehr hübsch aus.

3. Hausaufgabe

a) Suchbild malen:

Erst wird ein normales Bild nach eigenem Entwurf des Kindes gemalt. Nun versteckt das Kind verschieden geformte Schnecken im Bild. Die Mutter muß suchen und finden. Das Gleiche geschieht umgekehrt mit dem Bild der Mutter.

b) Sich eines von den Rätseln aussuchen und zum nächsten Mal lernen.

Es wohnt im eignen Haus,
kommt manchmal nur heraus.
Dann siehst du's langsam gehn,
ist meist im Gras zu sehn.
Es spricht auch keinen Ton.
Kennst du das Tierlein schon?

Was ist das für ein Häuschen?
Ist kleiner als ein Mäuschen.
Darinnen wohnt ein Tier,
gleich zeigt's die Hörner dir!

Ich weiß ein buntbemaltes Haus,
ein Tier mit Fühlern schaut heraus.
Das nimmt bei jedem Schritt und Tritt
sein Häuslein auf dem Rücken mit.
Doch rührst du an die Fühler fein,
schlüpft es geschwind ins Haus hinein.
Was für ein Häuschen mag das sein?

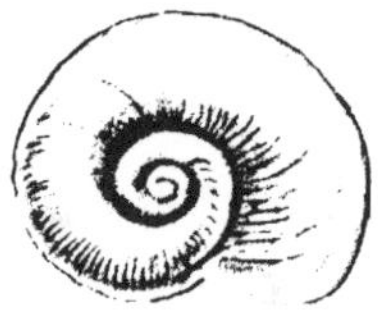

Im Wald und Garten lebt ein Tier,
das macht im Winter zu die Tür.
Geht es im Frühling wieder aus,
bleibt es doch immer halb zu Haus!

Weiterführende Spielideen

1. Schneckenhäuser verschiedener Größe auf Kartons in Karteikartengröße malen. Nun Flüssigklebe auf die Spirale geben, mit Sand, Salz oder Samen bestreuen.
   Das Kind soll einmal sehend der Größe nach ordnen, einmal fühlend ordnen.
2. Eine weitere Kartenserie aus verschieden dicken Fäden (Seidenfaden, Zwirn, Baumwollgarn, Wolle, Kordel) kann hergestellt werden. Das Kind ordnet wieder sehend und fühlend nach der Dicke der Fäden.
3. Das Kind liegt abends im Bett, die Mutter nimmt das nackte Ärmchen und krabbelt mit den Fingern leicht bis zur Armkugel hinauf mit dem Vers:

   So kriecht die Schneck den Arm hinauf
   so kriecht sie wieder runter ...

   Mit der Zeit soll das Kind den Spruch sagen, die Mutter krabbelt dazu. Es können Pausen eingebaut werden – dann soll auch eine Pause mit Krabbeln sein. Ganz verschiedene Berührungen können die beiden im Rollenwechsel erfinden: Mit der flachen Hand kriechen, mit den Fingerspitzen schleichen, mit dem Handballen kriechen, mit dem Handrücken ... Und immer raten, was nun wieder geschehen ist.
4. Das Bilderbuch: Das größte Haus der Welt von Lei Lionni, Middelhauve Verlag, zusammen angucken.
5. Im Kinderkosmos die Bilder zum Schneckenleben zusammen ansehen und besprechen.
6. Das Lied von der Schneckenpost singen (siehe Lied/Text-Blatt).
7. Hefeteig machen und einen Schneckenkuchen backen. Sie finden diesen Kuchen unter dem Namen Rosenkuchen in den Rezeptbüchern.
   Das Kind rollt aus dem Hefeteig lauter handtellergroße Schnecken, die werden in eine runde Kuchenform gesetzt und abgebacken. Das Kind kann die Schnecken danach, natürlich ihrer Form folgend, mit Zuckerguß verzieren.
8. Mit einem Seilchen kann das Kind auf dem Boden des Wohnzimmers eine Schnecke legen. Nun balanciert es barfuß auf dem Seilchen langsam hinein, dreht dort und „kriecht“ ebenso langsam wieder heraus. Dazu kann der Spruch „langsam kommt die Schneck voran“ gesprochen werden.

9. Schneckenrennen: In den meisten Familien sind Skatebords vorhanden. Die Geschwister oder Freunde legen sich bäuchlings darauf und machen ein Rennen miteinander.

10. Bei Spaziergängen in Wald und Wiesen werden leere Schneckenhäuser gesammelt. Desgleichen sammeln wir schönes, verschiedenes Moos. Daheim kann nun auf einem Fensterbrett eine kleine Sammlung verschiedenster Häuschen eingerichtet werden.

2.2 Spinnen

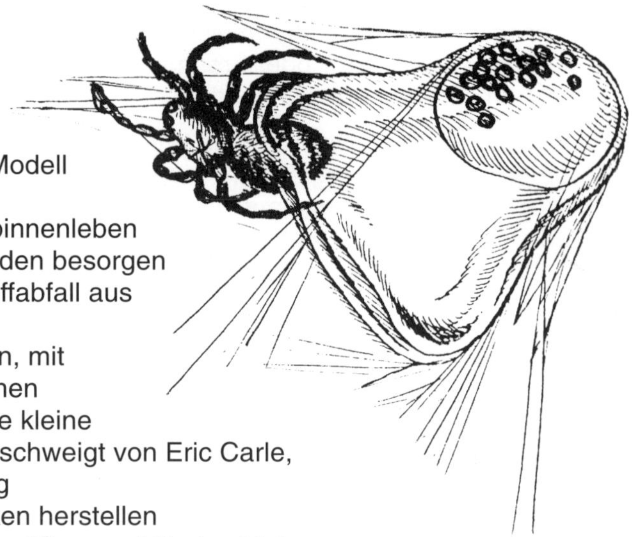

Vorarbeit:

- Spinne in natura, Modell oder große Karte
- Wandkarte zum Spinnenleben
- dicken weichen Faden besorgen (geschnittenen Stoffabfall aus der Stoffabrik)
- Quartett vergrößern, mit Klebe fühlbar machen
- Buch besorgen: Die kleine Spinne spinnt und schweigt von Eric Carle, Verlag Gerstenberg
- eventuell Tiermasken herstellen
- Spinnenpuzzle vergrößern, auf Karton kleben

Sachliche Vorinformation über Spinnentiere

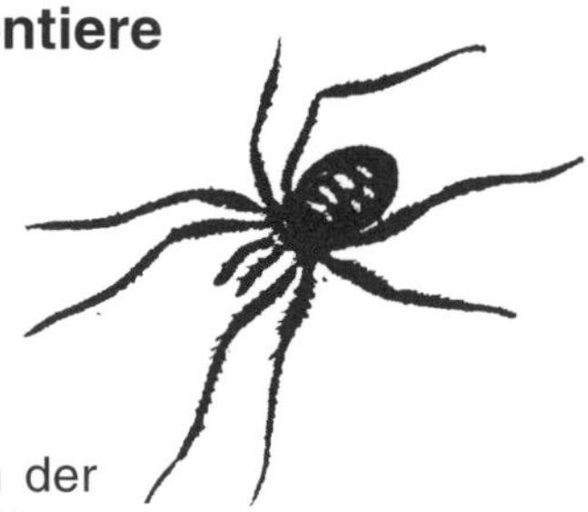

Der Leib der *Spinnentiere* gliedert sich in das *Kopfbruststück* und den *Hinterleib. Vier Paar* mehrgliedrige *Beine* werden vom Kopfbruststück getragen. Am Vorderrand erblicken wir die acht *Punktaugen.* Kein Wunder, daß die Spinne so schnell reagieren kann! Spinnen haben keine Fühler. Zwei Ober- und zwei Unterkiefer helfen der Spinne, ihre Nahrung zu zerkleinern. Jeder der *Oberkiefer* endigt in einer nadelspitzen Klaue, die von einem *Giftkanal* durchzogen ist, die Giftdrüsen liegen im Kopfbruststück. Breite Kauplatten mit großen Tastern ausgestattet, bilden die Unterkiefer.

An der Unterseite des halbkugeligen Unterleibs sehen wir die zwei spaltförmigen Atemlöcher, sie sind der Eingang zu den Tracheelungen. Die *sechs Spinnwarzen*, mit deren Hilfe die Spinne ihre wunderschönen, feinen Netze baut, stehen *am Hinterende* dicht beisammen.

Mücken und Fliegen sind die Hauptnahrungsquelle der Spinnen. Um sie zu fangen, baut die Spinne das *Netz.* Jeden Tag wieder beginnt sie, indem sie den Hinterleib an irgendeine Stelle drückt. Der klebrige Saft, der aus den Spinnwarzen kommt, erstarrt sofort. Nun entfernt sich die Spinne, und der weiterhin austretende

Spinnstoff wird zu feinsten Fäden ausgezogen. Durch die vielen erstarrenden Einzelfäden entsteht ein Faden, der fest genug ist, die Spinne zu tragen. Da die Spinne kammförmige Klauen am Ende der Beine hat, vermag sie sich auch bei Erschütterungen gut auf dem Netz zu halten. Um das Netz zu bauen, klebt die Spinne an geeigneter Stelle einen Faden an. Nun läßt sie sich fallen und wird vom Luftzug irgendwohin getragen, wo der Faden sich verfängt (Drachenfaden).

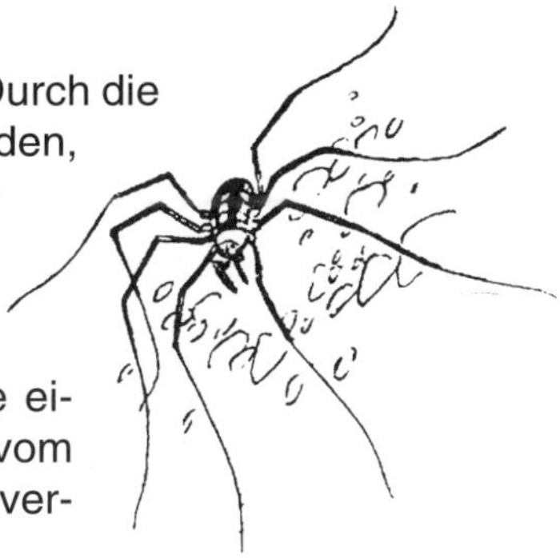

Auf diesem Steg läuft sie bis zur Mitte, seilt sich ab und befestigt den neuen Faden an einem dritten Punkt. Nun können Befestigungsfäden zwischen den drei Punkten gezogen werden, neue Speichen werden eingefügt. Diese Hilfsspirale wird Stück für Stück aufgegessen, wenn die Spinne nun von außen nach innen das eigentliche Fangnetz anlegt. Dieses ist mit feinen, klebrigen Tröpfchen versehen, an denen die Insekten kleben bleiben. Wenn das Netz fertig ist, wartet die Spinne in seiner Mitte oder in ihrem abseitigen Wohnraum darauf, daß sich eine Mücke im Netz verfängt. Dies wird ihr sofort durch den Signalfaden gemeldet, der vom Netz zu ihr führt.

Der Wind kann die Spinne nicht täuschen, verfängt sich aber ein Insekt, so stürzt sie herbei und tötet die Beute sogleich, indem sie die Giftklauen der Oberkiefer in das Tier schlägt. Möchte sie sich einen Vorrat anlegen, umwickelt sie die Beute blitzschnell mit einem feinen Gespinst seidiger Fäden.

Beim Fressen läßt sie einen Verdauungssaft aus dem Mund in die Beute eintreten, die Weichteile werden aufgelöst und die so verflüssigte Nahrung kann nun aufgenommen werden (Außenverdauung).
Im Herbst legen die Spinnen 50-60 gelbliche Eier, entweder in ein Versteck, oder sie tragen sie mit sich herum. Sie sind fein schützend eingesponnen in einen Kokon. Die im Frühjahr ausschlüpfenden Jungen sind der Mutter gleich ähnlich, sie durchlaufen also keine sich verwandelnde Gestalt, häuten sich aber mehrmals während ihres Wachstums.
Das Aufwachsen der Spinnchen geschieht je nach Art sehr verschieden. Einige sind von Beginn an selbständig, andere bleiben am Körper der Mutter, werden sogar von ihr gefüttert. Wieder andere bleiben in der Nähe, werden von der Mutter sozusagen beschützt. Sie sind im Haufen und laufen bei der geringsten künstlichen Erschütterung, gehalten an

feinen Fäden, auseinander. Die Wasserspinne hält ihre Jungen noch geraume Zeit bei sich in der Taucherglocke, versorgt sie in dieser Zeit mit Nahrung und Luft.

Die Vermehrung erfolgt auch auf sehr verschiedene Art. Es ist aber nicht richtig, daß alle Spinnen ihre Männchen nach der Begattung auffressen, dieses passiert sozusagen manchmal aus Versehen, wenn der Spinnerich nicht vorsichtig genug ist. Normalerweise haben die Männchen für die Spinnen einen bestimmten „Netzzupfcode“, an dem sie erkannt werden. Manche führen auch einen Schautanz mit ihren Vorderbeinen auf, damit das Spinnenweibchen sie erkennt. Ganz verschieden ist der Begattungsvorgang; jedenfalls muß der Spermatropfen des Männchens in die Eihöhle des Weibchens gebracht werden. Manche Männchen machen das mit einem der Gliedmaßen selbst. Manchmal wird der Tropfen nur abgesetzt und das Weibchen führt ihn ein. Manche Spinnenmännchen bringen eine eingewikkelte Fliege als Hochzeitsgeschenk. Eine Sorte Männchen spinnt ein schönes Seidenkissen und bietet den Spermatropfen darauf an. Bei der Kreuzspinne, einer bei uns sehr verbreiteten Spinnenart, stirbt die Mutter, wenn die Kleinen selbständig sind.

Nicht alle Spinnen machen Netze; es gibt Raubspinnen, Wasserspinnen, Trichterspinnen etc. Für unsere Unterrichtseinheiten habe ich mich aber für Netzspinnen entschieden, da sie viele Bewegungsmöglichkeiten bieten.

2.2.1 Erstes Unterrichtsbild

- Tanz (Mustermerken, Phrasenhören, Bewegungsplanung und Abrufung, Sozialerziehung, Steigerung der körperlichen Leistungsfähigkeit, Atemregulation, Spannungsabfuhr)
- Wissen aufrufen und erweitern
  Beobachten – beschreiben – nachvollziehen
- Großmotorische Übungen
- Hörerziehung
- Lied und Handgestenspiel
  (rhythmisch-musikalische Spracherziehung mit Bewegungsanker)

Materialbedarf: Klavier, Orff-Instrumente, Spinne, Spinnenmodell, Karte zum Spinnenleben, Fadenknäuel

Hausaufgabenblatt: Spinnenquartett, Ablichtung aller Texte/Lieder für die Eltern

1. Tanz

1.1 Begrüßungsspiel: Wir stehen im Kreis. Die ÜLin schaut ein Kind oder eine Mutter an. Das ist das Signal, loszulaufen und sich in der Kreismitte die Hände zu geben und weiterzulaufen auf den Platz des anderen. Anfangs langsam beginnen, das Tempo dann fortlaufend steigern. So werden die Kinder (und Mütter) gezwungen, sehr aufmerksam zu sein und den sich ständig verändernden Platz der ÜLin mit Augen und Körpern zu verfolgen.

1.2 Die Großen und Kleinen nehmen paarweise im Kreis Aufstellung, wobei die Kleinen innen stehen. Bei

„Du und ich wir beide
ja so spazieren wir"

gehen beide in flottem Gehschritt auf der Kreislinie hinter den anderen her. Bei „und", welches langgezogen gesungen wird, stellen sich die Großen vor die Kleinen und ergreifen deren Hand. Nun schaut sich jedes Paar an, wobei die Großen alle in der gleichen Kreisrichtung stehen (die Kleinen natürlich auch, aber gerade entgegengesetzt). Bei

„du gibst mir die Rechte"

schütteln sich die beiden kräftig die rechte Hand. Bei

„und du gibst mir die Linke"

gehen sie in Blickrichtung zum nächsten Partner weiter und geben dem die linke Hand. Bei

„und du gibst mir den Arm
ja so spazieren wir"

gehen sie wieder einen weiter und haken sich nun ein. Dann geht der Tanz mit dem neuen Partner vor vorne los. Vorteil: Die Großen können die Kleinen immer „in Empfang nehmen“ und zu sich herziehen. Nur auf diese Art ist mit den Kindergartenkindern der „Zopf“ möglich.
Arbeiten wir nur mit den Kleinen, suchen die sich halt für das Händeschütteln irgendwelche anderen Kinder aus und laufen bei „Du und ich“ wieder zu zweit auf der Kreislinie.

(schwedische Überlieferung)

Die einfache Klavier- oder Trommelbegleitung hilft mit, den Tanz leichter einzuschleifen.

2. Vorhandenes Wissen ergänzen

2.1 Die ÜLin zeigt (eventuell) eine mitgebrachte Spinne herum. Sie wird beobachtet, beschrieben, eigene Geschichten werden zum Thema Spinne erzählt.
Nun zeigt die ÜLin die große Karte zum Spinnenleben und erzählt, was noch nicht genannt wurde. Die verschiedenen Körperformen der Spinnen werden beschrieben. Das Thema Vermehrung bzw. Nachwuchs wird für die dritte Unterrichtseinheit aufgespart.

3. Spinnenspiel (Großmotorik, Reaktion, Hören, Sehen)

3.1 Je ein Großer und Kleiner suchen sich einen Platz im Raum. Nun sollen die beiden zusammen mit ihren Körpern eine Spinne mit acht Beinen darstellen. Es werden die verschiedensten Lösungen gefunden werden, egal, ob die Hände mit Fingern die Beine sind, Rücken an Rücken oder Übereinander-Untereinander. Alles, was acht Beine hat, ist richtig.

3.2 Nun setzt eine langsame Musik ein (Cymbeln, Flöte, die hohen Töne des Klaviers oder eine meditative Cassettenmusik). Ganz vorsichtig bewegen sich die Spinnen nach dieser Musik im Raum.

3.3 Ein mutiges Kind und seine Mutter machen zusammen die Fliege, die nun gefangen werden soll. Alle Spinnen verteilen sich wieder im Raum, bewegen sich zur langsamen, leisen Musik. Setzt die Musik plötzlich aus (eventuell mit einem Mißklang), stürzen alle Spinnen so schnell wie möglich zu der Fliege hin.
Hierbei ist es eine schwierige Aufgabe, den Kindern die Situation als Spiel gegenwärtig zu halten, sie werden die „Fliege" wirklich aufessen wollen. Ein Gefahrenpunkt ist dabei, daß die Mutter des beißenden Kindes dann schimpft. Deshalb besser vorher darauf hinweisen, damit die Mütter verständnisvoll aufpassen und eventuell reagieren können.

3.4 Rollenwechsel

3.5 Wenn wir keine „Fliege" mehr finden, versuchen nun 2 Mütter und zwei Kinder eine Spinne darzustellen. Diese Bewegungsaufgabe erfordert ein hohes Maß an Koordination.

4. Hören und Bewegen

4.1 Die Mütter stehen gut verteilt im Raum. Das erste Kind bekommt ein dickes Knäuel mit Garn oder Seil. Solange der Gong klingt, webt es ein Netz. Als Befestigungspunkte dienen Hindernisse im Raum und die verteilten Mütter. Die Großen sollen das Band in der Hand halten, um die Höhe verändern zu können. Verstummt der Gong, gibt die bisherige „Spinne" das Knäuel an ein anderes Kind weiter. Neuer Gongschlag, neues Weben. Das geht solange, bis jedes Kind dran war.

4.2 Nun verwandeln sich die Kinder in Fliegen, die durch die Fäden des Netzes steigen. Die Mütter variieren im freien Miteinander die Höhe.

4.3 Die Kinder bewegen sich in zwei Ebenen. Ertönen hohe Töne, nehmen die Mütter das Netz hoch, und die Kinder rollen oder robben sich unter dem Netz durch. Ertönen tiefe Töne, wird das Netz tiefgehalten und die „Fliegen" steigen darüber.

5. Lied und Handgestenspiel

5.1 Die Melodie dürfte bekannt sein (Spannenlanger Hansel), so daß die Einführung des Liedes nur vom Text her Neuigkeitswert hat. Die ÜLin macht das Handgestenspiel einmal vor, beim zweitenmal können alle mitmachen.

„Imse bimse Spinne	Handrücken gegeneinander legen
lang dein Faden ist.	Mit den Fingern eine Krabbelbewegung machen, dabei die Hände langsam aufwärts führen
Kam der große Regen	Mit allen zehn Fingern schnelle Tropfenbewegungen von oben nach unten ausführen

und der Faden ...	Die Hände langsam auseinanderziehen
riß	Zerreißbewegung
Kam die liebe Sonne	Mit einem Arm den großen Sonnenkreis beschreiben
leckt den Regen auf	Beide Hände machen im Wechsel eine hoch schöpfende Bewegung
Imse-bimse Spinne kletterst wieder rauf.“	Wieder die Bewegung vom Anfang des Liedes machen.

(Text: Heinrich Krepart)

6. Hausaufgaben

6.1 Das Handgestenlied auswendig lernen

6.2 Die Bilder vom Bau des Spinnennetzes ausschneiden, mit verschiedenfarbigen Rändern versehen, nach Lust anmalen. Das Spiel mit ziemlich feststehenden Sätzen spielen, wobei die Kinder sich ruhig andere Sätze als die vorgeschlagenen aussuchen können. Wichtig ist, daß das Kind immer das gleiche Satzmuster vom Großen hört.

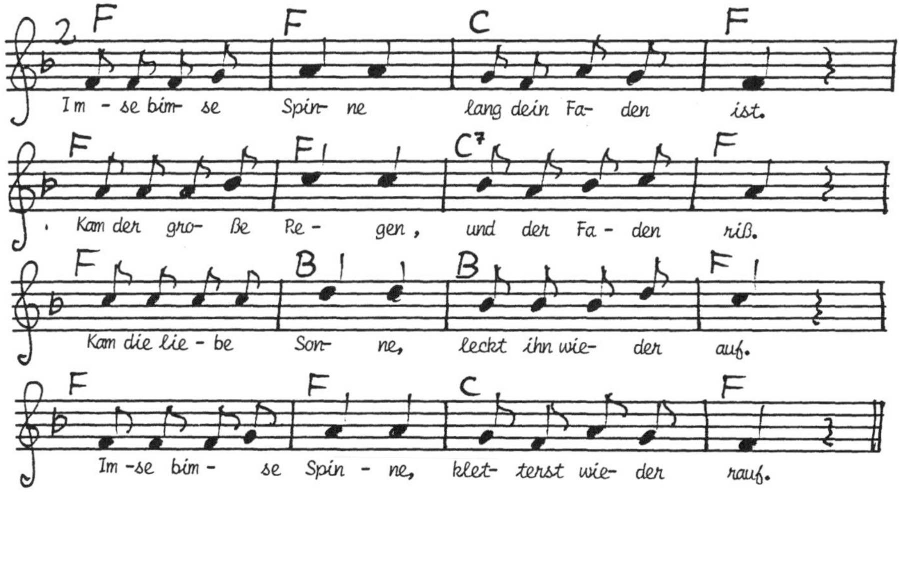

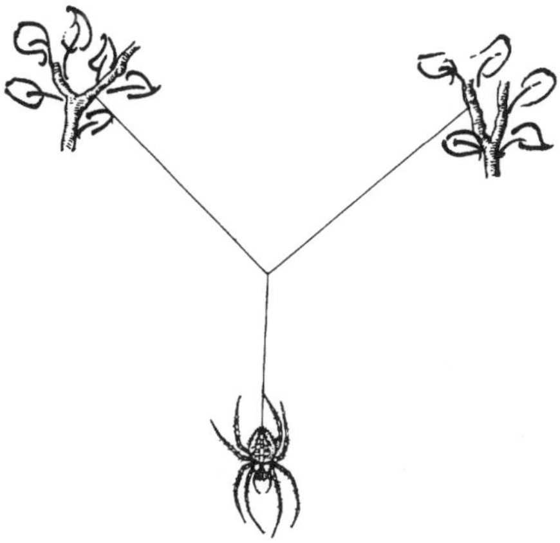

Bitte gib mir die Spinne mit dem Drachenfaden, die mit dem ... Rand.

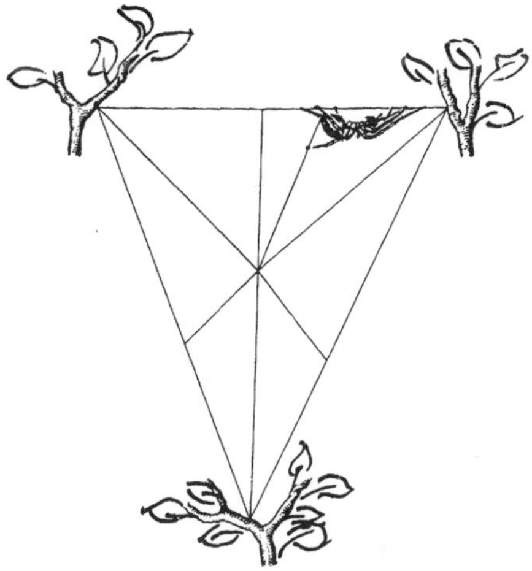

Bitte gibt mir die Spinne mit den Rahmenfäden, die mit dem ... Rand.

Bitte gib mir die Spinne mit dem Hilfsnetz, die mit dem ... Rand.

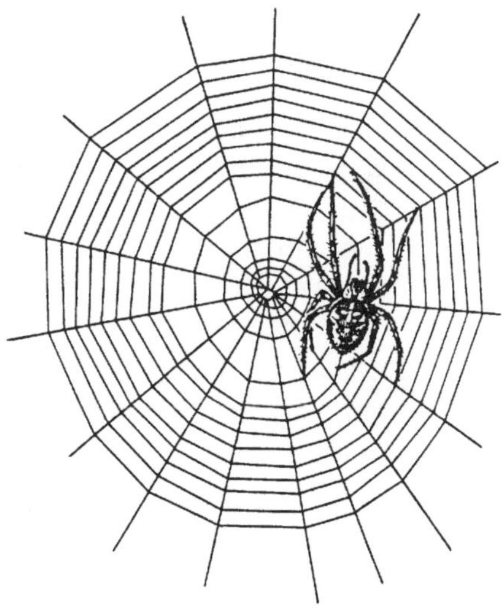

Bitte gibt mir die Spinne mit dem fertigen Fangnetz, die mit dem ... Rand.

2.2.2 Zweites Unterrichtsbild

- Tanz
- Bildergeschichte aufnehmen, nachspielen
  Gedicht mit Handgestenspiel
  (Artikulomotorik, Wortgedächtnis, Inhaltsgedächtnis, zeitliche Abfolge)

Materialbedarf: Taktiles Quartett in groß, Bilderbuch (Gesichtsmasken)

Hausaufgabenblatt: Spinnennetz und Spinnenpuzzle

1. Wiederholung, Hausaufgaben abfragen

1.1 Tanz: Du und ich wir beide

1.2 Die ÜLin hat die Karten des Quartetts vergrößert und die Linien des Netzes mit Klebe erhaben gemacht. (Einfach mit Flüssigkeitsklebe die Linien nachfahren und trocknen lassen). Nun wird jedem Kind – Mutter oder Vater halten die Augen zu – eine Karte zum Abfühlen gegeben. Das Kind soll herausfühlen, ob es sich um den Drachenfaden, die Rahmenfäden, das Hilfsnetz oder das Fangnetz handelt. Auch Umschreibungen werden als richtig gelobt.

1.3 Wir singen und spielen miteinander Imse-bimse-Spinne.

2. Bildergeschichte aufnehmen und nachspielen

(Artikulomotorik, Wortgedächtnis, Inhalt erinnern, zeitlicher Ablauf)

2.1 Alle sitzen gemütlich im Kreis. Die ÜLin holt das Buch: „Die kleine Spinne spinnt und schweigt“ von Eric Carle. Nun beginnt sie die Bilder zu zeigen und zu erzählen. Nach jeder Seite kommt die Frage: „Wer kam zu der kleinen Spinne?“ Die Kinder wiederholen den Namen des Tieres und das Geräusch, das es gemacht hat.

2.2 Am Ende der Geschichte versuchen wir, uns zu erinnern, welche Tiere das Spinnchen besucht haben. Vielleicht erinnern sich die Kinder auch noch an das eine oder andere Geräusch.

2.3 Nun werden unter den Kindern die Rollen verteilt. Jeder darf sich eine aussuchen und muß sich den Satz sinngemäß merken.
Wenn während des Spieles das Kind den Satz vergessen hat, leise flüsternd wieder vorsagen.

2.4 Wir verteilen uns im Raum. Eine punktierte Musik oder Hüpftrommelrhythmus ertönt. Wer kann wie ein *Pferd springen?* Wer kann langsam wie eine *Kuh heranschaukeln*?

(Begleitrhythmus ändern).
Wer kann wie eine *Katze schleichen*? (Begleitrhythmus!)

2.5 Wenn die Kinder Freude an diesem Tierbewegungsspiel haben, kann man es noch fortsetzen, sonst weitergehen.

2.6 Nun erinnern wir uns an die Geschichte. Tierrollen werden verteilt, so viele Kinder, so viele Tiere. Die Mütter sind wieder die Befestigungsstellen für das Spinnennetz.

2.7 Das Spiel der vergangenen Stunde wird aufgegriffen, die „Spinne“ spinnt zwischen den Müttern ihr Netz, ganz langsam und ruhig. Währenddessen geht die Erzählung los. Ein Tier nach dem anderen kommt zu der Spinne, sagt sein Sätzchen und steigt wieder zurück.

2.8 Mit dem Satz „Die kleine Spinne spinnt und schweigt“ wird immer die Handlung zusammengefaßt, die Mütter sprechen diesen Satz als Chor laut und deutlich mit. Die Kinder werden mit der Zeit einfallen und mitsprechen. Sachte bewegt sich das langsam entstehende Netz, rauf und runter, je nachdem, ob das gerade spielende Kind auf allen Vieren geht oder aufrecht.

2.9 Die Fliege summt in immer engeren Kreise um die Spinne herum, bis der Hahn sein „Kikeriki“ gerufen hat. Dann plötzlich fängt die Spinne die Fliege.

2.10 Allgemeiner Rollentausch unter den Kindern. Mütter bleiben Angelpunkte für's Netz.

2.11 Tiermasken aus Papier würden das Spiel unterstützen und zusätzlichen Reiz geben, sind aber nicht unbedingt erforderlich.

3. Gedicht mit Handgestenspiel

3.1 Wir sitzen im Körbchensitz im Kreis.
Die ÜLin rezitiert und „spinnt“ dabei mit den Händen ein Netz in die Luft.
Die Sprachgestaltung ist sehr ruhig, leise aber deutlich.

> Ich spinne, ich Feine,
> habe acht Beine.
>
> Ich spinne die Netze
> ohne – Hetze.
>
> Ich spinne sie dicht,
> daß der Faden nicht bricht.

4. Hausaufgaben

4.1 Den neuen Spruch mit den Handgesten auswendig lernen.

4.2 Das große Spinnennetz bunt nachfahren.
Die vorgedruckten Aufgaben lösen.

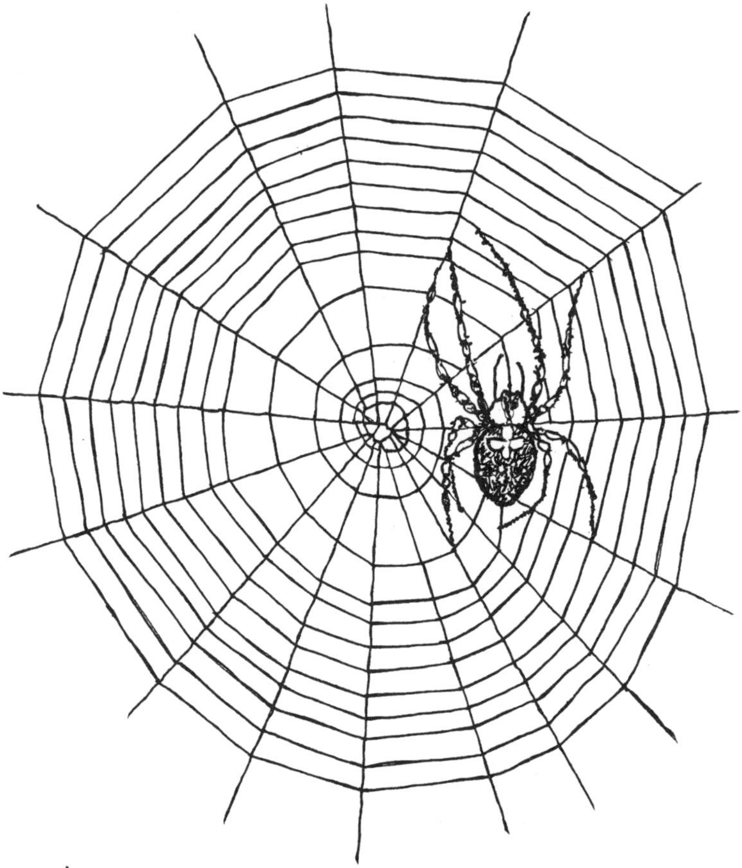

1. Bitte mach es wie die Spinne. Fahre das Netz von außen nach innen nach.
2. Wenn Du Lust hast, kannst Du ein Bild mit Bäumen und Büschen malen. Schneide dann Deine Spinne mit Netz aus und klebe sie in Dein Bild!
3. Erkennst Du die Spirale wieder, der wir schon beim Schneckenhaus begegnet sind? Wo findest Du in Eurer Wohnung noch Spiralen? Zeig sie Deiner Mama und dem Papa.
4. Wenn Du ein Spinnennetz in der Wohnung findest, beobachte es. Wann geht die Spinne auf Jagd und fängt Euch die lästigen Fliegen weg?

2.2.3 Drittes Unterrichtsbild

- Tanz
- Materialerfahrung Schwungtuch
  (thematisch gebundenes psychomotorisches Reiz-Reaktionsspiel)
- Rätsel (Sprachübung)

Materialbedarf: Seilchen, zusammengebundene Seile, Schwungtuch, Orff-Instrumente

1. Wiederholung

1.1 Anschauen der schriftlichen Hausaufgaben

1.2 Tanz: Imse bimse Spinne
Die Großen stehen in einem inneren Kreis, Rücken an Rücken. Die Kinder eng gegenüber. Je ein Paar hat ein Seilchen.

„Imse-Bimse-Spinne, lang dein Faden ist“	schreitet das Kind, das Seilchen nachlassend, rückwärts nach außen.
„Kam der große Regen“	Das Seil wird fest geschüttelt.
„Und der Faden riß“	Mutter reißt es mit einem Ruck weg.
„Kommt die liebe Sonne, leckt den Regen auf“	Die Mutter schüttelt sachte das am Boden liegende Seil, das Kind soll es erhaschen.
„Imse-bimse-Spinne kletterst wieder rauf.“	Das Kind zieht sich am Seil wieder zur Mutter hin.

1.3 Rezitation mit Handgestenspiel:
„Ich spinne, ich Feine“

2. Spinnenmutter und Kinder (Balance, Koordination, Reaktion)

2.1 Die ÜLin erzählt, daß manche Spinnenmutter ihre Kleinen auf dem Rükken tragen, bis sie selbständig genug sind.

2.2 Je zwei Mütter machen eine Spinne und tragen ihre beiden Kinder auf dem Rücken spazieren. Dabei gehen sie vorwärts und rückwärts, müssen eventuell über Hindernisse steigen (Bälle, Stöcke, Kästen ... was halt grad greifbar ist).

2.3 Es gibt aber auch Spinnen, bei denen hängen sich die Kleinen unter den Leib der Mutter ... Kinder und Mütter machen das nach. Die Kinder müssen sich nun ordentlich festhalten. (Hindernisse schnell wegräumen, das große Schwungtuch holen)

2.4 Die Wasserspinne behält ihre Kinder in einer großen Luftblase bei sich. Wir wollen einmal versuchen, eine solche große Luftblase zu machen. (Großes Schwungtuch wird herausgeholt)
Kinder und Große versuchen, im gleichen Rhythmus das Tuch auf und nieder zu bewegen, nach einiger Zeit wird eine schöne „Luftblase" entstehen. Dieses Auf und Ab läuft während aller jetzt folgenden Übungen ruhig weiter.

2.5 Die ÜLin ist in der Mitte des Kreises, unter dem Tuch. Nun wird ein Kind nach dem anderen, manchmal auch zwei zugleich, von ihr unter das Tuch gerufen.

2.6 Eine Mutter nach der anderen – sie müssen sich durch Blicke verständigen – ruft in den Pausen, wenn das Tuch gerade oben ist, ihr Kind wieder heraus.

2.7 Sie werden wieder hereingerufen. Nun sind sie selbständig, und alle Spinnchen können auf einmal die Luftblase verlassen und sich einen eigenen Platz im Raum suchen. (Schwungtuch weg.)

2.8 Am Boden ausgelegt ist ein Spinnennetz (Stern aus Seilchen, in der Mitte zusammengeknotet). In der Mitte des Netzes sind alle Spinnenkinder beieinander. Ihre Mutter (bestehend aus vier Großen) lauert abseits, um ihre Kinder zu schützen. Kommt eine fremde Spinne (wieder aus vier Großen bestehend) herbei und zupft an dem Netz, laufen alle Spinnchen auf ihren Fäden weit auseinander und die Mutter eilt herbei, um ihre Kinder zu schützen. Sie verjagt den Eindringling.
Nun können die Spinnchen sich wieder in der Mitte versammeln, aber der nächste Angriff kommt bestimmt ...

2.9 Eventuell überzählige Mütter können mit Trommeln passende Geräusche unterlegen: Leise und heimelig trommeln, stärker werden, immer stärker, abrupt abbrechen, wenn die fremde Spinne das Netz berührt hat.

3. Schlußphase

3.1 Das gleiche Netz wird nun von der ÜLin in der Mitte gehalten, außen stehen Kinder und Mütter, jedes hält ein Fadenende in der Hand. Wir machen den Anfangstanz „Imse-bimse" nun noch einmal.

3.2 Beim zweitenmal wird statt des Tanzes das Handgestenspiel zu „Imse-Bimse" gemacht.

4. Hausaufgaben

4.1 Aus den Rätseln eines zum Lernen aussuchen.

4.2 Mit Papa oder Mama das Balancespiel „Spinnenmutter und ihre Kinder" machen.

4.3 Ein Bild malen von der Wasserspinne, wie sie mitten im Wasser in ihrer Luftblase sitzt und gerade eine Fliege oder sonst eine Beute für ihre Kinder mitgebracht hat.
Vorschlag zur Technik: Mit den Wachskreiden die Blase und die Spinnen, die Wasserpflanzen und eventuelle Fische und Wasserschnecken malen, dann mit Wasserfarbe alles überpinseln. Die Wasserfarbe wird von den Wachskreiden abperlen. (Absprengtechnik)

Rätsel:

Ich, ein kleines Tierchen bin
die geschickteste Jägerin.
Netze spinn ich um mich her,
und mein Tisch bleibt selten leer.

Was hängt an der Wand
ohne Nagel und Band?

Ein Fliegenschreck
sitzt in der Eck,
spinnt Fäden,
feiner Hauch,
weben kann er auch.

2.2.4 Viertes Unterrichtsbild

- Gestaltung des Spinnennetzes und der Spinne in Ton (Sichtbarmachung der Gestalt einer Spinne, kreativer Ausdruck, feinmotorische Übung, Handkrafttraining, handwerkliches Wissen, Sprachanlaß)

Materialbedarf: Ton, Schlicker, Pinsel, Tücher, eventuell Tischränderscheiben

1. Wiederholung

1.1 Ein Spinnenbild anschauen und beschreiben
Den Spruch abhören beziehungsweise miteinander sprechen. Erst sehr geübte oder mutige Kinder werden in der Lage sein, die aufgegebenen Sprüche allein herzusagen oder nur mit ihrer Mutter. Meist sind die Kinder, die zu mir in die Gruppenbetreuung kommen, sehr unsicher in bezug auf ihre Leistung.

1.2 Tanz
Du und ich wir beide ...
Diesmal wird bei der Kreisphase ordentlich Tempo gemacht, damit die Kinder ins Hüpfen kommen und körperlich angestrengt sind. Diese Anstrengung soll mindestens 2-3 Minuten dauern, damit die körperliche Belastbarkeit erhöht wird und das Muster gut eingeschliffen. Darüber hinaus ist es für die Kinder schwieriger, über einen längeren Zeitraum hinweg die Musterfolge zu behalten, die Konzentration läßt dann nach. Die Automatisierung muß einsetzen.

2. Gestaltung in Ton

2.1 Wir beginnen wieder mit dem Durchkneten des Tones, mit Kraft, aber nicht zu lange.

2.2 Nun den Klumpen mit einem lauten Schrei fest auf den Tisch schlagen, die ganze Luft (in der Lunge und im Ton) muß explosionsartig heraus.

2.3 Gesprochen: Roller-roller raffaffaff – und dann paff! In beiden Händen zu einer Rolle formen, bei den Worten „und – dann" auseinanderbrechen und nun fest zusammenklatschen bei „paff". Dies recht kräftig herausschreien.
Das ist eine wunderbare Atem- und Artikulationsübung, bei der obendrein auch noch ein vorgeschriebener Bewegungsablauf stattfindet. Sprechen – Atemregulation – Kraftdosierung – Bewegungsmuster, alles miteinander muß in vorgeplanter Reihe erfolgen. Eine große Leistung, die die Kinder mit diesem Material aber gerne erbringen!

2.3 Kinder und Mütter machen eine Kugel, die beide Hände noch gerade umschließen können. Nun nehmen wir eine Tischränderscheibe oder ein Tuch her. Darauf kommt unsere Kugel. Unter ständigem Drehen wird ein etwa 5 mm dicker Pfannkuchen gepatscht (mit der flachen Hand)

2.5 In diesen Pfannkuchen wird mit dem Fingernagel vorsichtig ein Spinnennetz eingeritzt. Die Kinder (und Mütter) sollen möglichst wenig mit Geräten arbeiten, damit die Feinmotorik in direktem Kontakt mit dem Gestaltungsmaterial geübt wird.

2.6 Jetzt werden mehrere ganz feine Rollen gerollt. Hierbei hat es sich als das Einfachste und Sauberste erwiesen, direkt auf dem Tisch – nicht auf irgendeinem Brettchen – zu arbeiten.

2.7 Das Spinnennetz auf dem „Pfannkuchen" wird gut eingespeichelt und die feinen Rollen in die Ritzspuren gedrückt.

2.8 Die Kinder machen danach eine Spinne, die in das Netz eingesetzt wird. Wenn eben möglich, sollen sie das nach eigenen Vorstellungen ohne die Hilfe der Mütter machen.
Bei dieser Tonarbeit ist es wichtig, daß alle Anschlußstellen gut eingespeichelt werden. Sind die Mütter und Kinder dazu noch nicht in der Lage (weil die Ekelschwelle vor dem eigenen Speichel noch zu groß ist), kann in diesem Falle auch Schlicker genommen werden. Schlicker ist Ton, der mit Wasser zu einer dicken Pampe verrührt wird. Diese wird dann mit dem Finger auf die Anschlußstellen aufgetragen. Damit halten die Anschlüsse sicher. Eine Fehlerquelle bei solchen zusammengesetzten Arbeiten ist, daß nicht genug eingespeichelt wurde und sich nach dem Trocknen dann die Teile lösen.
Bei dieser Arbeit gilt, was für alle Werkarbeiten gilt: Nichts nacharbeiten! Das, was das Kind gemacht hat, hat es mit all seinem Können und all seiner Mühe gemacht – und es ist gut so.

2.9 Die Reliefs lassen sich leicht von dem Tuch lösen und auf eine Gipsplatte zum gleichmäßigen Trocknen legen. Auf der Tischränderplatte müssen sie bis zum nächsten Tag liegen bleiben, dann lassen sie sich lösen. Namen auf dem Werk nicht vergessen! Die Kinder können zwar später „ihres" nicht mehr sicher finden, wissen aber genau, was nicht ihres war!

3. Schlußphase

3.1 (wenn noch Zeit ist): Spiel:
Die ÜLin steht mit dem geknoteten Spinnennetz in der Mitte. Jeder hält ein Fadenende. Zwei Kinder sind Spinne und Fliege. Die Spinne liegt unter dem Netz auf dem Boden, das Netz berührt locker ihren Rücken. Die Fliege

versucht, über das Netz zu steigen, ohne es zu berühren. Wird das Netz trotzdem berührt, spürt die Spinne das sofort und rollt sich blitzartig in die Richtung der Fliege und fängt sie.

4. Hausaufgaben

4.1 Alle bisher dagewesenen Sprüche und Lieder wiederholen, jeden Abend etwas anderes.

4.2 Das Quartett spielen.

4.3 Die Fühlübungen machen.

4.4 Wenn die Kinder Lust haben, noch einmal aus freier Hand ein Spinnennetz malen.

Weiterführende Spielideen

1. Kinder und Mütter malen ein großes Spielfeld in Form eines Spinnennetzes, auf dem bestimmte Felder als „Fangplätze“ ausgewiesen sind. Die Kinder plastizieren Spinnen und Fliegen aus Ton, Plastillinmasse, Plastizierwachs, Pappe etc. Der Phantasie sind keine Grenzen gesetzt. Nun wird gewürfelt und losgelaufen; auf den Fangfeldern kann die Fliege erwischt werden. Neues Spiel. Wenn das Kind mehrere Spinnen am laufen hat, ist die Erfolgschance höher und es wird lieber das Zählen der Würfelpunkte auf sich nehmen.
2. Die verschiedenen Stadien des Netzbaus werden noch einmal in Karton und Wolle gestaltet zum Abfühlen, oder in
3. Sandpapier, oder in
4. Klebe mit aufgestreutem Sand, oder in
5. Sticktechnik ...
6. Das Kinderzimmer wird in ein Spinnennetz verwandelt, in dem die Kinder sich als Fliege vorsichtig bewegen müssen.
7. Die Kinder backen einen Spinnenpfannkuchen: Der Pfannkuchen wird ausgebacken und das Kind läßt mit Rübensaft ein Spinnennetz und eine Spinne drauflaufen.
8. Hefegebäck als Spinnen formen, mit Rosinen Augen draufsetzen, eventuell ein Muster auf den Rücken.
9. Abends vor dem Einschlafen wird eins von den vier Stadien des Netzbaus auf den Rücken vom Kind gemalt. Es soll raten, ob es sich um Nr. 1, 2, 3 oder 4 handelt.
10. Die Mutter oder der Vater lassen eine Fliege und eine Spinne auf dem gemalten großen Spinnennetz laufen. Das Kind hat Kochlöffel und einen Kochtopf und trommelt dazu. Fängt die Spinne die Fliege, dicker Trommelschlag oder Wirbel.
    Rollenwechsel.
11. Die Fliege hat sich irgendwo im Zimmer versteckt. Die Spinne sucht nach ihr mit einem leisen Geräusch (soll irgendwie mit dem Mund gemacht werden). Kommt die Spinne (hörbar) näher, kann die Fliege noch versuchen, sich zu retten.
    Rollenwechsel.
12. Die „Spinne“ hat mit einem Wollfaden oder Knäuel eine Spur durch die verschiedenen Zimmer gelegt. Das „Spinnenkind“ balanciert genau auf

diesem Faden und sucht seine Mutter.
Rollenwechsel.

Diese Spielanregungen gebe ich den Müttern in der Anfangsphase schriftlich mit. Mit fortlaufender Übung können wir als Gruppe am Ende der Stunde miteinander weitergehende Spielvorschläge sammeln. Die Kinder und Mütter werden immer phantasievoller, auch die Geschwister bringen häufig sehr schöne Vorschläge ein (brain storming).

2.3 Fische

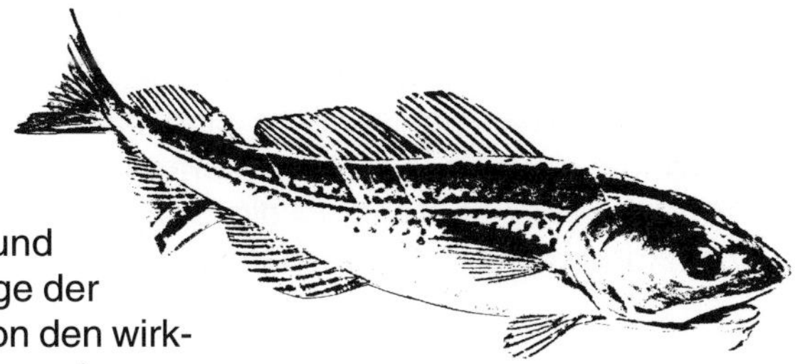

Vorbemerkungen zu diesem Stundenbild

Bei den Themen Schnecken und Spinnen bin ich – in der Abfolge der Unterrichtseinheiten – ganz von den wirklichen Tieren und ihrer Lebensweise ausgegangen. Die Bewegungen und Spiele haben sich aus der Kenntnis des Tieres entwickelt und sich dann allmählich davon gelöst, um phantasievoll mit dem Stoff umzugehen.
Beim Thema Fische wählte ich den umgekehrten Weg – ich beginne mit einem Handgestenspiel, einer Textgestaltung. Daraus erwachsen die großräumige Bewegung und die Spiele zur Materialerfahrung. Zum Schluß, bei der Gestaltung in Ton, hat die genaue Beobachtung, die Frage zum wirklichen Tier, ihren Platz.

Sachliche Vorinformation zum Thema Fische

Unter dem Begriff Fische werden wechselwarme, durch Kiemen atmende Wirbeltiere zusammengefaßt. Die zarte, schleimige Haut ist in der Regel mit knöchernen Schuppen bedeckt. Die Brust- und Bauchflossen, die paarig am Körper stehen, entsprechen den Beinen der Vierfüßer. Die Rücken-, Schwanz- und Afterflossen stehen einzeln, waren ursprünglich aber ein einheitlicher Flossensaum.

Ihre Gestalt und ihre Lebensweise sind vielfältig. Da gibt es die Tiefseefische ebenso wie die Saisonfische, die in periodisch austrocknenden Gewässern leben. Bei dieser Art überleben nur die Eier. Es gibt reine Vegetarier ebenso wie reine Raubfische.

Auch bei der Fortpflanzung bietet sich kein einheitliches Bild. Einige Fische gebären ihre Jungen lebend (Haiarten), die meisten aber legen Eier. Die Eier wiederum können sehr verschiedene Formen haben: Wir finden viereckige, gehörnte, flaschenartige und runde Formen. Bei den meisten Fischen unseres Lebensraumes sind die Eier rund.

Einige Fische sind erst nach vielen Jahren geschlechtsreif und haben sehr wenige Nachkommen, andere sind bald und zahlreich fruchtbar. Es gibt Fische, die nach der Eiablage sterben, andere legen viele Male Eier ab. Erstaunlicherweise gehören die Seepferdchen zu den Fischen, die Walfische, Rundmäuler und Lanzettchen aber nicht.

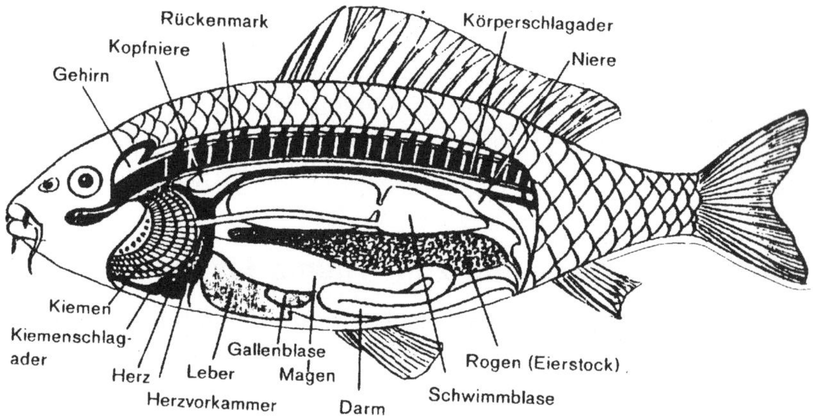

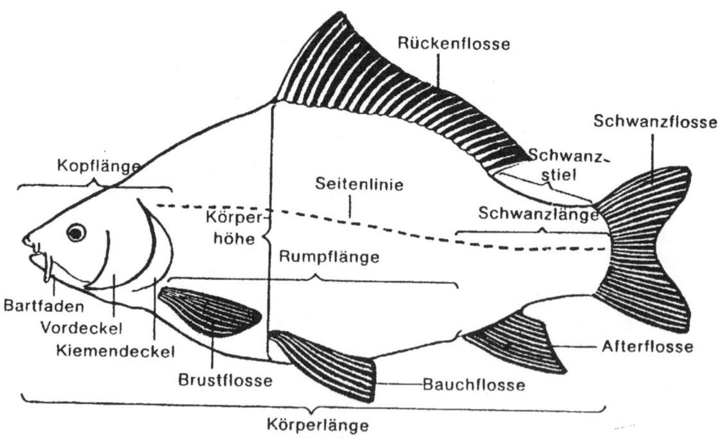

2.3.1 Erstes Unterrichtsbild

- Tanz, Rhythmen nachspielen
- Artikulationsübungen ff-fs-sch
- Gedichtsgestaltung mit Handgestenspiel
- Bewegung im Raum

Materialbedarf: Trommeln oder Holzblöckchen
ÜLin: Klavier oder Xylophon, bunte Chiffontücher

Hausaufgabenblatt: Fische 1, Lied/Textblatt für die Eltern

1. Tanz

1.1 Wir bilden einen Kreis, jeder hat eine Trommel. Die ÜLin trommelt eine (anfangs sehr kurze) leichte Sequenz vor. Der Kreis hört, dann wird „wie ein Echo“ geantwortet. Wenn man diese Übungen beginnt, sollten die rhythmischen Folgen wirklich so eingängig sein, daß die Kinder sie auch spontan nachtrommeln können. Es muß ein Erfolgserlebnis geben, sonst verlieren die Kinder die Lust. Eine Klippe zu Beginn ist, daß das Echo erst eingeschliffen werden muß; die Kinder sind in dem Alter, wo sie sofort mitmachen, wenn etwas angeboten wird.

1.2 Allmählich werden aus dem Rhythmus des Tanzlieds kurze Sequenzen getrommelt. Die ÜLin kann die Melodie mitsummen, um eine weitere Unterstützung zu geben.

1.3 Das Lied wird schon leise abschnittweise mitgesungen.

1.4 Das ganze Lied wird gesungen und getrommelt. Danach die Trommeln weglegen.

1.5 Tanzeinführung: Alle haben zu einem Kreis durchgefaßt, nur ein Kind läuft gegen die Laufrichtung immer wieder kordelartig durch die Lücken zwischen den einzelnen Kreisteilnehmern. Der Kreis dreht sich eine Strophe lang in dieselbe Richtung. Bei den letzten Tönen und der Aufforderung „folge mir“ tippt das Kind einen an, der nun mit ihm in Gegenrichtung durchschlängelt.
Wenn – bis auf das letzte Kind – alle hinten dranhängen, beginnt mit dem letzten das Spiel von vorn.
Es empfiehlt sich, bei diesem Tanz die Mütter von der Wahl auszuschließen, so müssen sich die schüchterneren Kinder von der Hand lösen, um auch mitmachen zu können; Und es bleibt ein Kreis, durch den die „Fischschlange“ schlängeln kann. Auch geht es nicht gar so lange bis zur neuen Runde.

2. Gedicht mit Handgestenspiel

2.1 Wir sitzen im Kreis im Körbchensitz. Die ÜLin hält die Hände in Brusthöhe und läßt sie in Gegenbewegung sachte auf und nieder steigen. „Das ist das Wasser, es bewegt sich nur sehr wenig. Ganz sachte, ganz leise bewegt sich das Wasser. Nun kommt ein Wind auf: Fffff-ffff-ffff. Das Wasser beginnt, sich stärker zu bewegen. Der Wind bläst lauter: FFFsss-fffsss-fffsss. Der Wind wurde so stark, daß sich eine große Welle gebildet hat und „schschschsch“ am Ufer bricht.“ Hierbei gehen beide Hände parallel in einer Wellenbewegung weit zur Kreismitte vor – der Oberkörper läuft in einer starken Streckung mit – und zurück zur Ruhestellung.

2.2 Wenn die Hände wieder in der sachten Ruhebewegung sind, beginnt die ÜLin das Gedicht mit den passenden Handbewegungen zu rezitieren:

Oh schaut, im Wasser blau und frisch schwimmt fröhlich ein kleiner Fisch.	Die Hände machen ruhig die Wassergegenbewegung. Bei „Fisch werden die Hände mit den Handflächen zueinander zusammengelegt.
Schwimmt hin und her.	Nach rechts schlängeln, nach links schlängeln.
Schwimmt kreuz und quer	Zur Kreismitte, zurück.
Schwimmt-schwimmt-schwimmt	Ruhige Schwimmbewegungen in alle Richtungen machen.
Ganz plötzlich springt er –	Den „Handfisch“ aufgeregt nach weit oben springen lassen (Körper strecken!),
und – (Stimme heben!)	einen gespannten Moment innehalten,

taucht nieder bis zum Grund	ruhig und sanft ganz bis zum Boden die Hände führen.
Hier steht er dann in guter Ruh und schaut den andern Fischen zu.	Hände ganz ruhig stehen lassen

Die Stimme soll bei der Rezitation wie ein Instrument benutzt werden. Springt der Fisch aufgeregt hoch, geht die Stimme mit in die Höhe, findet er seine Ruhe wieder und taucht, „taucht" die Stimme mit. Sie bleibt dann auch in ruhigem Singsang in der unteren Lage, solange der Fisch auf dem Grund ruht.

3. Spiel im Raum

3.1 Jeder sucht sich einen Platz für sich allein.
Wir versuchen, groß mit den Armen das schaukelnde Wasser nachzuahmen. Dabei machen wir wieder die Wind- und Wassergeräusche:
fff-fffff fffsss-fffsss- schschsch

Die ÜLin nimmt ein großes Becken und zwei sehr weiche Schlägel. Die Schlägel werden in der rechten Hand wie chinesische Eßstäbchen gehalten, das Becken kommt dazwischen. Durch eine Schüttelbewegung der Hand entsteht ein Dauergeräusch mit dem Becken, das gut in der Lautstärke zu variieren ist. Damit kann die Welle lautmalerisch begleitet werden.

3.2 Alle verwandeln sich nun in Fische. Die Hände und Arme sind die Flossen. Das entspricht zwar nicht ganz der wirklichen Fischfortbewegung (die Fische bewegen sich mit der Schwanzflosse fort), aber es ist einfacher. Die Aufgabe des Herumschwimmens ist für die Kinder nicht so leicht, da sie leise sein müssen und sich nicht stoßen dürfen (Fische sind leise und rempeln nie!).
Entsprechend dem von der ÜLin rezitierten Text läuft die Geschichte ab. Beim Tauchen wirklich auf den Boden gehen, beim Springen sehr hoch herausspringen mit gestreckten „Flossen". Der ganze Körper soll gut durchgedehnt werden.
„Steht" der Fisch am Grund, können die Hände in leichter Pendelbewegung gehalten werden.

3.3 Beim dritten Durchgang verwandeln sich die Großen in das Wasser, bleiben am Platz und machen die Wellenbewegung und (leise) die Begleitgeräusche.
Die Stimme der ÜLin soll bei der Rezitation nicht übertönt werden.

3.4 Vor dem nächsten Durchgang bekommen die Kinder dünne Chiffontücher in jede Hand. Sie können mit folgender Übung ausgeteilt werden:
In der Mitte des schnell gebildeten Kreises liegen die zusammengefalteten Tücher. Die ÜLin beginnt und ruft ein Kind auf, das sagt, welche Farben es

sich wünscht. Die ÜLin sucht die Farben heraus und gibt dem Kind die Tücher. Nun muß dieses Kind ein anderes benennen, den Farbwunsch hören und entsprechend die Farben herausgeben. So geht es, bis alle Tücher haben.
Da es die feinen Tücher in vielen Farben gibt, können wir differenzierte Farbbezeichnungen verlangen: Tomatenrot – weinrot – rosa – hellrot – blaßrosa etc. Die Großen dürfen bei dieser Wortfindung helfen.

3.5 Eine letzte Rezitation erfolgt, nun mit den schön ausgestatteten Fischen. Dabei soll darauf geachtet werden, daß die Großen mehrere Male die Wellen brechen lassen, bevor die Rezitation beginnt. So müssen die Kinder gut zuhören, wann das Spiel beginnt und sich vorher innerlich sammeln. Auch am Ende hören sie in Ruhe noch mehrere Wellen brechen, damit ein deutlicher Abschluß der Geschichte da ist.
Natürlich kann man die Bewegungen wie Springen, Tauchen, auf der Stelle Paddeln mehrere Male machen lassen, indem eine Sprechpause gemacht wird; während dieser Pause wird die vorher genannte Bewegung einfach weitergeführt.
Ich bewege mich immer mit den Kindern, sie machen alles ohne Extraaufforderung wunderbar nach und fügen eigenes hinzu.

4. Schlußphase

4.1 Wir finden uns wieder zum Kreis. Nun legen wir mit den Tüchern in der Mitte des Kreises einen Fisch. Einer nach dem anderen fügt seine Tücher hinzu.
Da jedes Kind in sich eine präzise Vorstellung davon hat, wie der Fisch auszusehen hat, möchte der eine oder andere korrigieren, was sein Vorgänger gelegt hat. Es muß erst langsam eingeschliffen werden, daß man sich selber nach dem, was schon vorhanden ist, richten muß und eben die eigene Vorstellung geändert werden muß.

4.2 Für heute ist die Rhythmik aus ...

5. Hausaufgaben

a) Die Fische auf dem Blatt vollends anmalen und ausschneiden.
Auf einem großen Blatt eine Unterwasserlandschaft malen. Falls das Kind dazu selber noch keine Vorstellungen hat, kann die Mutter ja ein Buch dazu hernehmen oder mit dem Kind zusammen malen.
Die ausgeschnittenen Fische in die Landschaft kleben.
b) Das Handgestenspiel mit Text lernen.
c) Das Tanzlied singen.

Bitte die Fische fertig anmalen und bunt machen!

2.3.2 Zweites Unterrichtsbild

- Tanz, Wiederholung
- Artikulationsübungen bl, Spiel mit der Stimmführung
- taktiles Empfinden
- Materialerfahrung Japanball

Materialbedarf: Chiffontücher, Schwungtuch, blaues Seidentuch, Japanbälle

Hausaufgabenblatt: Fische 2

1. Eingangsphase

1.1 Die Bilder, die daheim gemacht worden sind, werden auf dem Boden ausgebreitet und in positiver Weise miteinander verglichen. Damit soll bewirkt werden, daß in den Kindern das Verständnis für Individualität wächst. Häufig sind sie unsicher, wenn ihr Bild nicht so ausschaut wie das der anderen Kinder.

1.2 Kreis. Wir machen miteinander das Gedicht mit den Handgesten. Vielleicht mögen ja ein oder zwei mutige Kinder schon allein (flüsternd unterstützt von der Gruppe) vortragen.

1.3 Die Tücher werden auf die gleiche Weise wie in der letzten Stunde ausgeteilt.
Nun fassen wir uns – statt an den Händen – an den Zipfeln der Tücher an, dadurch wird der Kreis um einiges größer, die durchschwimmende Fischschlange um einiges länger. Wir tanzen und singen unser Tanzlied:
Wenn wir fahren auf dem See

2. Artikulation, taktiles Empfinden

Wir bleiben im Kreis. Die ÜLin legt die Arme rechts und links auf die Schultern der Nachbarn. Auf diese Art wird der Kreis geschlossen. Geräuschvoll wird langsam aus- und eingeatmet, bis alle Kinder mitatmen.

Nun beginnt die ÜLin zu rezitieren:

> Fische blubbern
> blubb-blubb-blubb
> Blubbern immer wieder
> blubb-blubb-blubb

Die drei letzten blubb-blubb setzt sie – so daß der Hauch deutlich fühlbar wird – auf die Hand des Nachbarn, die auf der eigenen Schulter ruht. Der Nachbar blubbert dann auf die Hand seines Nachbarn und so einmal im Kreis herum.

2.2 Mit dieser Silbe und dem Aufsetzen auf die Hand wird nun artikulatorisch gespielt.

Mal laut und schnell blubbern
ganz langsam und vorsichtig
extrem leise, daß man nur den Hauch spürt
abgehackt und scharf etc.

Die Kinder und Mütter erfinden reihum selber verschiedene Arten des Blubberns.

3. Geschicklichkeit

3.1 Das bereitgelegte Schwungtuch wird geholt und auf dem Boden ausgebreitet. Die Großen verteilen sich außenrum, die Kleinen sind die Fische. Durch Gegeneinanderbewegen der Hände, die das Tuch halten, lassen die Großen jetzt am Boden „Luftblasen" entstehen, die die Fischlein zu fangen versuchen: Mit den Füßen, den Händen, dem ganzen Körper. jedesmal, wenn ein Fischlein eine Blase getroffen hat, schreit es laut „blubb". Trotzdem muß darauf geachtet werden, daß man nicht mit einem anderen zusammenstößt.

3.2 Das Tuch wird weggelegt, wir finden uns zum Kreis. Körbchensitz. Die ÜLin holt einen Japanball hervor, der wie ein Schifflein geformt ist.
Sachte läßt sie das Schifflein hin und her tanzen, leise Windgeräusche machend.
Dazu kommt irgendwann ganz heimlich und leise der Spruch:

> Ich segle über die salzige See,
> bis nachts die silbernen Sterne ich seh.

3.3 Jeder bekommt nun auch ein solches „Schiffchen" und segelt mit über die See.

3.4 Plötzlich verwandelt sich das Schifflein in eine Blase: es wird aufgepumpt.
Hierbei soll vorher gesagt werden, daß man das Blasloch nicht mit den Lippen berühren darf, da dann das Papier aufweicht und der Ball kaputtgeht.

3.5 Jeder sucht sich einen Platz im Raum. Die ÜLin macht eine leise, ruhige Musik und gibt dazu Bewegungsanweisungen: Die Fische tragen die Blase ruhig auf der Hand — auf dem Kopf — auf dem Handrücken — dem Arm. Nach einer Weile kommt die Aufforderung, sich selbst etwas auszudenken.
Ich habe die Erfahrung gemacht, daß bei wenig geübten Kindern und Eltern die Bewegungsanweisung zu Beginn hilfreich ist, um sich in das Material

hineinzudenken. Mit der Zeit kann man die Selbsterfindungsphase an den Anfang stellen, da dann schon oft genug dieser Vorgang stattgefunden hat.

3.6 Alle Fische schwimmen zu einer Gruppe zusammen, jeder hält seine Atemblase über dem Kopf. Wir schwimmen zu ruhiger Musik im Raum herum, mal eng zusammen, mal jeder für sich. Alle Blasen vereinigen sich zu einer Traube, die gegen das Licht gehalten wird, damit man das Farbenspiel beobachten kann.
Immer wieder werden die Kinder ihre Blase aufblasen müssen, da sie zu feste zupacken, wenn sie ihnen zu entgleiten droht.
Es ist wichtig, immer wieder darauf hinzuweisen, daß wir unseren eigenen Atem hier spazierentragen, also ganz liebevoll und vorsichtig mit der Blase umgehen müssen.

3.7 Die Blasen verwandeln sich wieder in Schiffchen. Die ÜLin hat in der Mitte ein blaues Seidentuch ausgelegt, die Schiffchen werden zum Segeln darauf gesetzt.

3.8 Der Spruch wird noch einmal wiederholt:

Ich segle über die salzige See,
bis nachts die silbernen Sterne ich seh.

4. Schlußphase

4.1 Wir machen noch einmal das Fisch-Gedicht mit den Handgesten zusammen (unbedingt Körbchensitz)

4.2 Noch einmal läuft die Blase blubbernd über alle Hände.

4.3 Jedes Kind sucht sich ein Schifflein aus und darf es mit nach Hause nehmen.

4.4 Für heute ist die Rhythmik aus ...

5. Hausaufgaben

a) Die verschieden großen Fische bunt anmalen und ausschneiden.
b) Mehrmals der Größe nach ordnen; die Mutter oder der Vater legt einen Fisch zuerst, die anderen müssen dann richtig angefügt werden.
c) Die Fische auf ein Blatt kleben, ihnen mit Ölkreiden Blasen malen. Schöne, runde, viele Blasen.
d) Nach Geschmack weiterbearbeiten.
e) Bewegungsfolgen mit dem Japanball ausdenken und üben.
g) Den Blubberspruch und den Schiffleinspruch lernen.

2.3.3 Drittes Unterrichtsbild

- Tanz, Farben benennen
- Elementares Musizieren
- Gruppenspiele (Reaktion, Konzentration, Hörerziehung)
- Gemeinschaftsbild (Feinmotorik)

Materialbedarf: ÜLin Klavier oder Xylophon, bebänderte Karten mit verschiedenfarbigen Fischen, Holzblocktrommeln, Klangstäbe, bunte Teppichplätzchen, blaues Tuch aus Unterrockjersey, Unterwasserlandschaft, Filz, Scheren, Kleben

1. Eingangsphase

1.1 Wir sitzen im Kreis und schauen die Bilder an, die in der Mitte liegen. Wir heben besonders die Unterschiede hervor.

1.2 Jedes Kind bekommt einen Japanball und darf eine Bewegung von denen, die es zu Hause geübt haben, vormachen.

1.3 Die ÜLin hat Karten vorbereitet, auf denen verschiedenfarbige Fische abgebildet sind (Form ist gleich)
Jedes Kind bekommt einen Fisch umgehängt.

1.4 Wir tanzen unseren Tanz, aber leicht abgewandelt. Die Kinder, die dem ersten Fisch folgen sollen, werden nicht angetippt, sondern mit ihrer Farbe aufgerufen. „Der Blaufisch, der Blaufisch der folge mir" etc.
Austausch der Fische, Wiederholung.

2. Artikulation, Rhythmisieren, Musizieren

2.1 Wir sitzen im Kreis im Körbchensitz. Das Tanzlied wird gesungen und dabei geklatscht.

2.2 Nun flüstern wir den Text, aber sehr deutlich und klatschen dazu.

2.3 Die Kinder bekommen Holzblöckchen, auf denen sie den Rhythmus mitschlagen. Bitte darauf achten, daß die Kinder die Blöckchen in der Hand halten, dann treffen sie besser.
Die Großen klatschen noch einmal mit.

2.4 Nun werden die Großen in zwei Gruppen aufgeteilt, von denen die eine die C-Harmonie, die andere die G-Klangstäbe bekommt. Auf Zeichen schlagen die Großen im Wechsel die Harmonie mit. Die Kinder klopfen weiter, was sie singen. Manche Kinder werden sich aber sofort der Schwerpunkt-Schlagweise der Großen anpassen, ist auch richtig.

2.5 Wenn die Kinder einen guten Tag haben, kann man vielleicht sogar einmal die Instrumente austauschen.

2.6 Eine andere Variante wäre, je ein Kind mit seiner Mutter zusammen die Harmonie schlagen zu lassen. Auf die Art gewöhnen sich die Kinder ans Dirigiertwerden.

3. Bewegen im Raum

3.1 Jedes Kind darf sich bei der ÜLin ein Teppichplätzchen der Farbe seiner Wahl holen und sucht sich einen Platz im Raum. Die Großen verteilen die restlichen Teppichplätzchen so, daß die Kinder sie mit Springen erreichen können.

3.2 Nun spielt die ÜLin eine Musik auf dem Instrument ihrer Wahl. Der Schwerpunkt des Taktes wird immer sehr laut und deutlich hervorgehoben.
Das Spiel beginnt:
Bei jedem „Schlag“ sollen die Kinder und Großen auf eine andere Insel springen, aufpassen, daß man nicht zusammenstößt!

3.3 Die Hälfte der Gruppe verwandelt sich in Haifische, die versuchen sollen, die Springer zu fangen. Es muß nicht mehr zu einem bestimmten Zeitpunkt gesprungen werden, was sich durch die Musik ergibt; die deutlichen Betonungen des Schwerpunkts fallen weg.
Gefangene bleiben im Wasser sitzen, bis alle Springer gefangen sind und der Rollenwechsel erfolgen kann.

3.4 Die Inseln werden weggeräumt, ein Tuch aus Unterrockjersey, etwa in Bettuchgröße, wird an zwei Mütter ausgegeben. Alle anderen verwandeln sich wieder einmal in Fische. Nun versuchen die beiden mit ihrem Netz, einen Fisch zu fangen. Haben sie einen, geht einer von den Fischern ins Wasser, der gefangene Fisch nimmt seinen Platz ein. Vielleicht fangen sie ja auch zwei, dann dürfen beide das Netz abgeben. Das Spiel wird gemacht, bis jeder mal Fänger war.

3.5 Je ein großer Fisch und ein kleiner Fisch suchen sich zusammen ein stilles Plätzchen und ruhen sich, aneinandergekuschelt, zu stiller Musik aus.

4. Schlußphase

4.1 Die ÜLin hat auf einem großen Karton ein Bild vorbereitet, auf dem Wasserpflanzen, Wasserschnecken, Frösche, eine Wasserspinne etc. zu sehen sind. Alles sehr großzügig, nur angedeutet.
Jedes Kind bekommt jetzt bunte Filzstückchen und ein Stückchen Kreide. Es soll einen Fisch aufmalen und ausschneiden. Nach Belieben verzieren. Beim Kleben des Stoffes helfen die Großen, die mit ihrem eigenen Fisch ja schneller fertig sind.

Die Fische werden in das große Bild hineingeklebt, das als Gemeinschaftswerk an der Wand hängen bleibt.

4.2 Das Lied „Im Wasser“ wird einfach von der ÜLin gesungen, Kinder und Mütter machen das Handgestenspiel dazu und versuchen, schon einmal ein bißchen mitzusummen.
Beim zweiten Mal klappt’s dann schon besser.

4.3 Hausaufgaben austeilen.

4.4 „Für heute ist die Rhythmik aus ...“

(Text und Melodie: Fischer-Olm)

5. Hausaufgaben (Zur Kopie für die Eltern)

a) Das Lied lernen, mit den Handgesten vom Gedicht unterlegen. Die Wellen vorher nicht vergessen!

b) Aus den Rätseln eines heraussuchen und lernen.

c) Aus den „Weiterführenden Spielanregungen“ mindestens eine Spielidee heraussuchen.

Ganz silbern er im Teich versinkt,
doch niemals er darin ertrinkt.

Wer saß einmal am Meeresstrand
mit einer Angel in der Hand?
Wer gab das Fischlein wieder frei,
nachdem es sagte, wer es sei?
Wer wollte gern König und Kaiser sein?
Wer war so gierig?
Rat mal fein!

Wer kommt gebraten auf den Tisch?
Wer ist es? Sagt's!
Es ist der ......

Niemals spielt er mit Puppen
die Haut besteht aus Schuppen.

(Alle Rätsel überliefert)

2.3.4 Viertes Unterrichtsbild

- Gestalten in Ton (Relieftechnik)
- Kräftigung der Hände, Handgeschicklichkeit
- Taktiles Empfinden
- Umsetzung von Gesehenem in Gestaltetes
- Artikulation

Materialbedarf: Ton, Schlicker, Engobefarben, Pinsel

1. Eingangsphase

1.1 Tanz

1.2 Lied miteinander singen und spielen

1.3 Die Kinder erzählen, welches Spiel sie sich ausgedacht haben.

2. Gestaltung in Ton

2.1 Ton austeilen, durchkneten

2.2 Ton auf den Tisch schlagen mit einem lauten Schrei

2.3 Rolle machen, teilen in der Mitte, zusammenschlagen
„roller-roller-rafafaf — und dann paff!"

2.4 Dicke Kugel machen

2.5 Plattschlagen bis auf Daumesdicke
Tuch liegt darunter, beim Patschen drehen.

2.6 Mit dem Finger Wellen in den Ton ziehen, die Kraft muß so dosiert werden, daß deutliche Vertiefungen entstehen, gleichzeitig darf man nicht auf den Grund kommen. Immer wieder mit dem in der Lautstärke ansteigenden Laut „schschsch" Wellen in die runde Platte ziehen.

2.7 Ein richtiger Fisch oder das Abbild eines Fisches werden gezeigt und besprochen.
Die Kinder zählen die Flossen, schauen genau, wo diese sitzen, geben ihnen Namen, erfahren, daß der Fisch sich mit der Schwanzflosse fortbewegt (wenn sie es nicht schon wissen).

2.8 Ein neuer Bollen Ton wird ausgeteilt, vorbereitet wie der erste. Der Fisch soll möglichst aus einem Stück heraus geformt werden, setzen wir die Flossen an, besteht die Gefahr, daß sie abbrechen und das Brennen nicht überleben.

2.9 Der Fisch wird mit Spucke oder Schlicker in dem Wellenrelief befestigt.

2.10 Am besten noch gleich mit Engobefarben bunt anmalen.

3. Schlußphase

3.1 Während des Anmalens singen wir ein- oder zweimal unser Lied vom Fischlein.

3.2 Nach dem Aufräumen Kreis bilden:
„Für heute ist die Rhythmik aus“

Weiterführende Spielideen

1. Statt mit Japanbällen mit Seifenblasen arbeiten. Die Mutter hält das Röhrchen, das Kind versucht, möglichst große oder möglichst viele Blasen zu machen. Ganz geschickt erweisen sich die Kinder auch darin, sie wieder zu fangen und herumzutragen.

2. Spiel: Ich habe gefischt, ich hab gefischt
   ich hab die ganze Nacht gefischt
   und nichts —— er —— wischt!
   Alle stehen im Kreis und halten ihre Hände hin, der „Fischer" führt seine rechte Hand bis zum Schluß des Verschens darüber. Bei „...wischt" schlägt er zu. Das erwischte Kind ist der nächste Fischer.

3. Das Angelspiel ist im Handel erhältlich, man kann es aber viel schöner selber machen.
   Die Fische werden auf leichten Karton gemalt, ausgeschnitten, mit einer Büroklammer oder irgendeinem anderen Metallstückchen versehen, das sich von dem Magneten anziehen läßt.
   Fast in jedem Haushalt fährt im Werkzeugkasten ein kleiner Magnet herum, der sich zu einer Angel umbauen läßt. Wenn das Kind Freude am Basteln hat, kann es auch den „Teich" selber basteln und anmalen. Man kann nach der Größe der geangelten Fische werten, kann Punkte daraufschreiben und zusammenzählen; es kann der gewonnen haben, der die meisten Fische der gleichen Form oder Farbe hat,
   man kann Familien malen, die dann möglichst komplett geangelt werden sollen ... etc. Der Phantasie des Kindes und seiner Mitspieler sind keine Grenzen gesetzt.

4. Nachdem ein Fisch genau angesehen worden ist (ein richtiger!) kann er in groß mit seinen sieben Flossen gemalt werden. Danach wird er fachgerecht zu einem Puzzle zerschnitten:
   Kopf, Bauch, Schwanzflosse, Rückenflosse, seitliche Vorder- und Hinterflossen.
   Die Kinder prüfen mit einem solchen Puzzle gern bei den Geschwistern, ob die auch die Bezeichnungen gut kennen.

5. Gruppenspiel:
   Fischer, wie tief ist das Wasser?
   Die Kinder stehen in gutem Abstand geschlossen einem Kind gegenüber, dieses ist der Fischer.

   Dialog:
   Alle: Fischer, wie tief ist das Wasser?
   Fischer: Tausend Meter tief!

Alle: Wie komm ich herüber?
Fischer: Mit Springen (Hüpfen, schleichen, kriechen, etc.)

Andere Variante:
Alle: Wie komm ich herüber?
Fischer: Wenn du etwas Blaues anhast (weiße Strümpfe, Jeans, eine Zopfspange)

Laufen die Kinder los, fängt sich der Fischer so viele wie möglich, diese sind dann auch Fischer.
Das letzte Kind beginnt von vorn.

6. Aus Blätterteig Fische backen.

7. Mit Kartoffelstempeln einen großen Schwarm verschiedener Fische stempeln.
Die Kartoffeln werden so aufgeschnitten, daß eine möglichst breite Fläche entsteht. Aus dieser wird nun ein Fisch stempelartig herausgeschnitten. Mit Wasserfarbe anmalen, Schwarm auf ein Blatt drucken. Eventuelle Pflanzen oder Luftblasen können auch mit Kartoffeldruck hergestellt werden, selbst die Wellen sind druckbar.

8. Die Geschichte vom „Fischer un sin Fru“ (Grimms Märchen) vorlesen, besser frei erzählen. Das Kind kann nach einer Weile die festen Verslein mitsprechen, es können Bilder zu der Geschichte gemalt werden, ein Rollenspiel dazu gemacht werden.

9. In dem Büchlein; Falten und Spielen von Susanne Stöcklin-Meier, Ravensburger Verlag, finden wir zum Thema Fische Falt- und Spielvorschläge. Auch für andere Themen sind sehr nette Vorschläge in dem Buch enthalten.

10. Ist ein Kind sehr an der Natur interessiert, empfiehlt es sich, einen nicht ausgenommenen Fisch zu kaufen und nachzuschauen, wie es in einem Fisch so ausschaut. Ich bin immer wieder überrascht, wie die Kinder die Märchen, Verse, Personifizierungen eines Tieres miterleben und -fühlen und gleichzeitig nach echter Forschermanier wissen wollen, wie alles genau funktioniert. Auch die Ekelreaktionen sind meist nur anerzogen und erweisen sich als Tünche, die schnell abblättert, wenn ein interessierter und vorurteilsfreier Großer die Untersuchungen angeht.

2.4 Materialsammlung zum Thema „Marienkäfer“

2.4.1 Sprache und Sprechen

Geschichten – Bilderbücher – Gedichte – Sprüche – Rätsel

1. Sachinformationen

- Bilderbuch „Marienkäfer“ von Heiderose und Andreas Fischernagel, die wunderbare Verwandlung aus dem Ei. Kinderbuchverlag Luzern
  Aus dem Bilderbuch die Entwicklung des Marienkäfers auf Bildkärtchen übertragen.
  Erst das Buch besprechend durchgehen, dann die Bildkärtchen in der richtigen Reihenfolge legen lassen.
- „Fauna Europas“, Bestimmungslexikon von Garms, Westermann.
- Wir entdecken Tiere von Wolfgang de Haen, Franz Moisl Verlag Ravensburger
- Entwicklungsgedicht „Marienkäfer“
  Entwicklungsgeschichte des Käfers im Rollenspiel (siehe Rhythmik), Zuordnung zu den Bildkärtchen

2. Gedichte

- Rezitieren mit inhaltlichen Gesten,
- spielen,
- mit Instrumenten lautmalerisch unterlegen,
- Karten zum Inhalt legen

Bücher:

- Da hüpft der Frosch den Berg hinauf
  Kreusch-Jakob und Poppel, Verlag Ellermann
- Igel, Frosch und Fledermaus
  Cratzius , Herder Verlag
- Oh Verzeihung, sagte die Ameise
  Guggenmos, Beltz Verlag

Ich fliege so von Blatt zu Blatt
und esse mich an Läusen satt.
Doch wenn der Wind recht heftig weht –
seht nur, wie unser Tänzchen geht:
Blatt und Käfer dideldumm
drehn sich fröhlich rundherum!

(Fischer-Olm)

Der Marienkäfer

Zuerst klebt ich als Ei am Blatt,
braucht nichts zu essen – war schon satt.
Das Ei war gelb – nun wird es grün,
damit die Vögel mich nicht sehn.

Mit großer Mühe schlüpf ich raus
aus meinem engen, kleinen Haus.
Da warte ich, ganz zart und hell
bis schwarz ich bin an jeder Stell.
Als Larve freß ich immerzu –
wenn ich ganz dick bin, halt ich Ruh.

Nach sieben vollen Tagen dann
fängt gelb mein Käferleben an.
Die Sonne scheint – und macht mich bunt.
Jetzt noch die Punkte, schwarz und rund.

Nun habe ich genug vom Warten –
freß alle Läuse weg im Garten!

(Fischer-Olm)

Vers

Maikäfer braun
sitzt auf dem Baum,
frißt sich dort satt
an Blättlein und Blatt.

Vers

Marienkäfer schwarz und rot,
warum stellst du dich einfach tot?
Ich bin kein Vogelfeind für dich.
Komm dreh dich um, komm rege dich!

3. Rätsel

Bücher:

- Das ist der Daumen Knudeldick
  Arndt/Singer, Ravensburger Verlag

Rätsel

Es hat ein rotes Kleidchen an
mit vielen schwarzen Pünktchen dran!
Er fliegt und ist kein Vogel –
er brummt und ist kein Bär,
frißt Laub wie eine Ziege
fliegt nur im Mai umher.

4. Bilderbuch „Der kleine Käfer Immerfrech“ von Eric Carle, Verlag dtv junior

- miteinander anschauen, besprechen, was wir sehen,
- raten, was das zu bedeuten haben könnte.
- Reihenfolge,
- Satzbauübungen,
- Rollenspiel,
- Begriffsbildung,
- Steigerungsformen

5. Geschichte: Wie der Marienkäfer zu seinem Namen kam (siehe Psychomotorik)

2.4.2 Sprachtherapie

(Artikulomotorik, Atemführung, Anbahnung und Einschleifen von Lauten, Satzmuster und Sprachmuster üben)

1. *Käferlandschaft* im Kleinen aufbauen
   (mit Moos, Steinen, Ästen, Samen, Heu ...)
   – Wo sitzt der Käfer? *(Präpositionen, Satzmuster)*

2. Käfer mit verschiedenen Punktzahlen werden gezeigt. Das Kind macht mit „p“ die Zahl der Punkte hörbar.

3. Welche Wörter enthalten das Wort Punkt?

   Schwerpunkt – Knotenpunkt – Grenzpunkt – Siedepunkt – Haltepunkt – Punktzahl – Streitpunkt – punktgenau – Pünktchen – Roter Punkt – Sachpunkt – Akupunktur – punktieren – gepunktet – pünktlich – Endpunkt – Anfangspunkt – Zeitpunkt – Strafpunkt – Landschaftspunkt – Kreuzungspunkt – Todespunkt – ...

   Das Kind soll die Wörter nicht verstehen, sondern nur das -punkt hören können. Bei jedem richtig gehörten „Punkt“ gibt's einen Muggelstein – Marienkäfer

4. Bei welchen Wörtern hörst du ein p am Anfang?
   Anfangs werden die P-Wörter mit Mund-Hand-Zeichen unterstützt, nach einer Weile soll das P auch ohne visuelle Hilfe gehört werden.

5. Arbeit am „K“ (Artikulation und Satzschema)
   Der Käfer frißt kein ....
   (Bilder verschiedenster Sachen zeigen, die der Käfer ganz gewiß nicht frißt)
   Schlußsatz: Er frißt vor allem Läuse.

6. Entwicklungsgeschichte legen, dazu in gleichbleibenden Satzmustern erzählen lassen (Reihenfolge, Vergangenheitsform, Sachinformation festigen)

7. Wort und Bild zuordnen
   Ei – Larve – Puppe – Käfer – Kopf – Flügel – Fühler – Beine – durchsichtige Flügel – Punkte – Bauch – Blatt – Läuse ...

8. Verben

Der Käfer	fliegt	– wwwwwwww
	krabbelt	– tiptaptiptap
	legt Eier	– plop
	schlüpft	......
	kriecht	

Der Käfer frißt
stellt sich tot
heiratet
legt Eier
verfärbt sich
frißt Läuse etc.

.... (pantomimisch vormachen, Kinder machen es mit ihrem gebastelten Käfer nach, lautmalerisch die Tätigkeiten unterstützen)

9. Zusammengesetzte Wörter mit Käfer
Maikäfer – Marienkäfer – Laufkäfer – Borkenkäfer......

10. Abenteuerweiterspinngeschichte
Was erlebt der Käfer auf seinen Flügen?
Was sieht der Käfer in unserem Garten?
Was hört der Käfer in der Wiese? (Geräusche von der Cassette zuordnen)

11. Mundmotorik-Übungen:

- Lippenschluß: Knopf an Schnur an Marienkäfer. Das Kind nimmt den Knopf hinter die Lippen vor die Zähne und zieht an dem Faden den Marienkäfer über den Tisch.

  Marienkäferrennen ...
- Backen aufblasen, den Käfer von einem Blatt blasen
- Schokokäfer auf die Zungenspitze nehmen, langsam in die schützende Höhle (Mund) hineinfahren und wieder herausfahren lassen.
- Gesicht als Marienkäfer schminken (Bewußtmachung der Gesichtspartien, entspannen der verkrampften Gesichtsmuskulatur)
- Mit der Zunge im Mund die auf die Backen gemalten Punkte wakkeln lassen, von innen herausdrücken etc.

2.4.3 Tasten

1. Die Hälfte der Kinder sind Marienkäfer, die zusammengerollt am Boden liegen. Die andere Hälfte malt den Liegenden imaginär (durch Stupfen) Punkte auf den Körper.
   - Das liegende Kind soll sagen, an welchem Körperteil der letzte Punkt gesetzt wurde.
   - Wieviele Punkte wurden gesetzt?
   - War der gemalte Punkt groß oder klein? (Kreis oder Stupfer)

2. Krabbelsack:
   Marienkäfer aus verschiedenen Materialien (Steine, Korken, Stoff, Holz, Plastik, Styropor etc. und in verschiedener Größe) sind darin versteckt. Wichtig ist, daß die Form bei allen stimmt, nur die Oberfläche und das Gewicht ändern sich.
   - beschreiben
   - gleiche Materialien zuordnen
   - gleiche Größen zuordnen
   - „hole mir x gleiche/verschiedene Käfer heraus ..."
   - Nach Gewicht ordnen
   - Nach Beschaffenheit der Oberfläche ordnen

3. Tastbuch: Die Bilder des Buches sind mit verschiedenen Materialien gestaltet.
   Sandpapiermarienkäfer gehen nun durch die Stofflandschaft auf eine Reise.
   - Sie sitzen auf ihrem Blatt
   - Sie kommen durch einen Wald (Bäume)
   - Sie kommen durch eine Stadt (Häuser)
   - Sie segeln über das Wasser (Schiff und Wellen)
   - Sie klettern auf Berge (spitze Zacken)
   - Sie fliegen mit einem Flugzeug am Himmel (Wolken, Sterne, Sonne)
   - Sie kehren zurück auf ihr Blatt

2.4.4 Visuelle Wahrnehmung

1. Verschiedene Arbeitsblätter (siehe auch Mengenerfassung)
   - nach Farbe, Form, Größe verschiedene Käferarten
   - verschieden tiefes Rot bei den Flügeln
   - Käfer sitzen auf verschiedenen Blüten, gleiche Blüten zusammensuchen
   - Käfer mit verschieden vielen Punkten zusammensuchen
   - Kimspiele mit verschiedenen Käferlebenssituationen

2. Käferquartett

3. Käferdomino

4. Entwicklungsquartett mit verschiedenfarbigen Käfern

5. Käferpuzzle

6. Farbbetrachtungen am Käfer, gleiche Farben im Kindergarten auffinden (rot- schwarz – braun – gelb – grün)

7. Bewegung und Farbunterscheidung (siehe Psychomotorik)
   - verschiedene Blüten liegen auf dem Boden, von jeder Farbe mindestens so viele Blüten, wie Kinder mitspielen. Die Kinder sind die Käfer, die auf Anruf oder Signal des ÜLs auf die Blüten fliegen, dabei heftig summend.
   - Gedächtnisschulung: Auf welcher Blüte war ich vorher? „Flieg zuerst auf die rote, dann auf die blaue Blüte“ (beliebig erweitern) .
   - Farbe und Form: „Fliegt auf die blaue Glockenblume, den roten Klee, die gelbe Osterglocke ....“
   - statt verschiedener Blüten Käferbilder, oder Marienkäfer mit verschiedenen Punkten etc. Die Trommel gibt an, wie viele Punkte gesucht werden sollen (siehe Mengenerfassung und Gehörerziehung)

2.4.5 Fingerspiele

1. Nach „Zehn kleine Zappelmänner“ 10 kleine Krabbelkäfer krabbeln hin und her ...

2. Pausewang: Ein Käfer fängt zu klettern an
   und steigt, soweit er steigen kann
   auf einen Grashalm hoch hinauf,
   dort frißt ihn dann ein Vogel auf.

2.4.6 Hörerziehung

1. Kinder haben Kärtchen mit Marienkäfern verschiedener Punktzahl. Die Trommel oder ein anderes Instrument geben die Punktzahl an, das Kind hält das entsprechende Kärtchen hoch und zählt laut mit.
2. Alle Käfer fliegen hoch ...
   Alle Borkenkäfer fliegen
   Das Wort „Käfer“ soll herausgehört werden.
3. Die ÜLin erzählt eine Geschichte; jedesmal, wenn das Wort Käfer erwähnt wird, schnappen sich die Kinder einen Muggelstein oder einen der selbstgebastelten Käfer. Die Käfer oder Steine sind im Raum verteilt.
4. Die Kinder schließen die Augen, der Leiter raschelt irgendwo im Zimmer mit Papier. Wo krabbelt der Käfer? Die Kinder zeigen auf die Geräuschquelle. Das Papier wird auch an Kinder und untereinander weitergegeben.
5. Ein Kind beginnt, auf einem Tambourin mit den Fingern als Käfer zu krabbeln. Die anderen Kinder setzen nacheinander ein und hören auf das Anschwellen des Geräusches. Das Geräusch soll auch wieder abschwellen.
6. Verschiedene Käfer machen verschiedenen Geräusche (Trommel, Zeitung, Seidenpapier, Hölzchen, Glöckchen)
   - Je nach Art des Geräusches sollen die Kinder eine Bewegung finden. Verstummt das Geräusch, zurück zum eigenen Platz. Geräuscharten identifizieren und benennen.
   - Ein Kind erzeugt das Geräusch, das andere muß „seinem“ Geräusch folgen. Rollenwechsel.
   - Zwei Kinder erzeugen das gleiche Geräusch, die Augen werden geschlossen. Nun sollen sie den Partner nach dem Geräusch finden. Anfangs immer nur ein Paar laufen lassen, damit sich die Geräusche nicht überlagern und das Richtungshören erst einmal geschult wird.
   - Mundmotorische Geräusche zu den instrumentell erzeugten machen.

2.4.7 Schmecken

1. Verschiedene Töpfchen mit Eß- oder Trinkbarem werden im Raum verteilt (Chips, Haferflocken, Pfeffer, Senf, Essig, Erde, Kaba ...). Die Kinder spielen Käfer, die gerade aus den Larven geschlüpft sind. Sie untersuchen jetzt, was sie fressen können und krabbeln von einem Töpfchen zum anderen, immer ratend, um welche Speise es sich handeln könnte. (Kann schwerer gemacht werden, indem die Kinder zugebundene Augen haben.)

2. Kleine Schoko-Marienkäfer werden im Raum versteckt. Die Kinder sind Raubvögel und suchen die Marienkäfer, picken sie mit ihrem Schnabel (Mund) auf und bringen sie in das gemeinsame Nest. Dort wird die Beute geteilt.

3. Wir kochen Rote-Grütze-Käfer und verzieren sie mit Schokoladenpunkten. Großes Fressen ...

4. Aus Hefeteig Marienkäfer formen, mit Sultaninen Punkte daraufsetzen, mit rotem Zuckerguß garnieren.

2.4.8 Mengenerfassung

1. Rote Muggelsteine, großes Blatt: Wieviele Käfer sitzen auf dem Blatt, fliegen weg, kommen dazu?
   - Grüne Muggelsteine sind die Blattläuse. Vor jedem Käfer sitzen verschieden viele Blattläuse. Wer hat den größten Freßvorrat, wer den kleinsten? Welcher Käfer kann wieviel Blattläuse fressen etc. ...
2. Pappmarienkäfer mit verschieden vielen Punkten:
   - Punkte hören (Signal)
   - Punkte sehen
   - gleiche Punktzahl zuordnen
   - Zahl sagen, Ziffer zuordnen
   - Käferpunkte und Würfelpunkte gleicher Menge zuordnen
   - aus dem Krabbelsack Käfer mit rauhen Punkten herausfinden. Wieviele Punkte soll der Käfer haben?
3. Arbeitsblätter mit Mengenbegriffen
4. Domino
5. Lotto
6. Säckchen mit verschieden vielen Käfern darin. Wer hat wieviel? Säckchen abtauschen.
   - Wer hat mehr als ...
   - Wer hat am wenigsten ...

2.4.9 Basteln, Malen, Töpfern

1. Marienkäfer basteln laut Bastelanleitung
2. Wachstropftechnik
   Käfer auf ein Blatt Papier malen, Punkte auf den Rücken tropfen.
3. Marienkäfer aus Kreppapierkügelchen in eine gemalte Landschaft kleben.
   Alternativ: Faltkäferchen einkleben
   (Quadrat diagonal falten, Ecken auf die untere Spitze falten, rundschneiden, mit Punkten bemalen.)
4. Käfer aus Teig, Ton, Knetmasse formen.
5. Marienkäferchen aus Walnußschalen basteln
6. Filzkäferchen nähen, Punkte etc. aufkleben, mit Flies füllen. (Nadelkissen für die Mutter etc.)
7. Aus Kronenkorken Käfer basteln.
8. Steine entsprechend bemalen.
9. Die Kokosnußschalen für die Rhythmikstunde in Käfer verwandeln.
10. Das Fühlbuch miteinander herstellen.
11. Die Quartette, Lottos, Dominos ... mit den Kindern herstellen.
12. Große Blumen und Käfer für die Psychomotorik herstellen
13. Größenfolgen anmalen

2.4.10 Psychomotorik

1. Bewegungen eines Käfers nachahmen
2. Zwei Kinder bilden einen Käfer mit sechs Beinen und zwei Fühlern und versuchen, sich vorwärts zu bewegen.
   - Drei Kinder bilden einen Käfer, der auch noch Flügel hat.
   - Käferrennen
   - Käferrennen mit Überklettern kleiner Hindernisse
3. Abenteuer eines kleinen Käfers in einer Bewegungslandschaft. Wichtig ist, daß die Geschichte spannend erzählt wird, damit die Kinder einen Vorstellungshintergrund haben.
4. Käferfangen: Mit einem Tuch fängt der „Botaniker" die Käfer ein. Der gefangene Käfer wird durch die Übergabe eines Tuches auch zum Botaniker.
5. Ein Vogel will die Käfer fressen. Ihm wird eine bestimmte Melodie zugeordnet. Immer, wenn er gegen Ende der Melodie angeflogen kommt, verstecken sich die Käfer schnell.
6. Die Kinder sind Larven und fressen laut schmatzend. Da kommt ein Insektenfresser leise angekrochen und will die Larven fressen. Die Larven versuchen – ebenfalls kriechend – sich zu retten.
7. Schwungtuch (Blatt): Käfer und Fänger krabbeln unter dem Schwungtuch herum und versuchen, sich zu retten beziehungsweise die anderen zu fangen. Sind alle Käfer gefangen, wechseln die Rollen zwischen Tuchbewegern und Käfern/Fänger.
8. Abtasten: Welche Kinder (Käfer) haben sich unter dem Tuch versteckt?
9. Unsere Käferkinder sind wieder auf der Wiese.
   - Erklingt Musik, ist gutes Flugwetter und die Käfer können herrlich ausfliegen.
   - Erklingt die Trommel, donnert es. Alle Käfer suchen ein sicheres Versteck unter Blättern (Schirme).
   - Fingerklopfen auf dem Trommelfell bedeutet Regen, die Käfer machen sich ganz klein.
   - Streicheln des Trommelfelles bedeutet Wind: Die Käferkinder legen sich flach an den schützenden Boden.
   - Beckenschläge bedeuten steigendes Wasser, die Käfer suchen sich einen erhöhten Platz.

2.4.11 Nachspielen der Marienkäferentwicklung

1. Das große Schwungtuch in der Mitte des Raumes bedeutet das Blatt, auf welches die Marienkäfermama ihre Eier legt.
   - Die Hälfte der Kinder liegen als „Eier“ auf dem ausgebreiteten Schwungtuch. Sie machen sich ganz klein und rund und werden mit möglichst gelben Tüchern bedeckt. Das Gelb signalisiert die Farbe der Eier.
2. Die ÜLin erzählt: Nun kommt die warme Sonne und streichelt die Eier, damit in ihnen die Larven wachsen können.
   - Die Kinder werden von der „Sonne“ am Rücken gestreichelt. Jedem „Ei“ zugeordnet ist ein Kind, das die verschiedenen Rollen spielt.
   - dann kommt ein Regen (das Streicheln wird durch Trommeln auf dem Rücken abgelöst)
   - dann kommt der Wind und bläst sie wieder trocken (es wird deutlich fühlbar über die Kinder weggepustet)
   - dann kommt die Sonne wieder durch die Wolken und bescheint die Eier (wieder streicheln)

   Nun endlich ist die Larve ausgewachsen, sie reckt und streckt sich und wirft ihre Hülle ab, um herumzukrabbeln.
3. Die Larven sind sehr hungrig und wollen gleich Läuse fressen. Jedes Käferkind nimmt aus einem dargebotenen Schälchen ohne Hilfe der Hände verschiedene Körner, Nüsse, Flocken etc. auf.
4. Da kommen die großen Ameisen und wollen ihre Läuse verteidigen Lassen sich die Larven vom Blatt schubsen?
5. Wenn alle Läuse aufgefressen sind, werden die Larven müde. Sie sind jetzt dick und vollgefressen und verpuppen sich. Sie liegen ganz still und bekommen eine dicke Haut Schwungtuch wird über die Verpuppten gedeckt.
   Nun wiederholt sich das Spiel mit Sonne, Regen und Wind.
6. Die ausgeschlüpften Marienkäfer fangen sofort an, herumzukrabbeln, probieren ihre Flügel aus und fliegen im Raum herum – bis sie müde sind und wieder auf ihrem Heimatblatt landen.
   Rollenwechsel
   Erweiterung des Spieles:
   Tücher in verschiedenen Farben werden ausgelegt.

7. Farbunterscheidungsübungen: Die Käfer fliegen nach Anweisung zu roten, blauen und gelben Blumen und schauen nach, ob Läuse zu fangen sind.
   - Wißt ihr noch, welche Blumen ihr nacheinander besucht habt?
   - Fliegt zuerst zu der blauen, dann zu der gelben ... nun müssen sie sich mehrere Farben hintereinander merken.
   - Vom vielen Herumfliegen sind die Käfer müde und fliegen wieder zum Blatt zurück
   - eine Schlafgeschichte wird ihnen vom Wind erzählt.
   - Traumreise zu leiser, meditativer Musik

Andere Variante: Vögel fressen Käfer gern. Wie können sie sich dagegen schützen? Sie können sich totstellen (Bewegungseinstellung auf ein bestimmtes Signal), sie können sich verstecken ...

2.4.12 Musik und Rhythmik

1. Kommt ein Käfer geflogen
   - Ein Kind fliegt als Käfer verkleidet im Raum herum. Am Ende des Liedes tippt es ein anderes an die Nase – dieses niest ausgiebig und darf nun als Käfer weiterfliegen.
   - Eine Hand ist der Käfer, der herumfliegt. Daumen und kleiner Finger sind die Flügel, die eingezogen werden können. Jeder niest, wenn der Text dies vorschreibt.
2. Marienkäfer, stolzer Mann
   - Erste vier Takte fest auftretend im Raum laufen.
     Bei „klettert über Stock und Stein“ über die Bänke klettern.
     Bei „fliegt nun in die Welt hinein“ Arme ausbreiten und im Raum herumfliegen.

     Zweite Strophe: Röckchen zeigen, sich setzen, herumfliegen

     Dritte Strophe: Sich gegenseitig liebevoll in den Arm nehmen und streicheln.
   - Als Fingerspiel am Körper spielen
3. Das Lied von den Marienkäfern (Umweltschutzthema)
   Text: Barbara Cratzius Melodie: Paul Walter
   - Inhaltliche Bearbeitung:
     Gegen „Ungeziefer“ spritzen, Gras kurz halten und damit den Insekten die Nahrung nehmen, Lebensketten unterbrechen durch überflüssige Eingriffe.
4. Erst kommt der Sonnenkäferpapa ...
   - Fingerspiele, Reihenfolgespiel im Raum
5. Marienkäfer setze dich auf meine Hand
   Text: Des Knaben Wunderhorn (Kunstlied von Schumann)
   - Einen gebastelten Marienkäfer ruhig auf der Hand sitzen lassen, dazu das Lied in guter Ruhe anhören und eventuell leise mitsummen.
6. Käferliebeslied: „Kommt ein kleiner Käfer her“
   - Erst an sich selbst spielen, dann mit Partner spielen
7. Maikäfer fliege fort
   - Im Raum leise herumfliegen, beim Ende des Liedes wieder am eigenen Platz sein
     oder

Die Kinder fliegen beider ersten Strophe eigene Wege im Raum, sammeln sich aber gegen Ende in einer Ecke (Hirtenhaus).

Bei der zweiten Strophe strecken sie sich allmählich immer mehr nach oben aus und trippeln auf Zehenspitzen. Wenn die Kinder Engel wollen, kann man auf einem Tisch in der Mitte des Raumes Engel postieren, um die sich mit Ende des Liedes dann alle Käfer sammeln.

Kommt ein Käfer geflogen

Worte: Nortrud Noge-Erli Weise: Volkslied

Marienkäfer, stolzer Mann

Worte und Weise: Johannes Harzheim

Marienkäfer, feiner Mann, hat ein rotes Röckchen an.
Setzt sich kurz auf meine Hand und fliegt dann ins weite Land.

Marienkäfer, lieber Mann, hast noch keinem weh getan.
Alle lieben – groß und klein – das Marienkäferlein.

Die Sonnenkäferfamilie

Worte und Weise: Traditionell

Erst kommt der Sonnenkäferpapa, dann kommt die Sonnenkäfer-
mama.
||: Und hinterdrein ganz klitzeklein die Sonnenkäferkinderlein:||

Sie haben rote Röckchen an mit kleinen schwarzen Pünktchen dran.
||: So machen sie den Sonntagsgang auf unsrer Gartenbank entlang:||

Strophe drei wie eins

Käferliebeslied

Worte und Weise: Sigrun Baumann-Weber

Kommt ein kleiner Käfer her – sagt zu dir: Ich mag dich sehr

Fingerspiel:
Finger den Arm hinaufklettern lassen; sanft ins Ohrläppchen kneifen

Raumspiel:
Ein Kind fliegt als Käfer herum und bleibt beim letzten Absatz vor
einem Kind seiner Wahl stehen, um es zu streicheln.
Dieses ist dann der neue Liebesbote.

Maikäfer, fliege fort

Worte und Weise: Traditionell

Maikäfer, fliege fort!
Flieg weit hinaus zum Hirtenhaus
und trink ein Topf voll Honig aus.

Maikäfer, fliege fort!
Flieg hoch hinein zum Himmel rein
und grüß die lieben Engelein!

Maikäferlied

Worte: Freidrich Güll Weise: Rudolf Klein

Sag mir, du Siebenschläferlein: Wie träumt das Maienkäferlein?
Mum – mum – mum – mum – mum.

Sag mir, du Siebenschläferlein, wie lacht das Maienkäferlein?
Hum - bum - bum - bum- bum.

Sag mir, du Siebenschläferlein, wie spricht das Maienkäferlein?
Rum - rum - rum - rum - rum.

Sag mir, du Siebenschläferlein, wie singt das Maienkäferlein?
Sum - sum - sum - sum - sum.

Sagr mir, du Siebenschläferlein, wie zankt das Maienkäferlein?
Brum - brum - brum - brum - brum.

Hinführung zu einfachen Tänzen

Stille, verinnerlichte Gesichter beim Meditationstanz

Tänzerische Liedgestaltung: „Singt ein Vogel"

3.1 Plädoyer für das Tanzen

„Kampftanz – Kampftanz!"
(Roland, 11 Jahre)

„Wir haben da Blumen gemacht"
(Anna, 7 Jahre)

„Wenn man die Augen zumacht, ist es wie Wasser"
(Thorsten, 10 Jahre)

„Ich bin gesaust wie der Wind"
(Tobias, Kindergarten)

„Niko mich ganz fest gehebt" – glückliches Lachen
(Christiane, Kindergarten)

„Wir wolln mal wieder Hupfballtanzen"
(Thomas, 12 Jahre)

Kinder mögen – nach anfänglichem Fremdeln gegenüber dem unbekannten Tun – tanzen. Sie lassen sich gerne in die Gruppenbewegung fallen, sie genießen es, dem anderen im gleichen Muster zu begegnen. Sie lieben es, auszubrechen und etwas Eigenes zu tanzen. Sie lernen dabei, sich auf multisensorielle Weise in außerordentlich komplexen Wahrnehmungs- und Sozialfeldern zu bewegen – wenn sie behutsam herangeführt und nicht durch Überforderung frustriert werden.

Vorbemerkungen: „Unsere" Kinder

Die Kinder, die in die Sonderschule für Sprachbehinderte gemeldet werden, sind entweder als Kleinkinder schon so deutlich auffällig, daß sie nach dem Frühbetreuungsprogramm in unsere Schule kommen, oder sie haben ihr Glück in der Regelschule versucht und sind gescheitert. Und das trotz normaler oder überdurchschnittlicher Intelligenz. Von wenigen Ausnahmen abgesehen haben sie nicht nur Schwierigkeiten mit dem Sprechen und der Sprache, sondern auch im basalen Bereich: Mit der Wahrnehmung und Bewegung. Sie haben Probleme, sich Bewegungen zu merken; auch einfache, häufig geübte Bewegungsabläufe brechen bei der geringsten Zusatzbelastung zusammen. Das ist der Grund für das ständige Hinfallen unserer Kinder, solange sie noch jünger sind. Später haben sie gelernt, mit dieser Schwäche umzugehen. Noch schwieriger wird es, Bewegungen in zeitliche Abläufe zu bringen und nach Bedarf zu reproduzieren. So, wie die Kinder zwei/drei Bewegungsmuster in der richtigen Zeitfolge nicht behalten und wiederholen können, so stellt sich auch ihre Sprache dar.

Voraussetzung für das Tanzen

Die Bewegungsplanung ist bei einigen Kindern so langsam, daß sie immer verzögert reagieren: Soll der Taktschwerpunkt mitgetrommelt werden, ist das Trommelgeräusch anfangs ein Regentrommeln. Mit der Zeit sind ein oder zwei Kinder dabei, von deren Gesicht ablesbar ist, daß sie wissen „jetzt kommt der Schwerpunkt", deren motorische Reaktion aber so verlangsamt ist, daß der Schlag dann tatsächlich erst auf zwei oder drei erfolgt.
Andere wiederum können eine Pause nicht hören, oder, wenn sie sie hören, nicht in Bewegung umsetzen. Die Bewegung anzuhalten, wenn die Musik oder die Laute aussetzen, muß immer wieder geübt werden.
Wieder andere sind nicht in der Lage, einmal angefangene Bewegungen oder Bewegungsmuster zu beenden. Wie ein Perpetuum mobile funktioniert das Kind, bis es von außen gestoppt wird. Es kann sich dabei aber durchaus um eine stereotype Bewegungsfolge handeln. Das Problem dieser Kinder ist nicht, daß sie sich nicht mehrteilige Muster merken könnten, sondern daß sie kein Ende finden.

Viele unserer Kinder können erst nach systematischen, kontinuierlichen Übungen über Jahre hinweg laut und leise, schnell und langsam, Taktschwerpunkt gegenüber unbetonten Teilen unterscheiden. Seitenunsicherheit finden wir bis zum Ende der sechsten Klasse. Die *eigene Körperwahrnehmung muß d*urch alle Jahrgangsstufen hindurch *sensibilisiert* werden. „Leg Deine Hände auf Deine Schultern" ist für manche Kinder schon ein Findeproblem. All diese Fähigkeiten aber sind Voraussetzungen zum Tanzen, aber auch zum Sprechen, zur Sprache. Die Ausfälle, die in der Bewegung sichtbar werden, sind auch in Sprache und Denken vorhanden. Selbst dann, wenn ein Kind nach jahrelangen eigenen und therapeutischen Bemühungen keinen auffälligen Sprechfehler mehr hören läßt, bleibt eine Unsicherheit, eine leichte Erschreckbarkeit und ein Wiederaufbrechen unter Überforderung. Begleitbewegungen stabilisieren Sprache, Gedächtnis und Aufmerksamkeit.

Fazit: *Da Sprache und Bewegung in intensivem Wechselverhältnis stehen, ist Tanzen bei uns* ***auch*** *Sprachtherapie* (J. Graichen, 1992).

3.1.1 Beschreibung der Voraussetzungen für das Tanzen

Um überhaupt tanzen zu können – einzeln oder in der Gruppe – muß die Musik in ihren Rhythmen, Tempi, Melodien, Phrasen und ihrem Gehalt wahrgenommen werden. Dazu finden vom Kindergartenalter an vielfältige Übungen statt. In Zeiten, wo Tanzen noch viel selbstverständlicher zum täglichen Leben gehörte, war es sicher nicht nötig, die Kinder „einzuführen". Sie schauten, hörten, fühlten die Bewegungen von klein auf. Schon die Babys tanzten auf dem Arm der Mutter mit! Diese erfreulichen Fertigkeiten finden wir heute (fast) nur noch bei der Mehrheit unserer türkischen Kinder. Weil Tanz als Teil der Lebensbewältigung (Arbeitstänze, Trauertänze, Hochzeitstänze, Heiltänze, Ritualtänze, Vergeistigungstänze) aber verloren gegangen ist, müssen wir bei unseren Kindern ganz elementar, das heißt zum Kern zurückgehend, Grundsteine legen. Sicher kann nach einer Weile freier und kreativer mit Musik und Bewegung umgegangen werden, aber ohne Grundlagen gibt es für die Kinder keine befriedigenden Ergebnisse. Es ist ja nicht so, daß wir im leeren Vorstellungsraum arbeiten. Muster sind in unseren Kindern vorhanden, es fehlt ihnen nur das Handwerkszeug zur Umsetzung der eigenen Vorstellungen.

Hier einige Beispiele:

3.1.1.1 Tempohören und Pausenhören

Die vier Grundtempi Balancieren (der ganzen Note zugeordnet), Schreiten (halber Notenwert), Gehen (Viertel) und Laufen (Achtel) werden in immer verschiedenem Gewand geübt:

- Mit Rollenspiel „Oma, Vater, Schulkind und Kleinkind",
- Instrumenten „Becken, Triangel, Trommel und Klanghölzchen",
- Armbewegungen „Gerade durchziehen, Parallelschwingen, Klatschen, Fingerklopfen"
- Musikmalen.
- Mit optischer Unterstützung; sehr lange, lange mittlere und kurze Stöckchen werden ja nach Klanglänge und damit Notenwert hochgehalten. Die Stöckchen signalisieren die Länge der Bewegung.

Ein kleines Beispiel möge die Übungen verdeutlichen: Die linke Hand der Lehrerin spielt Ganze, die rechte Achtel; die Kinder haben sich in zwei Gruppen geteilt, die eine wird dem langen Klang, die andere dem sehr kurzen zugeordnet. Sie laufen, wenn sie ihr Tempo hören. So läuft immer eine Gruppe, während die andere wartet, daß ihr Tempo wieder hörbar wird. Dabei kann es natürlich passieren, daß plötzlich beide Stimmen zu hören sind. Dann laufen beide Gruppen, jede in ihrem Tempo.

Fazit: *Wir haben Melodieverlauf und Zweistimmigkeit auf einfachster Ebene sicht-, fühl- und hörbar gemacht.*

3.1.1.2 Motivhören in Verbindung mit Tempi und Pausen

Die Kinder laufen in den Grundtempi. Hören sie einen Triller, fassen sie den Nächststehenden an der Hand und laufen einen kleinen Platzkreis (oder eine andere Figur, auf die wir uns geeinigt haben). Bei einem Cluster laufen alle zusammen, bei einer chromatischen Tonleiter – rechte und linke Hand auseinanderstrebend – in die Ecken. Schauspielerische Elemente kommen hinzu: Bei einer langsam gespielten Kadenz begrüßen sich die Nächststehenden, bei einer Disharmonie wenden sie sich böse ab ... Diese Übungen können durch die Kinder beliebig variiert werden, Hauptsache, sie lernen, hinzuhören und eine bestimmte Bewegung mit einem bestimmten Motiv zu koppeln. Spannend ist der Prozeß der gemeinsamen Bewegungsauswahl; bald wird deutlich, daß nicht irgendein beliebiges Muster paßt, sondern sorgsam hingehört und -gefühlt werden muß. Ob ein Transfer auf andere Erfahrungsbereiche stattfindet, weiß man nicht. Wir gehen aber davon aus, daß die Sprache, die aus den gleichen Elementen wie die Musik besteht, positiv beeinflußt wird.

Fazit: *Auf diese Weise werden Aufmerksamkeit und Gedächtnis über die musikalisch geführte Bewegung und die Gefühlsbeteiligung in einem handlungsbetonten Gruppenprozeß geschult.*

3.1.1.3 Hoch/Tief-Hören

Auch bei diesen Übungen fangen wir auf einfachster Ebene an. Die Kinder bewegen sich nach einer kleinen, eingängigen Melodie im mittleren Tonbereich, bis das Ende deutlich hörbar angesetzt wird – nun erklingt ein hoher oder ein niedriger Ton. Entsprechend schauen die Kinder nach erhöhten Plätzen auf Fensterbänken, Stühlen, Tischen oder anderem. Beim tiefen Ton machen sie sich am Boden so flach wie möglich.

Fazit: *Durch die Raumdimension wird das Hoch/Tief-Hören unterstützt (Siegfried Koller, 1989).*

3.1.1.4 Crescendo/decrescendo

Im Laufe der Zeit erarbeiten wir uns die beiden Arten von An- und Abschwellen: Einmal durch Hinzufügung oder Wegnahme von immer mehr Geräuschen oder Tönen, zum anderen das Lauter- oder Leiserwerden einer feststehenden Zahl von Instrumenten. Beides hat seine Reize und kann mit

Geschichten, die den Vorgang anschaulich machen und gefühlsmäßig verankern, eingeführt werden.

Beispiel 1: Ein Zug ist in der Ferne hörbar, er kommt näher, fährt vorbei und entfernt sich wieder.

Beispiel 2: Ein Mädchen steht am Fenster und öffnet es. Die Geräusche von draußen, die vorher nur leise im Raum waren, sind schlagartig ganz groß da. Beim Schließen des Fensters geht die Lautstärke wieder zurück.

Beispiel 3: Die Glocken vom Turm fangen zu klingen an – eine nach der anderen fällt ein, eine nach der anderen verstummt wieder.

Beispiel 4: Ein Märchen, in das diese Formen von crescendo und decrescendo eingebaut sind, wird mit Instrumenten und Kostümen gespielt.

Fazit: *Durch das Rollenspiel sind zwei verschiedene Arten von crescendo und decrescendo erfahren worden.*

3.1.1.5 Taktschwerpunkt und Takt

Mit den Materialien Stock/Ball und Luftballon/Seidentuch wird auf allerlei Weise experimentiert. Dabei entsteht von allein ein Wechsel zwischen dem Aufstoßen und Hochheben der Materialien, also ein Wechsel zwischen Schwer und Leicht. Das eine Material eignet sich mehr zur Betonung von „schwer“ (Stock/Ball), das andere mehr zu „leicht“ (Luftballon/Tuch). Mit der Zeit wird zu den gefundenen Bewegungen der Kinder, die immer serienhafter und damit wiederholbar werden, durch die Übungsleiterin eine Musik improvisiert.

Die Rolle wechselt: Die Musik gibt die Bewegung vor. Die Kinder hören genau hin, wann die eine Gruppe den Stock aufstoßen muß, wann die andere Gruppe die Luftballons hochfliegen läßt. Nun wird durch die gängigen Taktarten hindurch wechselnd der Schwerpunkt gehört und im Laufen aufgestoßen. Durch die Übungen vorher laufen die Kinder in schöner Selbstverständlichkeit das Metrum. Das Taktieren ist eine kleine, problemlose Zusatzübung.

Mit diesen Vorübungen haben wir bei den Kindern – neben der Erarbeitung der im Musiklehrplan geforderten musikalischen Grundbegriffe – nicht nur ein sehr genaues Hinhören erreicht, sondern auch, daß sie sich ganz selbstverständlich und ohne Ziererei zu Musik und Geräuschen bewegen.

Fazit: *Der Schritt zu Tanz und musikalischen Bewegungsgestaltungen ist fließend und problemlos; die Voraussetzung zum Erarbeiten von Musicals, Rhythmicals, kleinen Öperchen und rhythmisch-tänzerischen Sprachgestaltungen ist geschaffen.*

3.1.2 Tanz kann sehr verschieden sein

3.1.2.1 Tanz mit Tönen

Vorbereitung: Wir haben eine wirkliche Tulpenzwiebel kurz vor dem Austrieb aufgeschnitten und genau angeschaut. In der Sprachgestaltung haben wir das Gedicht „Die Tulpe“ von Guggenmoos, in dem die Blume eine Personifizierung erfährt, miteinander gesprochen und gespielt. Nun wollen wir den Kreislauf des Erwachens, des Herauswachsens, sich der Sonne Entgegenstreckens und wieder Verblühens wortlos tanzen. Alle Kinder liegen in sich selbst zusammengezogen auf dem Boden. Die Lehrerin fängt an, leise die Klangschale (singing bowl) zu reiben. Das erste Kind hört den zarten Dauerton und beginnt, sich zu dehnen.

Nacheinander wachsen die Kinder mit der Lautstärke des stehenden Klanges, strecken ihre Hände in Knospenform weit heraus, öffnen sie, halten diese Streckstellung, solange der Ton groß und voll im Raum steht und sinken mit dem Leiserwerden des Klanges langsam wieder zusammen. Dieser Vorgang wiederholt sich mehrfach. Die Bewegungen werden – aus der Vorstellung der Kinder heraus – vorgeschlagen. Nur, wenn das nicht klappt, regt die Lehrerin zu bestimmten Mustern an.
Hier handelt es sich um eine sehr einfache Tanzgestaltung, da die Kinder weder das gleiche Tempo einhalten, noch Pausen hören, noch sich auf den Partner oder mehrere verschiedene Raumwege einlassen müssen. Es genügt, daß sie ganz Ohr, Vorstellung und Bewegung sind.

Bei diesem Beispiel haben die Kinder einen Vorgang in der Natur, den wir sprachlich und bildlich schon erfaßt hatten, nun mit Hilfe eines sich in der Lautstärke verändernden Tones körperlich-rhythmisch gestaltet; das Bewegungsmuster ist beliebig wiederholbar, weil ihm ein präzises inneres Bild zugrunde liegt.

3.1.2.2 Tanz aus einem Gefühlszustand heraus

Die Kinder kommen aggressiv und prügelnd in den Unterricht.
Eine Gefühlsabfuhr tut not, also nehmen wir dieses Bedürfnis zu schlagen auf. Ein unsichtbarer Gegner wird erfunden, wir treten ihn, schlagen mit beiden Fäusten auf ihn ein, rennen mit dem Kopf in seine Leibesmitte, treten auf ihm herum, wenn er am Boden liegt. Wir schreien ihn an und verfolgen den (imaginär) Flüchtenden. In dieser Phase muß die Lehrerin sehr darauf achten, daß es bei dem unsichtbaren Gegner bleibt und jemand nicht doch geschwind einen Mitschüler am Kragen hat. Reicht die bloße Vorstellung nicht, helfen die großen Sandsäckchen als „Gegner“ aus. Um Mißverständnissen vorzubeugen:

Wir lehren nicht die Aggression, sondern wir stellen uns der Realität und gehen mit bereits vorhandenen Aggressionen pädagogisch-therapeutisch um – versuchen, sie zu sublimieren!
Hat sich die erste Wut ausagiert, kommt eine kleine pantomimische Beruhigungspause: Nach Laufmusik gehen die Kinder mit schnellen Schritten spazieren. Plötzlich sehen sie den, den sie hassen und mit dem sie schon manchen Strauß ausgefochten haben (Signalmusik!). Erst wird noch einmal überlegend ein paar Schritte zurückgegangen, dann aufeinander zu und – los geht's mit dem Scheinkampf. Einzige Regel: Der andere darf nicht berührt werden. In diesem Stadium wird die Aggression schon „theatralisch vorgezeigt", denn der, bei dem sie mit Einsetzen der Signalmusik stehen und mit dem die Szene dann abläuft, kann ja der beste Freund sein.

Weitere Ordnung des Tanzspiels:
- Signalmusik mit Abtasten; rhythmisch ungeordneter Prügeldurchgang
- Signalmusik; jetzt erfolgen die Schläge immer im Wechsel
- Signalmusik; die Schläge erfolgen im Wechsel und im Takt.

Endgültige Tanzform:

Muster 1: Spazierengehen (Laufmelodie)

Muster 2: Sich sehen, erschrecken, überlegen, zurücktreten, zum Kampf entschlossen vortreten (viertaktige Signalmusik)

Muster 3: Schläge im Wechsel und im Takt, bei jedem Durchgang eine andere Form des Prügelns (achttaktiger Zweier mit deutlichem Schwerpunkt)

Abschlußmuster 4: Allmähliches Müdewerden, zusammensinken, abspannen (Prügelmelodie in Moll und langsamer werdend).

In den folgenden Stunden verlangen die Kinder immer wieder nach dem „Rüpeltanz". Eine neuerliche Selbsterfahrungsphase ist überflüssig, weil sie nun ihre Spannungsabfuhr über den Tanz selber regeln können.
In der Pause war zu beobachten, daß nach einer solchen Stunde – sie ist in jeder vierten oder fünften Klasse irgendwann bitter notwendig – der eben gelernte Scheinkampf statt einer echten Prügelei benutzt wurde. Natürlich gibt es auch friedlichere Stimmungen oder aufregende Erlebnisse, die dann eben zu freundlicheren Tänzen führen.

Bei einem aus der Gruppenstimmung heraus entwickelten Tanz haben die Kinder die Möglichkeit, sich auszuleben. Sie gleiten allmählich aus der Selbsterfahrungsphase in eine gebundene Bewegungsfolge, in eine Bewältigung dessen, was sie aufgerührt hat. Diese Bewegungsfolge gibt aber immer noch Spielraum zu individueller Ausgestaltung. So hat diese Art von Tanz Ventil- und Ordnungsfunktion.

3.1.2.3 Gebundener Tanz

Unter diese Kategorie fallen alle Tänze nach regelhafter Musik mit festen Bewegungsfolgen, eventuell auch Materialien. Eine detaillierte Ausführung ist im Praxisteil zu finden.

3.1.2.4 Tänzerische Musikgestaltung

Hierbei steht die Musik, die einen Vorgang oder ein Bild hörbar machen soll, im Vordergrund. Dabei handelt es sich um Musiken wie Smetanas „Moldau“, Prokofieffs „Peter und der Wolf“ oder Burgmüllers „Elfen“. Wir erarbeiten mit oder ohne Materialien den bildlich-musikalischen Inhalt.
Der türkische Marsch von Mozart z.B. hatte die Sechstklässler zu einer anfangs recht martialischen Bewegungsfolge mit Stöcken animiert, die fortlaufend mehr den Charakter eines Säbeltanzes annahm. Gegen Ende der Einübungsphase stand ein klassischer Schwerttanz. Nun konnte das selbst gefundene Ergebnis mit den traditionellen Schwerttänzen verglichen werden. Oder die Musik L'orage von Burgmüller regte zu einem Tanz an, bei dem es um Feuer ging, das hell aufflackerte und dann verlosch.
Parallel zu diesen Tänzen wird an einem Text gearbeitet, der thematisch dazu paßt. Sprache, Musik und tänzerischer Ausdruck sollen sich gegenseitig unterstützen, bereichern und steigern.

3.1.2.5 Meditationstänze

Diese Tänze sind nicht durch eine große Mustervielfalt gekennzeichnet, sondern dadurch, daß ein oder zwei Formen immer wieder getanzt und damit besonders intensiv erlebt werden. Sie haben einen starken Bezug zu religiösen Inhalten (Maria-Gabriele Wosien 1988).

3.1.2.6 Bewegungsmeditation mit Musik

Vom Tanzen fast nicht zu trennen sind die Bewegungsmeditationen mit Musik, die wir in der 6. Klasse machen.
Ein Beispiel dafür ist Tai Chi in seiner verkürzten Form. Zwölf Bewegungsbilder werden einzeln gelernt, häufig in Partnerarbeit, da sie gut zu spiegeln sind, und mit Meditationsmusik (z.B. Klangschalenkonzert) begleitet. Diese Bewegungen sind sehr kompliziert. Die Jugendlichen brauchen in der Regel ein Jahr, um sich an die Muster einigermaßen zu erinnern.
Die Schüler werden durch dieses Bewegen beruhigt; das Fließende, Taktfreie suggeriert Endlosigkeit und nimmt so die Hast.
Hier dominieren der Entspannungs- und Harmonisierungsaspekt: Die Jugendlichen schalten ab. Sie werden ruhiger durch die langsame, konzen-

trative Bewegung zu meditativer Musik (Gabriele Faust-Siehl, Eva-Maria Bauer, Werner Baur, 1990). Der Herzschlag sinkt ab, gleichzeitig erwärmt sich der Körper. Durch die Art der Bewegungsabläufe wird das Gehirn aktiviert, Körper und Geist harmonisiert (Paul E. Dennison, 1989). Sie gehen hellwach und gut zentriert aus diesen Übungen hervor, welches in dieser schwierigen Lebensphase besonders wichtig ist.

Da die Bewegungsbilder die Jungen an das vielbewunderte Kung Fu erinnern, sind sie motiviert, sich dieser Mühe zu unterziehen. Bei der Aufnahme der differenzierten Bilder erleben sie die Gruppe deutlich als Unterstützung, visuell und sozial.

Interessanterweise fragen die Sechstklässler, wenn sie erst einmal die Bilder des Tai Chi beherrschen, vor den Klassenarbeiten ausdrücklich danach, um ihre Konzentrations- und Leistungsfähigkeit zu steigern. In der fünften Klasse sind die „Atemmeditation der Vier Himmelsrichtungen“ oder die „Spiralmeditation“ leichter zu erlernen.

3.1.3 Was geschieht beim Tanzen mit uns? Warum unterziehen wir uns dieser Mühe?

Vor allem und immer wieder: Weil es Spaß macht – den Kindern und uns. Weil es uns beruhigt und entspannt, die Sorgen aus Unterricht und Alltag in den Hintergrund treten läßt, uns warm macht und hellwach. Darüber hinaus werden alle Sinne, die Wahrnehmung und Sprache, das Arbeitsverhalten und Sozialverhalten geschult.

3.1.3.1 Hören

Die Vorübungen zu den Tänzen – Schreiten, Gehen, Laufen und Rennen – machen den Kindern bald Freude, weil die Tempi selbst von den Allerkleinsten gehört werden. Sie bewegen sich im Raum, wie das Klavier (die Trommel, das Metallophon) „sagt". Genaues Hinhören ist unerläßlich. Nach dieser Phase kommt die Melodie als Information hinzu. Neigt sie sich dem Ende zu, versucht das Kind, pünktlich mit dem Schlußton wieder auf seinem Platz zu sein. Die Kinder erweitern meist die Aufgaben von sich aus durch Einsetzen der Körperinstrumente: Klatschen, auf den Boden stampfen, rufen und schreien. Hier müssen die Kinder durch bloßes Hören das Ende der Melodie vorwegnehmen können. Sie lernen, den auf- und absteigenden Bogen einer Melodie in einen Raumweg umzusetzen, ihre Bewegung nach Gehör rechtzeitig zu planen.
Die Musiken, die ich nach dieser Eingangsphase zum Tanzen aussuche, sind von einfachstem Charakter. Die Form ist meist liedhaft, die einzelnen Abschnitte deutlich abgesetzt, die Tonart in der Regel ein helles Dur, die Taktanfänge gut hörbar. Ein langgezogener Auftakt signalisiert: „Gleich geht's los, aufpassen!" Ein Ritardano am Schluß gibt deutlich hörbar das Ende an.

Dadurch, daß das Gehör bei den „Kleinen Übungen" geschult wurde, werden auch diese Musiken gut von den Kindern aufgenommen und in Bewegung umgesetzt. Ob jetzt gebundene Bewegung oder eine eigene freie Umsetzung gefragt ist – das Kind hört ganz anders hin.

3.1.3.2 Sehen

Da wir immer in Gruppen arbeiten, hört das Kind nicht nur den Rhythmus, sondern „sieht" ihn auch: In der Bewegung der anderen. Anfangs kann es natürlich passieren, daß nur ein oder zwei Kinder aus der Gruppe die rhythmischen Vorgaben in die richtigen Schritte umsetzen, dann lassen wir die anderen Kinder eine Runde am Platz sitzen und den beiden zuschauen – ohne besonderen Kommentar. Denn: Falsch bewegt haben sie sich ja nicht, nur nicht in der gewünschten Weise. Haben sie es einmal „richtig" gesehen, können sie es meist nachvollziehen. Zur Not macht die ÜLin selber die Bewegungsfolge vor. Diese zweite Information über das Sehen wird besonders wichtig, wenn mehrere Phrasen und damit mehrere Bewegungsmuster aufeinander folgen.

Dann erkennt man an den suchenden Augen der Kinder sehr deutlich, wem das Hören nicht genug an Information gibt, wer sich am Bild, an der Körpersprache der anderen orientieren muß. Das ist das, was wir fälschlicherweise als Gruppengedächtnis bezeichnen. In Wirklichkeit helfen den Gruppenmitgliedern die mehrkanaligen Informationen, das Gewünschte wieder zu erinnern. Die wortlose Erkenntnis über Körpersprache brauchen gerade die sprachbehinderten Schüler, sie müssen alle Zusatzkanäle zum Verständnis dessen, was um sie her geschieht, benutzen und sensibilisieren.
Das Sehen wird noch deutlicher zu einem Lösungsweg, wenn die Raumwege für die Kinder sichtbar gemacht werden: Gehen sie miteinander im Kreis, wird diese Bewegung mit einem Klebeband am Boden nachvollzogen; gehen sie miteinander zur Mitte, werden diese geraden Strecken am Boden sichtbar gemacht. Auch die kleinen Kreise am Platz tauchen am Boden wie Blütenblätter einer Blume wieder auf.

So wird zweierlei über diese zweidimensional gewordenen Raumwege sichtbar: Zum einen das Raummuster als Zeichnung, zum anderen der eigene Weg als Teil eines schönen Ganzen.

3.1.3.3 Tasten/Fühlen

Jeder Mensch möchte zeitweise für sich sein, zeitweise sucht er die Begegnung mit anderen und deren Nähe. Der Tanz ist da ein Spiegelbild dieser menschlichen Sehnsucht. Immer ist er davon bestimmt, daß der einzelne sich selbst in der Auseinandersetzung mit dem Gehörten und Gesehenen findet, aber auch davon, daß er mit dem anderen in Berührung treten möchte. Die Nähe, das Tasten seiner warmen Hand, der warmen Armhaut, das Streifen seines Atems, die Atembewegung, wenn wir uns im Arm halten – das alles sind Begegnungen und Informationen: Über die Menschen, aber auch über die Musik und Bewegung. Unmerkliches Gegendrücken signalisiert die Richtung, in die es geht. Die Richtungsänderung wird von einigen mit deutlicher Körpersprache vorweggenommen – es geht „wie ein Ruck" durch die ganze Gruppe.

Erst das Zusammenspiel aller Wahrnehmungskanäle befähigt unsere Kinder, etwas so Vielfältiges wie Tanz in befriedigender Weise zu erleben.

Das wird mir immer wieder bei der Beobachtung deutlich: Einige Kinder haben ganz „innerliche“ Augen, sind ganz Ohr und Tastgefühl. Andere wiederum wandern mit flinken Augen von einem zum anderen, um ja kein Bild zu verpassen. Und wieder andere halten sich immer ganz dicht bei einem Partner ihrer Wahl, sicher auch aus Sympathie, aber auch, weil sie die Informationen seines Körpers brauchen.

Und dann gibt es da noch die besonders schwer wahrnehmungsgestörten Kinder, deren Hören, Sehen und Fühlen immer noch kein Begreifen ermöglichen. Sie haben so große Wahrnehmungsschwierigkeiten, daß sie auch bei anderen Lernanforderungen verloren sind. Für sie müßten die Formen so vereinfacht werden, daß es dann der Mehrheit keinen Spaß mehr macht. Weitere innerschulische Differenzierung wäre hier eine Lösung.

3.1.3.4 Sprache und Sprechen

Die Hör- und Schauerziehung wirkt direkt auf die Sprache, denn die Muster der Rhythmen und Melodien, auf die sich die Kinder „passend“ bewegen, sind ja die gleichen wie die der gesprochenen Sprache. Auch hier haben wir Rhythmus, Melodie, Schwerpunkte, Phrasen, Dynamik, Agogik ...

Die Muster des Tanzes werden beim Einüben mitgesprochen „vor, seit, rück, ran“. Damit wird die Körperarbeit unterstützt und für die Kinder deutlich, welchen Inhalt diese Wörter haben. Räumliche Dimensionen werden durch die Bewegung sprachlich erfaßt: Rein-raus, rechts-links, zur Mitte-auswärts, in die Ecken – an die Wand ...
Wird eine Geschichte getanzt, ist den Kindern sprachlich nachher völlig klar, worum es ging, da sie über das rhythmische Tun den Inhalt begriffen haben. Wir haben immer wieder intensive, handlungsbegleitende Gespräche, da die Kinder sich ja miteinander orientieren und abstimmen müssen.
Bis hinein in die Übung der Artikulomotorik geht es beim Tanz: Pantomimisches Mitlautieren, Schreie, Grimassieren und die Benutzung des Mundes als Instrument.
Und – ganz wichtig – die Atmung wird harmonisiert. Die Stotterer stottern im Anschluß ans Tanzen weniger oder gar nicht, die Kinder mit Stimmstörungen sprechen nach dem Tanzen – für kurze Zeit – in normaler Stimmlage: Ein wunderbarer Ansatzpunkt für die Stimmtherapie! Manche Explosivlaute sind nach einem pantomimischen Tanz mit Sprache „auf einmal da“.

3.1.3.5 Konzentration und Ausdauer

Der Tanz nimmt – je nach Thema der Unterrichtsstunde – sehr verschieden lange Zeiten in Anspruch. Manchmal dauern der Aufbau bestimmter Bewegungsmuster und dann der Zusammenbau zu einem Tanz über eine ganze

Stunde. Üblicherweise aber werden eingeführte Tänze am Anfang der Stunde als drei- bis vierminütige Einstimmung gemacht. Immer aber ist es eine intensive Arbeit, die die ganze Aufmerksamkeit erfordert. Kann das Kind sonst im Unterricht schon einmal „abtauchen", geht das beim Tanzen nicht, denn es fällt sofort aus dem Muster heraus und jeder merkt es.
Die anderen sind unzufrieden, wenn der Kreis reißt oder die Kette zerfällt – so daß der Lehrer gar nicht eingreifen muß, die Gruppe reguliert sofort.

Die völlige Aufmerksamkeit ist nötig, um

- den Rhythmus richtig aufzunehmen,
- den Phrasenverlauf zu verfolgen,
- die Reihenfolge der Muster in Beziehung zur Musik richtig zu erinnern,
- die Bewegung rechtzeitig zu planen, richtig durchzuführen und wieder zu beenden,
- die Bewegungen der anderen im Blick zu haben und Zusammenstöße zu vermeiden,
- sich bei Kleingruppenbildung rechtzeitig einen Partner der Wahl zu sichern,
- die Raumverhältnisse und das Gruppenmuster in bezug auf die Größe der eigenen Bewegungen zu beachten und
- das nahende Ende der Musik zu hören, um die Schlußbewegung rechtzeitig einzuleiten.

Die Gedächtnis- und Konzentrationsleistungen, die ein simples kleines Volkstänzchen erfordert, sind wegen der Komplexität der Vorgänge enorm.

Aber nicht nur die geistige Ausdauer, auch die körperliche wird gestärkt. Der Körper arbeitet nach kurzer Zeit auf Hochtouren, das Muskelwachstum wird durch die Dauerbelastung angeregt.

3.1.3.6 Sozialverhalten

Und dann gibt es da die Kinder, die weder hören noch sehen noch tasten wollen, die nur dauernd signalisieren, daß sie sich nicht in ein Gruppengeschehen einlassen möchten, in dem alle gleichberechtigte Rollen haben. Sie haben – aus welchen Gründen auch immer – deutliche Probleme, sich einzuordnen oder sich auf diese fremde Tätigkeit einzulassen. Diese Kinder mögen nicht im Kreis gehen, wenn das alle tun; sie zeigen durch mürrische Gesichter und schlurfendes Gehen ihre Ablehnung; sie wollen nicht auf die Musik hören, halten sich sogar die Ohren zu; sie geben dem Impuls, das zufällig neben ihnen stehende Kind nicht anfassen zu wollen, laut und ungehemmt nach; sie werfen sich mittendrin auf den Boden; sie schlagen und treten die anderen im Vorbeigehen, schleudern beim Zweierreigen den Partner zu Boden; sie zerstören mit Vorsatz die rhythmischen und optischen Muster, an denen die Gruppe gerade Freude hat. Trotzdem ist es für sie eine schlimme Strafe, wenn sie für kurze Zeit nicht mitmachen dürfen, weil die anderen gar zu sehr gestört werden.

Mit ihrem Verhalten teilen uns diese Kinder ihre Angst mit: Die Angst davor, die gestellten Bewegungsaufgaben nicht bewältigen zu können, sich in die freie Arbeit der Gruppe nicht befriedigend einbringen zu können, dem anderen zu nahe zu kommen, sich von jemand berühren lassen zu müssen, nicht genug Aufmerksamkeit zu bekommen. Sie haben Angst davor, verletzt zu werden, wenn sie nicht immer mißtrauisch-wachsam schon im Vorfeld verweigern.

Es handelt sich hierbei meist um Kinder, die schon eine lange Leidensgeschichte hinter sich haben. Es ist ein besonders schönes Erlebnis zu beobachten, wie diese Kinder, sensibel unterstützt, in die Gruppe hineinwachsen und nicht nur immer mehr Freude am Tanz, sondern auch an der Begegnung mit Mitschülern gewinnen. Oft sind es gerade diese „Unangepaßten", die, nachdem sie ein paar Tänze beherrschen, immer am dringlichsten bestimmte wiederverlangen.

Beim Tanzen verbinden sich vielfältige Wahrnehmungsprozesse mit sachlichen Anforderungen und emotionaler Unterstützung durch das Medium selbst zu einer Einheit, die das Kind zu höchst komplexen Leistungen zu bringen vermag und ihm Erlebnisse schenkt, die es fordern, fördern und harmonisieren. Erlebt sich das Kind nur einmal in jeder Stunde als schöpferischen Menschen, werden die Selbstheilungskräfte, deren jeder immer wieder dringend bedarf, aktiviert und gestärkt.

3.2 Hinführen zum Tanzen

3.2.1 Tanz mit Tönen

Einheit a: Hoch/Tief in Stimme, Raum, Farbe

1. Spiel mit der Stimme

1.1 Alle stehen im Kreis. Die ÜLin fixiert eines der Kinder mit den Augen. Sie macht „eine Augenstraße“. Mit normaler Stimmlage begrüßt sie das gewählte Kind und geht dabei mit ausgestreckter Hand los. Dieses antwortet in der gleichen Stimmlage, in der Mitte des Kreises berühren sich die Hände kurz. Auf diese Art werden die Plätze getauscht.

1.2 Ein neues Kind wird von der ÜLin fixiert, jetzt aber in einer anderen Stimmlage angesprochen. Wieder werden die Plätze getauscht und das Kind antwortet in der gleichen Weise, in der es angesprochen wurde.

1.3 So geht es durch alle Kinder im Kreis herum. Die ÜLin kann hoch und tief sprechen, sie kann ruppig oder sanft sprechen, abgehackt oder sehr langsam, traurig oder lustig sprudelnd.
Wird dieses Begrüßungsspiel neu eingeführt, sollten anfangs nur drei oder vier Sprecharten benutzt werden, bis die Kinder sicher die Regel verstanden haben und die erste Scheu vor diesem „Spiel mit der Stimme“ abgelegt haben. Nach einer Weile können die Sprecharten immer differenzierter werden. Die Kinder bekommen sehr schnell Spaß daran, die Möglichkeiten ihrer Stimme auszuprobieren.

Weiterführung in anderen Stunden:

1.4 Reihum übernehmen die Kinder die Rolle des Begrüßers, der imitiert werden muß.

1.5 Ein Platz wird fixiert (Teppichflecken, Plastikfliese, Reifen o.ä.). Das Begrüßendürfen ist nun an diesen Platz gebunden. So kommen durch den Platzwechsel der Reihe nach alle Kinder auf den Begrüßungsplatz und können bestimmen, wie der Gruß stimmlich gestaltet wird.

1.6 Die Begrüßung wird mit wechselnder Stimmlage und wechselnder Bewegung gestaltet.
Beispiel: Ein Kind hat mit hoher Piepsstimme ein anderes begrüßt. Nun hüpft es los, das andere Kind muß sowohl die Stimmlage in der Beantwortung des Grußes als auch die Hüpfbewegung imitieren.
Bei dieser Erschwerung sollte wieder die Reihenfolge eingehalten werden:
Übungsleiterin – alle Kinder
Ein Kind – alle Kinder
Fixierter Platz – alle Kinder im Wechsel

2. Hoch/Tief – hören und bewegen

2.1 Jedes Kind sucht sich einen Platz im Zimmer; „weit weg vom anderen, mit viel Platz drumrum"

2.2 Die ÜLin spielt auf dem Klavier ganz hohe Töne und ganz tiefe, die Bezeichnungen werden dazu gesagt.

2.3 Spielanweisung: Solange die Trommel spielt, könnt ihr herumgehen, wie es euch gefällt.
Verstummt die Trommel, müßt ihr gut achtgeben. Hört ihr die hohen Töne vom Klavier, sucht ihr euch ganz schnell einen erhöhten Platz; die Bank, das Sofa, den Stuhl, die Fensterbank usw. Hört ihr den tiefen Ton, legt ihr euch so flach wie möglich auf den Boden, als ob ihr euch auf dem Grunde einer tiefen Mulde verstecken wolltet. Hört ihr aber die Trommel wieder, lauft ihr zu ihrem Schlag im Zimmer herum."
Geübte Kinder können auch die Aufgabe bekommen, je nach Tempo der Trommel (Ganze, Halbe, Viertel, Achtel) im Zimmer herumzugehen. Damit sind Längenhören und Hoch-Tief Differenzierung aneinandergebunden.

2.4 Mehrere Durchgänge

2.5 Ein Kind darf ans Klavier und nun in den Trommelpausen hohe oder tiefe Töne anschlagen.

2.6 Sind die Kinder schon ein bißchen geübt im Trommeln, bekommt ein zweites Kind die Trommel. Die beiden müssen miteinander kooperieren, damit der Wechsel klappt.

3. Hoch/Tief sichtbar machen

3.1 Die Kinder verteilen sich im Raum. Sie bekommen zehn Kärtchen, die auf einer Seite weiß, auf einer schwarz sind. Die Kleinen sollen durchzählen, ob es auch 10 sind!

3.2 Die ÜLin sagt nun: Weiß – schwarz – schwarz und so weiter. Dabei muß sie darauf achten, daß die Kinder die Kärtchen in einer Reihe hintereinander in Schreibrichtung legen. Dies hat zwei Vorteile: Die ÜLin kann leichter kontrollieren, ob alle Kinder ihre Kärtchen richtig legen. Außerdem lernen die Kleinen gleich die Schreibrichtung.
Diese Übung wird solange wiederholt, bis alle Kinder die Regel begriffen haben. Zur Not muß man bei einzelnen Kindern den Platz, wo sie zu legen anfangen sollen, fixieren.

3.3 Die ÜLin sitzt am Klavier. Sie schlägt hohe und tiefe Töne im Wechsel, sagt dazu laut: Weiß, schwarz – je nachdem, ob sie hohe (weiß) oder tiefe (schwarz) Töne anschlägt. Die Lösungen der Kinder werden lobend bestätigt. Bei dieser Übung wird nur das Legen geübt.

3.4 Sitzt dieser Durchgang sicher, schlägt die ÜLin nur noch die Töne an, ohne die dazu passende Farbe anzusagen. Diese Hörübung ist sogar schon für Kindergartenkinder geeignet.

3.5 Will man noch eine Sprechübung anfügen, kann man einzelne Kinder aufrufen, die laut und deutlich die Reihenfolge vorlesen sollen.
Weiterführung in anderen Stunden:

3.6 Ein Kind schlägt die Töne auf dem Klavier an. Natürlich zuerst in der extrem weiten Lage.

3.7 Die Lage wird etwas enger

3.8 Die Lage wird noch einmal verengt, bis die Töne nur noch zwei Oktaven auseinander liegen.

3.9 Sind die Kinder darin ganz sicher, kann in eine Oktave gegangen werden.

3.10 Schulkinder (nach meiner Erfahrung ab der dritten Klasse) können nun auch ans Höher/Tiefer-Hören herangeführt werden.

3.11 Das eingestrichene a wird als Orientierungspunkt angeschlagen. Danach kommt die Frage „Höher oder tiefer“ und ein Ton. Das entsprechende Kärtchen wird gelegt.

3.12 Sitzt diese Übung sicher, ist immer der letzte Ton der Orientierungspunkt, nach welchem das Kind höher oder tiefer bestimmen soll.

4. Abschlußtanz

4.1 Kreisformation. Die ÜLin spielt auf dem Klavier oder dem Xylophon eine einfache Melodie. Die Kinder gehen zu dem angegebenen Rhythmus im Kreis herum. Kommt die Melodie in der hohen Lage, stellen sie sich auf die Zehenspitzen und strecken die angefaßten Arme hoch über ihren Kopf. Wird die Melodie in der tiefen Lage gespielt, gehen die Kinder in die Hocke und tanzen „so niedrig wie möglich“. Man kann sich auch eine einfache Cassette dazu herstellen oder einen Kollegen bitten, sie einzuspielen.

Einheit b: Höher/Tiefer in der Bewegung

(Tonleiterhören, Pausenhören)

1. Wiederholung und Erweiterung

1.1 Der Kreistanz der letzten Stunde wird wiederholt.

1.2 Die Raumbewegungsübungen zu Hoch/Tief werden kurz wiederholt.

1.3 Die schwarz-weißen Kärtchen werden ausgeteilt, die Lage der hohen und tiefen Töne verengt. Wechselnde Kinder geben die Töne an.

2. Einführung Höher/Tiefer im Raum

2.1 Die Kinder haben die Elfertreppe oder eine große Leiter aufgebaut. Wenn beides nicht vorhanden ist, reichen auch Fußbänkchen, Stühle, Tisch und hoher Tisch oder der Schrank. Diese Utensilien müssen zu einer Art Treppe aufgebaut werden.

2.2 Ein Kind steht vor der Treppe. Die ÜLin spielt auf dem Klavier eine aufsteigende Tonfolge. Das Kind steigt bei jedem Aufwärtston eine Stufe hinauf. Pausiert das Klavier, bleibt auch das Kind stehen. Einmal glatt hinauf und wieder hinunter. Mehrmalige Durchgänge. Die Klippe liegt hier in dem sehr genauen Registrieren der Pausen, damit wird das genaue Hoch/Tief-Hören vorbereitet.

2.3 Nun geht es ein paar Töne hinauf, dann aber vor der Spitze wieder hinunter. Gehört werden muß der Umkehrpunkt.

3. Abschlußlied:

3.1 Mit Ganzkörperbewegungen wird das Tonleiterlied von der Treppe eingeübt.

Stück für Stück geht es hinauf – immer diese Treppe rauf!
Abwärts steigen wir sodann, schaut nur wie das jeder kann.

- Die Kinder sitzen in der Hocke und bewegen beide Arme in Gegenbewegung. So wie die Melodie aufsteigt, wachsen die Kinder mit. Geht es abwärts, sinken sie wieder in die Hocke.

Einheit c: Lang/Kurz in der räumlichen Bewegung

(Längenhören, Pausenhören)

1. Wiederholung

1.1 Tonleiterlied mit Bewegungen

1.2 Hoch/Tief-Tanz

1.3 Kärtchenlegen nach Tönen in enger Lage

2. Ton und Pause gleich Bewegung und Erstarren

2.1 Die Kinder gehen zu improvisierter Musik oder Rhythmen im Raum herum; sie erstarren bei Verstummen der Musik („Wie Denkmäler grad so stehenbleiben, wie ihr im Moment gewesen seid!")

2.2 Waren im ersten Durchgang die Phrasen eher gleichlang, werden sie jetzt deutlich unterschiedlich.

2.3 Nun wechseln sehr kurze mit leidlich langen Phrasen.

2.4 Statt der Klavier- oder Trommelimprovisationen werden bei diesem Durchgang einzelne Töne mit der Flöte gespielt.
Die Bewegungsaufgabe lautet: „Bewegt euch solange, wie ihr den Ton hört!"

3. Lang/Kurz werden sichtbar

3.1 Die Kinder bekommen einen langen und einen kurzen Stock. Ist dergleichen in der Schule nicht vorhanden, kann man sie sich gut selber machen aus Haselnußstecken oder Kartonstreifen.

3.2 Nun zeigen die Kinder den langen Stock, wenn sie einen langen Ton hören, den kurzen, wenn sie einen kurzen Ton hören.

3.3 Sitzt diese Übung sicher, können die Töne von einem der Kinder gespielt werden (auf dem Klavier, auf der Gleitflöte, mit Becken und Trommel).

3.4 Die Kinder bekommen einen großen Karton und zwei Wachsblöckchen oder Stifte. Die ÜLin gibt lange oder kurze Töne vor, je nachdem malen die Kinder einen langen oder einen kurzen Strich. Wichtig ist, daß sie den Strich solange malen, wie der Ton zu hören ist! Deshalb ist es ratsam, die Töne von sehr verschiedener Länge zu spielen, damit keine Automatisierung eintritt.

4. Darstellendes Spiel zu Lang/Kurz

Gerda Bächli: Großer König Tinizong (Spiellied)

4.1 Die ÜLin singt das Lied einmal vor. Die Kinder überlegen zusammen mit ihr, wie man es spielen kann. Bei kleinen Kindern kann man auch einfach die Spielform vorgeben.
Spielform: In der Mitte des Kinderkreises ist ein Tisch mit einem Stuhl darauf aufgebaut. Dies ist der Thron des Königs Tinizong. Ein Kind bekommt eine Krone und einen großen Gong und ersteigt den wackeligen Thron.

Die Untertanen – im Kreis angefaßt – beginnen zu singen:

Großer König Tinizong,	– vier Schritte auf den König zu
Mit dei'm großen Zaubergong:	– vier Schritte rückwärts
Ach so sag uns bitte nun	– die Untertanen sinken
was sollen wir heut für	– auf die Knie und weiter
dich tun?	– auf den Boden, bis Arme
Großer Tinizong!	und Gesicht ganz flach am Boden liegen. So verharren sie wartend, bis der König seinen Befehl gibt.

Tinizong überlegt sich nun eine Bewegungsart und ruft seinen Befehl laut heraus: „Ihr sollt auf einem Bein hüpfen!" (Wie die Schlange kriechen, sollt euch drehen etc.). Dann schlägt er seinen Gong an. Solange der Ton des Gonges von den Kindern gehört wird, solange müssen sie die befohlene Bewegung ausführen. Verstummt der Klang, formieren sie sich wieder zum Kreis um den Thron. Ein neuer König wird von dem alten bestimmt und nimmt seinen Platz auf dem Wackelthron voller Mut ein. Es ist schön, wenn eine Klangschale vorhanden ist und hier schon als Gong eingesetzt werden kann. Sie gibt mehr Volumen und ist leichter handhabbar.
Diese Klangschalen sind inzwischen in allen esoterischen Läden zu kaufen; wir finden sie aber auch unter dem regulären Angebot in den Katalogen.

Lied von Gerda Bächli, Spielidee und Bearbeitung A. Fischer-Olm

Einheit d: Gestaltung des Gedichtes von Josef Guggenmos: Die Tulpe

(Laut/leise, crescendo/decrescendo, Pause, hoch/tief)

1. Naturerfahrung, Tulpenzwiebel

1.1 Nach der Begrüßung sitzen die Kinder im Kreis. Die ÜLin hat eine Tulpenzwiebel, die schon ein bißchen herausgeschoben hat, mitgebracht. Diese Zwiebel wird aufgeschnitten. Man sieht die Blüte und die weiteren Blätter. Die Kinder berichten, was sie von Frühlingszwiebeln wissen. Eine Entwicklungsfolge in Bildern wird in die richtige Reihenfolge gebracht.

2. Phantasiereise

Bei der Rezitation der Geschichten zu den Phantasiereisen muß jeder Pädagoge seine eigene Sprachgestaltungsform und seine eigene Wortwahl finden. Es empfiehlt sich nicht, solche Geschichten abzulesen, sie verlieren an Lebendigkeit. Falls die Geschichte durch musikalische Improvisation begleitet werden kann, verstärkt sich die Wirkung.

2.1 Jedes Kind sucht sich einen Platz im Raum und legt sich bequem auf den Rücken. Brillen und Uhren werden abgelegt, zu enge Gürtel aufgemacht. Die Lichter im Raum werden gelöscht, die ÜLin beginnt mit ruhiger Stimme zu erzählen.
Sie erzählt, wie die Tulpenzwiebel den ganzen Winter in der Erde ruht. Hin und wieder spürt sie einen warmen Sonnenstrahl durch die Erddecke hindurch und hofft, daß der lange, kalte Winter sich dem Ende zuneigt. Aber dann wird es wieder so eisig, daß sie glaubt, sie müsse erfrieren. An manchen Tagen wird es zwar etwas wärmer für unsere Tulpe, aber gleichzeitig ist es sehr dunkel. Da weiß sie, daß dichter Schnee die Erde deckt und der Frühling noch weit ist. Endlich beginnt sich das Schneeglöckchen, das neben der Tulpe schläft, zu regen. Es streckt seine spitzen Blätter durch die Decke und schiebt auch seine Blüte schon ans Licht. Die Tulpe beobachtet sorgsam, wie das kleine Zwiebelchen des Schneeglöckchens immer dünner wird. Aber die Sonne hat noch nicht genug Kraft, um die Tulpe zu wecken. Eines Tages aber klopft ein ganz warmer Sonnenstrahl auf ihren Rücken und wärmt ihn liebevoll an. „Jetzt ist es Zeit, aufzustehen“, denkt die Tulpe. Und wie sie so ein wenig ihre hart zusammengerollten Blätter aus dem Erdboden schiebt, hört sie auch schon die Vögel singen. Der Wind bläst tüchtig über dem Erdreich und läßt die letzten Schneeflecken schmelzen. Nun wird es aber Zeit für unsere neugierige kleine Tulpe: Sie streckt ganz langsam Stück für Stück ihren Hals aus der schützenden Hülle. Es könnte ja noch einmal kalt werden! Aber die Sonne scheint munter weiter. Da reckt sich die Tulpe so weit wie sie kann der Sonne und dem Frühling entgegen!

3. Gestalten des Gedichtes

Die Tulpe (von Josef Guggenmos)

Dunkel
War alles und Nacht.
In der Erde tief,
Die Tulpe schlief,
Die braune.

Was ist das für ein Gemunkel,
Was ist das für ein Geraune,
dachte die Zwiebel,
Plötzlich erwacht.
Was singen die Vögel da droben
Und jauchzen und toben?

Von Neugier gepackt,
Hat die Zwiebel einen langen Hals gemacht.
Und um sich geblickt
Mit einen hübschen Tulpengesicht.

Da hat ihr der Frühling entgegengelacht.

(aus: Was denkt die Maus am Donnerstag?, Georg Bitter Verlag, 1967)

3.1 Vorlesen

3.2 Die Kinder verteilen sich im Raum und ziehen sich zu einem Knäuel zusammen. Ein Kind geht als Sonne leise herum und streichelt eine „Zwiebel" nach der anderen und weckt sie auf. Jede Tulpe für sich wächst in ihrem eigenen Tempo auf und zieht sich wieder zusammen.

3.3 Ein Kind darf sein Wachsen den anderen vormachen.

3.3 Die „Regieanweisungen" im Gedicht von Guggenmos führen nun die Bewegung.

3.5 Die Kinder bekommen ein Seidentuch. Sie verbergen es in beiden Händen. Entlang der Rezitation des Gedichtes wächst die Tulpe, treibt ihre Blüte (die Hände) aus, reckt sich so hoch sie kann und öffnet den Blütenkelch. Das Tuch kommt regelrecht herausgewachsen. Auf die gleiche leise, zauberhafte Weise wird das Tuch wieder in die Hände zurückgezogen und die Tulpe zieht Blätter und Fruchtknoten zur Sommerruhe ein.

4. Tulpentanz nach Dauerklang

4.1 Wie vorher liegen die Kinder als Zwiebeln unter der Erde. Sie lauschen, ob sie den Ton der Sonne hören, der sie ruft.

4.2 Die singing bowl (Klangschale) wird ganz zart angerieben. Leise beginnt der Ton zu schwingen. Die Kinder wachsen, solange der Ton schwillt. Sie hören das Leiserwerden und ziehen sich entsprechend der Tonstärke wieder zusammen. Wenn man keine Klangschale hat, geht auch ein schön klingendes Becken, das man mit zwei weichen Klöppeln am Klingen hält. Die Klöppel werden dabei wie chinesische Stäbchen gehalten und hin und her bewegt, so daß der Ton des Beckens gehalten werden kann. Schlägt man stärker, wird es lauter.

Variationsmöglichkeiten:

4.3 Eine aufsteigende Melodie führt die Bewegungen der Tulpe, das Absteigen wird durch einen langen, stehenden Ton eingeleitet.
In dieser Gestaltung verbinden sich die erlernten Inhalte hoch/tief, lang/kurz und Pause. Das Element laut/leise ist so bildlich eingebunden, daß es keiner eigenen Hinführung bedarf.

4.4 Gedicht und stehender Klang führen zusammen die Bewegung der „Blumen".

4.5 Der ganze Tanz wird als Schattenspiel gestaltet. Dazu brauchen wir einen Folienhintergrund der unten braun, in der Mitte grün und oben blau ist. Die Blüten können mit einem Fächer aufgefaltet werden.

3.2.2 Tanz aus einem Gefühlszustand heraus

Diese Art Tanzentwicklung erfordert sehr viel Flexibilität und Erfahrung: Die ÜLin muß den Zustand, in dem sich die Gruppe befindet, richtig einschätzen können. Sie muß im Hinterkopf haben, was die Kinder an Bewegungsrepertoire schon haben – also, worauf sie zurückgreifen kann. Sie/Er muß ein gutes Verhältnis zur Gruppe haben, so daß die Prozesse, die in Gang gesetzt werden und eine gewisse Eigendynamik gewinnen, steuerbar bleiben. Der ÜL muß eine gute Beobachtungsgabe haben, um während der Improvisation schon einzelne Formen bei den Kindern zu sehen, die sich zur Erarbeitung einer Tanzform eignen.
Ein Beispiel – ausreichend deutlich ausgeführt – ist im Theorieteil dieses Werkheftes beschrieben.
(Siehe „Rüpeltanz“ – Beispiel im Theorieteil „Tanz aus einem Gefühlszustand heraus“, S. 180)

1. Morgenbegrüßung

Ein Beispiel für eine sehr kurze Sequenz dieser Art – für den Beginn des Tages – will ich hier noch darstellen.

Ausgangssituation:
Die Kinder kommen morgens aus den Bussen in die Klasse. Sie haben sich noch nicht richtig begrüßt und sind sehr unruhig.

Vorarbeit:
Der Lehrer hat eine schmissige Musik mit sehr deutlichen Phrasen ausgesucht. Bei der Kopierung dieser Musik wurde jedesmal am Ende einer Phrase eine eintaktige Pause eingebaut.

1.1 Die Kinder stehen verteilt im Raum. Beginnt die Musik, laufen sie nach ihren eigenen Vorstellungen herum. Jedesmal, wenn die Pause kommt, erstarren sie mitten in der Bewegung.

1.2 Jeder läuft nach seinem Gusto, kommt die Pause, sucht er mit irgendeinem in seiner Nähe Blickkontakt und begrüßt ihn mit den Augen.

1.3 In diesem Durchgang begrüßen sich die Schüler mit Handschlag – und zwar so, wie sie sich fühlen. Einige werden einen herzhaften Schlag mit dem anderen abtauschen, wieder andere begrüßen sich sehr zart. Es ist ein kurzer Gruß, denn die Pause dauert ja nur vier Zähleinheiten.

1.4 Wird bei diesem Durchgang die Pause hörbar, finden sich zwei Kinder zusammen, die die nächste Phrase gern miteinander laufen wollen. Sie rennen oder spazieren eingehakt – je nachdem, wie ihnen zumute ist. Bei die-

sem Durchgang läßt sich sehr deutlich beobachten, daß die Kinder schon während des Alleingangs bemüht sind, in die Nähe des gewünschten Partners zu kommen, um ihn dann entsprechend ihrem Bedürfnis begrüßen zu können.
Sind sie miteinander gelaufen, trennen sie sich bei der Pause wieder und laufen eine Phrase allein. Nach einer neuerlichen Pause wird ein anderer Partner gewählt – oder der gleiche, je nach Bedürfnis.

1.5 Man kann dieses Spiel jetzt noch ausdehnen:

- Mehrere finden sich zusammen während der Phrase
- Trennung und Alleingang
- Einige Kinder heben die Arme, der Partner geht drunterdurch
- Trennung und Alleingang
- Durch die breitgestellten Beine schlupfen
- Trennung und Alleingang ...

Die Kinder haben da sehr viele Ideen.
Diese Art von Tanz trägt dem Bedürfnis der Kinder nach Bewegung vor dem Unterricht Rechnung und ermöglicht es ihnen, die Klassenkameraden entsprechend ihrer Sympathie richtig ausführlich zu begrüßen auf eine Weise, die sie selbst bestimmen. Manchmal sieht das auch aggressiver aus: Ein recht fester Schlag trifft die Hand des anderen. Aber der sieht ihn ja kommen und kann ausweichen.

3.2.3 Gebundener Tanz

Bei den gebundenen – also im Muster festgelegten – Tänzen, die für unsere Kindergarten- und Grundschulkinder in Frage kommen, lassen sich einige wenige Formen immer wiedererkennen. Kompliziertere Muster können oft auf diese zurückgeführt werden. Es sind dies die Grundformen, die aus den rituellen, religiös bestimmten Tänzen der Völker hinübergekommen sind in die Volkstänze. Von den Volkstänzen haben sie ihren Weg in die heutige Folklore, in die Kindertänze, in die Geschichtentänze gefunden.
Vor allem sind dies der Kreis, die Welle, die Spirale, das Labyrinth und die Linie. Wenn die Kinder diese Formen isoliert gut kennengelernt haben und sie auch in anderen Bezügen wiedererkennen, fällt es ihnen sehr leicht, kleine gebundene Formen zu erlernen.
Eine ganz andere und tiefere Bedeutung bekommt die Gestaltung dieser Formen beim Meditativen Tanz, dem in diesem Praxisteil kein eigener Raum gegeben werden soll. Es wäre zu schade, dieses Thema nur anzureißen, mehr würde aber den Rahmen bei weitem sprengen.
In den Vorbemerkungen zu den verschiedenen Formen habe ich andeutungsweise auf die Einbettung in andere Denkzusammenhänge als die bloße Bewegungsfreude hingewiesen. Damit sollte das Interesse an diesem Thema und dieser Sichtweise geweckt werden. Wer sich damit weiterbeschäftigen will, dem seien die Bücher von Hilda Maria Lander, Maria Regina Zohner, Marie-Luise Soltmann und Maria Gabriele Wosien sehr ans Herz gelegt.

a) Thema Kreis/Rad

Eine der frühesten Grundformen der Menschheit – neben Spirale, Kreuz, Labyrinth und Rad – ist der Kreis.
Zunächst einmal ist der Kreis ein Bild der vollkommenen Gleichheit: Um eine Mitte stehen alle Tänzer gleichweit entfernt, es gibt weder vor- noch hintereinander. Der Kreis ist das Symbol des Ewigen, in sich Geschlossenen, der göttlichen Mitte (Stonehenge, Carnac, Malta, Kuppelbauten der Frühchristheit). Sehr häufig ist der Kreis das Symbol für die Sonne, die Licht und Leben spendet. Im Heiligenschein, Strahlenkranz und selbst der Krone finden wir den Kreis als Zeichen der Göttlichkeit, der Harmonie und der Transzendenz.
Die Kugel ist die dreidimensionale Form des Kreises (Sternenhimmel, Erdkugel, Universum).
Die Grundform des Tanzes ist der Kreis. Im Tanzkreis zu sein, heißt, sich geborgen und aufgehoben zu fühlen und dazu beizutragen, daß sich andere ebenso aufgehoben fühlen (Zusammengefaßt nach Marie-Luise Soltmann, 1989).

Vorübungen zum Kreis:

1.1 Jedes Kind bekommt einen Reifen und sucht sich damit einen Platz im Raum.

1.2 Selbsterfahrungsphase mit dem Material

Die Kinder werden:

- Den Reifen drehen
- Fallen lassen
- Abfühlen
- Darauf herumbalancieren
- Hineinhüpfen
- Durch den Raum rollen
- Durch den rollenden Reifen hindurchzuspringen versuchen
- Ihn drehen und gespannt beobachten, wann der fällt
- In den fallenden Reifen hineinspringen
- Mit dem Reifen auf den Boden schlagen im Rhythmus
- Hula hopp machen
- Ihn über dem Kopf drehen
- Dem anderen hinhalten, damit der durchkriechen, springen etc. kann

- Auf dem Rücken liegend drehen
- Auf dem Rücken liegend abfühlen
- im Zentrum kniend mit geschlossenen Augen abfühlen
- außen und innen herumgehen
- von außen nach innen und zurück hüpfen

u.s.w.

1.3 Raumerfahrungen zum Reifen

- Die Reifen liegen auf ihrem Platz. Die Kinder gehen nach ruhiger Musik im Raum herum.
- Jeder neue Reifen wird umrundet, bevor zum nächsten Reifen weitergegangen wird.
- Die Reifen werden zu einer Schlange gelegt. Die Kinder balancieren einer nach dem anderen auf den Reifen herum, bevor sie zum nächsten gehen. Wechselpunkt ist der Berührungspunkt der Reifen.
- Die Reifen werden zu einem Kreis gelegt. Die gleiche Bewegungsübung nun im Kreis.
- De Kinder nehmen die Reifen zwischen sich:

  Kind – Reifen – Kind – Reifen. Die Reifen werden gehalten. Mit ruhigem Gehschritt laufen die Kinder auf dem großen Kreis. Die Arme müssen immer ausgestreckt sein.
- Jedes Kind nimmt seinen Reifen und tritt drei Schritte zurück. Der Reifen wird am Boden abgelegt. Nach einer deutlich-phrasierten Musik gehen die Kinder immer bei der ersten Phrase zum nächsten Reifen, bei der zweite Phrase auf dem Reifen balancieren (Vorbereitungsübung für „King of the Fairies“).

1.4 Der Kreis wird zum Rad

- Mit zwei kurzen festen Bändern wird in den Reifen ein Kreuz gelegt.
- Die Kinder gehen auf der großen Kreisbahn von einem Reifen zum anderen. Endet die Phrase, stehen sie auf dem Kreuzpunkt der Bänder in der Mitte des Reifens. Während der zweiten Phrase tanzen sie:

Rechter Fuß:	Vor bis zu dem Punkt, wo das Band den Reifen kreuzt (Gesprochen: Vor) Seitwärts bis zum Kreuzpunkt des anderen Bandes (Gespr.: Seit) Rückwärts bis zum Kreuzpunkt (Gespr.: Zurück) Rechter Fuß zur Mitte (Gespr.: Ran)
Linker Fuß:	Genauso

Dann wird zum nächsten Reifen gewechselt. Wenn die ÜLin bei diesem Durchgang selbst mit einem Instrument begleiten kann, kann sie Rücksicht nehmen auf die langsameren Kinder, die diesen sehr schwierigen Bewegungsablauf nicht gleich begreifen werden.
(Vorübung zu den Tänzen Ma Na vu und Lòr Chiyuchech)

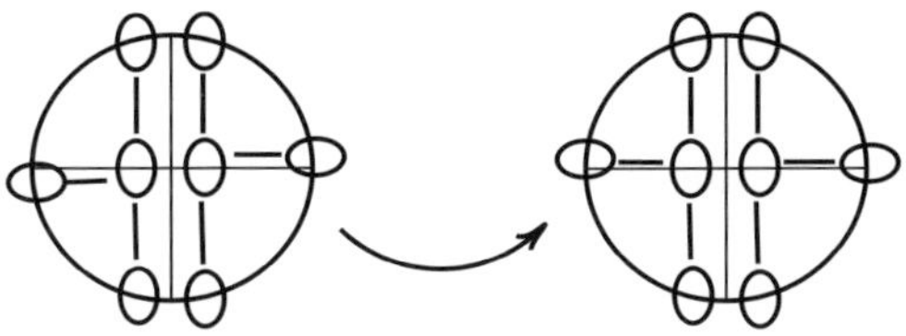

1.5 Vom kleinen Kreis zum großen Kreis

- Am Boden abgeklebt ein großer Kreis. Die ÜLin sitzt in der Mitte, mit dem Rücken zu den Kindern, und ruft mit leiser Stimme eins nach dem anderen auf. Die Kinder suchen sich einen Platz auf dem fixierten Kreis und versuchen, auf die Regelmäßigkeit der Abstände untereinander zu achten.
- Jetzt werden je zwei Kinder gerufen. Sie laufen gleichzeitig los, fassen jeder einen der ausgestreckten Arme der in der Mitte sitzenden ÜLin und drehen sie einmal um die eigene Achse, bevor sie zum Platz des Partners weiterlaufen.
  Sinn dieser Übung ist, den Kindern ein Gefühl für den Kreismittelpunkt als Schnittpunkt der Linien zu geben und ihre Kooperationsbereitschaft zu verstärken.
  Später kann ein Kind den Platz der ÜLin einnehmen.
- Die Kinder traben zu gleichmäßigem Trommelschlag auf dem Bodenkreis. In unregelmäßigen Abständen kommt ein lauter Trommelschlag. Dieser ist das Signal für eins der Kinder, den Kreis zu verlassen und nach eigenen Vorstellungen herumzuspringen. Kommt wieder das laute Signal, reiht es sich in den Trabekreis ein und ein anderes Kind springt „in die Freiheit".

Das Problem bei dieser Übung ist, daß fast immer mehrere Kinder gleichzeitig den Kreis verlassen wollen, einer darf aber nur. Das bedeutet, daß alle Überzähligen sich freiwillig zurück in den Kreis begeben müssen. Anfangs gibt das häufig Zank. Als gut hat sich herausgestellt, daß der ÜL nicht schlichtet und einen benennt, der draußen sein darf, sondern dann alle in den Kreis zurückschickt. Die Kinder sollen ja lernen, sich selbst zurückzunehmen.

1.6 Vertrauenskreis

Diese Übung hat einen sehr indirekten Bezug zum Tanz: Sie soll die Geborgenheit und Verläßlichkeit und Solidarität deutlich machen, die der Kreis symbolisiert.

- Alle bis auf einen stehen in engem Schulterschluß im Kreis. Der eine schließt die Augen und läßt sich, so gut er es eben kann, fallen. Nun wird er im Kreis rundherum „weitergegeben". Wichtig ist, daß jeder begreift, daß der Mittlere unbedingt gehalten werden muß. Klappt das, wird sich dieser fortlaufend mehr entspannen und dem schönen Gefühl des Aufgefangenwerdens hingeben.

1.7 Atemkreis

- Mit einer Zauberschnur (einer großen Gummischnur) stehen alle im Kreis. Die Hände halten locker das Gummiband, die Beine sind leicht gegrätscht, die Schultern entspannt. Auf ruhigen Zuruf der ÜLin wird ein- und ausgeatmet. Hat sich nach einer Weile ein gemeinsamer Rhythmus eingependelt, heben die Kreismitglieder beim Einatmen das Seil. Beim Ausatmen wird es langsam wieder abwärts geführt. Dazu ist ein barockes Adagio als rhythmische Unterstützung schön. Nach einer Weile werden sich Atem und Bewegungen so angeglichen haben, daß sich die Zauberschnur wie ein selbständiger Innenkreis hebt und senkt – überall auf der gleichen Höhe, überall im gleichen Tempo. Dies ist – neben der Anpassung der Bewegungen und des Atemrhythmus – eine wunderbare Übung, die synchronen Armbewegungen einzuüben.

1.8 Kleiner Kreis im großen Kreis

- Wir halten wieder die Reifen zwischen den Tänzern. Mit gleichmäßigem Schritt – nach ruhiger Musik – gehen alle Kinder zur Mitte, dabei die Arme vor der Körpermitte zusammenführend und auf diese Weise mit den Reifen einen Innenkreis bildend. Beim Rückwärts-hinausschreiten werden die Arme wieder neben den Körper geführt.

Mit dieser Übung haben wir das Rad mit vielen Speichen getanzt. Diese Neuigkeit kann – am Boden abgeklebt – sichtbar gemacht werden für die Kinder.

1.9 Doppelkreis „Acht"

- Zwei Kinder finden sich mit ihren Reifen zusammen. Sie schauen sich an, legen die Reifen zu Boden. So, daß zwischen den Reifen noch ausreichend Platz ist. Eine lebhafte Musik begleitet die folgende Formübung: Mit etwa acht Schritten (manche Kinder schaffen es einfach nicht, zu laufen, die Form zu beachten, auf die Musik zu hören und auch noch die Schritte zu zählen!) umrunden die Kinder ihren Reifen, geben sich rechte Hand zu rechter Hand in der Mitte einen Batsch, drehen um und machen das gleiche links herum.

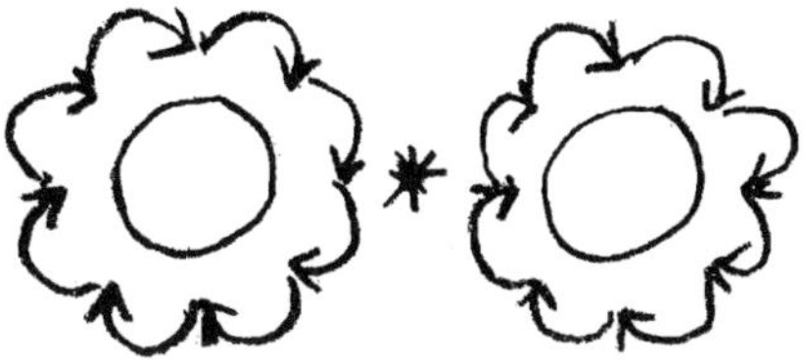

- In der nächsten Stunde kann dann die Übung dahingehend ausgeweitet werden, daß die Kinder einmal ihren und im Anschluß daran den Reifen des anderen umlaufen – klatschen – das Ganze zurück. Das natürlich im Einklang mit der musikalischen Phrase des kleinen Musikstückes, das man ausgesucht hat.

- Für die größeren Kinder kann die Übung weiter kompliziert werden: Es werden drei Kreuze auf dem Boden abgeklebt. Auf jedem steht ein Kind. Von den Kreuzen ausgehend sind Laufrichtungspfeile aufgeklebt. Die drei laufen gleichzeitig los und gehen miteinander die Acht. Die Schnittpunkte müssen überquert werden. Nach sechzehn Schritten ist jeder wieder auf seinem Platz.

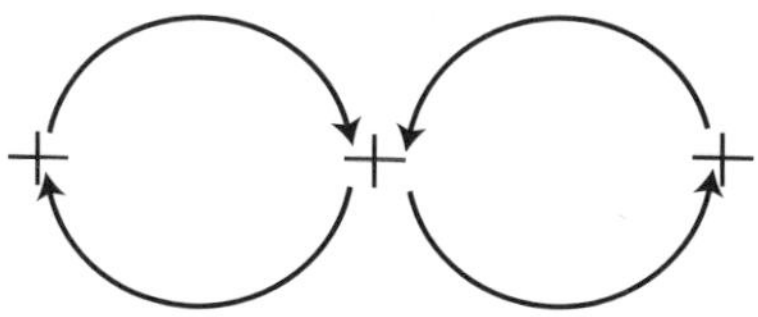

Nach diesen Vorübungen müßte jedes Kind die Kreisform verinnerlicht haben.
Kontrollübung: Wie am Anfang sitzt die ÜLin in der Mitte des Raumes. Nun ist kein Kreis um sie herum am Boden abgeklebt. Sie ruft die Kinder. Eigentlich müßten jetzt alle einen Platz auf dem imaginären Kreis in gleichem Abstand zur Mitte (ÜLin) finden.

Bei den Tänzen ist es nicht nur schön und symbolisch, eine Kerze, eine Blume, ein schönes Tuch mit einem Edelstein oder irgendetwas anderes Beziehungsreiches in die Mitte zu geben, sondern auch hilfreich bei der Raumorientierung.

b)Thema Schlange/Welle

Die offizielle Tanzsprache bezeichnet mit „in Schlangenform tanzen" Raumwege, die den Kreis auflösen und sich in Kehren, Windungen, Höhen und Tiefen umwenden. Wie die Flüsse und Bäche sich schlängeln, in Mäandern ihrer Wege fließen, so sollen die Tänzer heilsame, erholsame Umwege gehen. Tore werden aufgerichtet, die Tänzer müssen sich bücken und wieder aufrichten, hin- und herschlängeln, ständig ist die Kette der Tänzer in Auflösung und Neuformung begriffen: Ein bewegtes Vergehen und Neuentstehen, welches wir im Bedeutungsgehalt der Schlange wiederfinden.

Die Schlange ist eines der vieldeutigsten und widersprüchlichsten Symbole:

- Beim Aeskulapstab finden wir sie als Symbol für die den Körper heilenden Kräfte
- Beim Bischofsstab ist die stilisierte Schlange die Heilsbotin, die die Erlösung bringt
- Die ägyptischen Könige trugen die Schlange als Zeichen der Weisheit und zur Abwehr alles Bösen an ihrer Krone (Uräusschlange)
- Die Schlange als Zeichen ewigen Lebens: Durch die Häutungen verjüngt und verändert sie sich (schon im Gilgamesch-Epos wird ihr diese Rolle zugeschrieben).
- Die kosmischen und magnetischen Ströme wurden oft als geflügelte Schlangen dargestellt (Charpentier).
- Die Schlange kann aber auch negative Bedeutung haben: Als Verführerin des Menschen hin zum Bösen (Schöpfungsgeschichte)
- Sie wird in der jüdischen Religion als Urbild des Teufels angesehen
- In dieser Funktion finden wir die Schlangen wieder auf Darstellungen des jüngsten Gerichtes, wo die Bösewichter von ihnen angefallen und gefressen werden.
- Die Doppelschlange gilt als Symbol für Gegensätze: Mann und Frau, Oberwelt und Unterwelt, Tod und Leben. Möglicherweise gehen die getanzte Kette, die Bändertänze, die Flechtformen auf diese Doppelform der Schlange zurück.

Vorübungen zur Schlange/Welle: Motivhören – Phrase erkennen

- Die Kinder haben sich einen Platz im Raum gesucht. Sie bekommen ein buntes Rhythmikseilchen. Nun sollen sie versuchen, mit diesem Seil Schlangen zu bewegen: Am Boden liegende, sich hoch aufbäumende, um den Körper herumschlängelnde.
- Schlangenspiel zu zweit: Der eine bewegt seine „Schlange" am Boden. Der andere versucht, erst mit der Hand, danach mit dem Fuß das Ende der Schlange zu erwischen. Nun ist an ihm, die Schlange zu bewegen.
- Dieses Spiel kann auch im ganzen Raum gespielt werden.
- Alle Seilchen werden zu einer langen Schlange zusammengelegt. Die Kinder balancieren auf dieser Seilschlange.
- Jedes Kind nimmt wieder sein Seilchen und sucht sich einen Platz im Raum, „um den man herumgehen kann". Nun wird ein musikalisches „Schlangenzeichen" eingeführt: Ein Triller, eine kleine chromatische Abfolge, ein pentatonisches Motiv. Ein Kind läuft zu einer fließenden Musik um die anderen herum. Ertönt das „Schlangenmotiv", werden die Seilchen zu sich bewegenden Wellen, über die das Kind hinwegspringen muß. Berührt eine Schlange seinen Körper, ist es „gestorben" und das andere Kind kann sein Glück versuchen (Motivhören).
- Jedes Kind legt sein Seilchen zu einem Schlangennest, in das es sich hineinsetzt. Die ÜLin intoniert eine einfache, gut eingängige fließende Melodie mit deutlich akzentuiertem Beginn und Ende.
  Eins der Kinder umläuft die anderen in Schlangenlinien. Hört es das Ende nahen, sucht es sich ein Nest und setzt sich zu dem Kind. Beim Wiedereinsetzen der Melodie läuft das neue Kind los (Phrasenhören).
- Je zwei Kinder machen ein Tor miteinander. Das Übriggebliebene läuft in Schlangenlinien durch den Raum. Jedes Tor, durch das es gelaufen ist, schließt sich ihm hinten an, so daß die Schlange immer länger wird und schließlich gar keine Tore mehr im Raum stehen. Neubeginn.
  Diese kleine Übung kann auch mit Motivhören gekoppelt werden, indem ein „Tormotiv" eingeführt wird, das als Signal für eine Tordurchschreitung intoniert wird.
- Die Kinder stehen im weiten Kreis ohne Handfassung. Nach einer lebhaften Musik schlängelt sich ein Kind zwischen den Kindern hindurch, bis es wieder auf seinem Platz ist. Mit Handschlag wird der Nachbar in Bewegung gesetzt. Die Richtung können die Kinder wählen.
- Weiter Kreis ohne Handfassung. Ein Kind läuft los, greift unterwegs ein anderes, das sich hinten anhängt. Dieses wiederum berührt beim Durch-

lauf ein neues Kind, welches sich anhängt. So wird der ganze Kreis allmählich aufgerollt zu einer großen Schlange, die sich solange weiter im Raum herumschlängelt, bis die Musik aufhört.

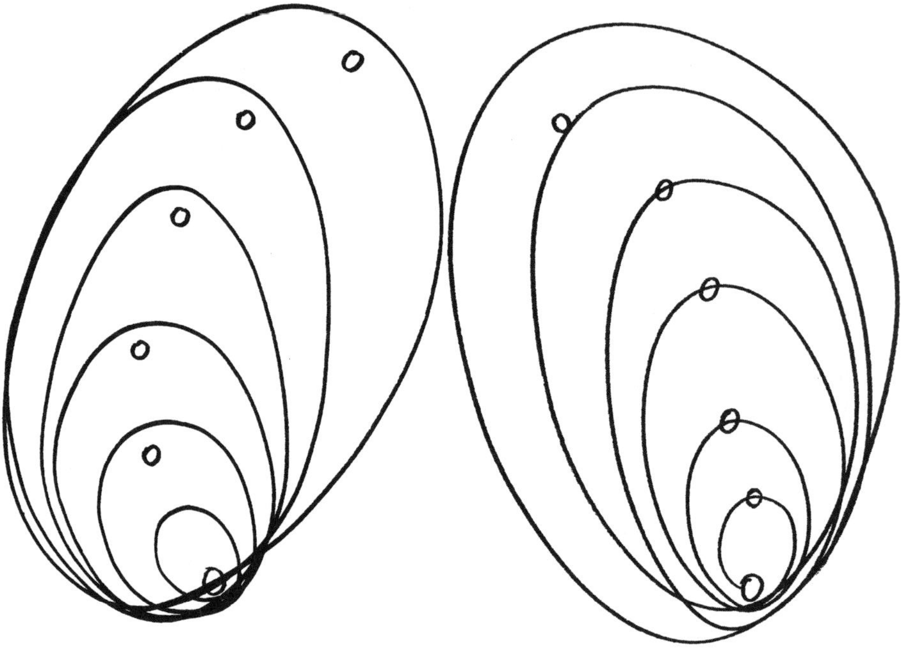

Raumwege zum Schlangentanz „Milanovo Kolo"

c) Thema Spirale

Die Spirale ist – von einem Punkt ausgehend – eine Form, die dynamisch über sich selbst hinausweist. Auf die Mitte hin zusammenziehend und aus der Mitte heraus expandierend wurde die Spirale als Symbol für die zyklischen Phasen des Mondes und des Meeres angesehen. Dazu paßt wunderbar, daß wir bei Erscheinungen des Wassers und der Luft besonders häufig Spiralformen finden. Auf wunderschöne Weise kommen die Formen des fließenden Wassers in den Formen der Wasserbewohner wieder. Die Polynesier glauben, daß das Wasser lebenserneuernd auf den Mond wirkt (Theodor Schwenk, 1991).
Die rechtsdrehende Spirale – im Uhrzeigersinn vom Mittelpunkt ausrollend – ist das Symbol für den zunehmenden Mond, das Leben, die Flut. Die linksdrehende Spirale – vom Mittelpunkt aus den einrollenden Weg zurück-

gehend – symbolisiert die Ebbe, den abnehmenden Mond, den Tod. In der Doppelspirale vereinen sich Leben und Tod, Mond und Sonne, Weite und Enge. Sie ist eines der ältesten Symbole der Menschheit, das wir in allen Kulturen wiederfinden. Auch das Yin-Yang Zeichen erinnert stark vereinfacht an die Doppelspirale (Marie-Luise Soltmann, 1988).

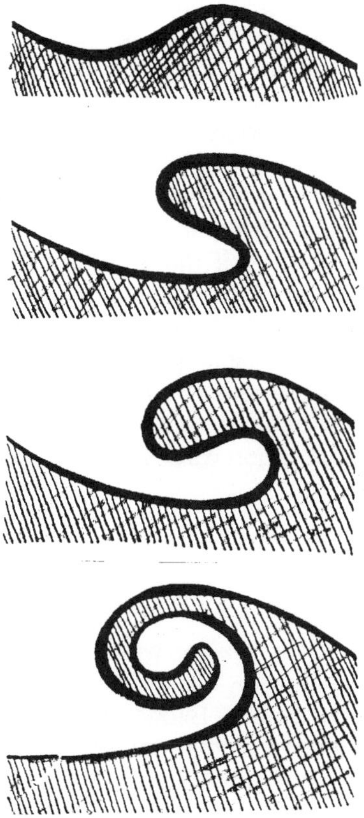

Wie aus einer Welle eine Wasserspirale entsteht (vereinfachte Nachzeichnung aus Schwenk: Das sensible Chaos)

Yin-Yang Zeichen

Die Qualle läßt bei ihrer Fortbewegung im Wasser Spiegelbilder ihrer selbst entstehen (Nachzeichnung aus Schwenk: Das sensible Chaos)

Vorübungen zur Spirale:

Übung zur Stille:

- Am Boden abgeklebt sehen die Kinder beim Hereinkommen eine große Spirale. In der Mitte der Form steht ein Metalltablett mit einer angezündeten Kerze. Die Kinder setzen sich im Kreis um die Spirale herum. Das Licht wird gelöscht und eine zurückhaltende Meditationsmusik eingespielt.
  Dazu eignen sich sowohl die klassischen langsamen Sätze als auch neue Musiken. Ich bevorzuge für diese Übungen moderne Einspielungen (ocean waves, Deuter, Kitaro, Tänzers Traum etc.), da viele davon sozusagen taktfrei schweben und das Lauftempo nicht dominieren. So wird dem individuellen Bewegungsbedürfnis mehr Raum gegeben. Ein Kind geht nun, sorgfältig beobachtet von den anderen, auf der Spirale in die Mitte, nimmt die Kerze auf und trägt sie heraus; die Kerze wird an ein anderes Kind weitergegeben, das sie wieder hineinträgt und auf dem Tablett absetzt. Werden die Kinder nach einer Weile ein wenig unruhig, macht die ÜLin mit ruhiger Stimme auf die Lichtreflexe im Gesicht des Kerzenträgers aufmerksam, auf den Lichtschimmer am Boden, an der Decke, in den Augen der Kinder.
  Besonders schön ist diese Übung in der Adventszeit, wenn Tag für Tag – von außen nach innen – auf der Spirale ein goldener Stern hinzukommt. Zu dieser Zeit kann man die Übung dahingehend verändern, daß das Licht immer nur bis zu dem neuen Stern getragen wird. Die Sterne sind mit Klarsichtfolie gut am Boden zu befestigen.

Wiedererkennen der Spirale:

Hören: Anfang und Ende eines Geräusches

- Auf einem schönen Tuch in der Mitte des Kinderkreises werden Schneckenhäuser, halb eröffnete Blüten, Bilder von den Spiralnebeln der Andromeda, Wasserwirbel, Bild vom Weg der Qualle, Bilder der Luftwirbel ausgebreitet. Spiralen finden wir, wenn wir erst einmal darauf achten, in vielerlei Naturerscheinungen und Abbildungen derselben.
- In einer großen, ziemlich flachen Schüssel liegt eine Glasmurmel. Wir bringen durch Drehung die Murmel in Bewegung und verfolgen den Spiralweg zur Mitte.
- Nehmen wir Murmeln verschiedener Größe und aus verschiedenem Material, wird das Geräusch immer ein anderes sein. Mit der Zeit werden die Kinder ganz genau hören, ob die Gummikugel, die Glaskugel, die kleine Tonkugel oder die Holzkugel ihren Spiralweg laufen.

- Solange die Kugel läuft, können die Kinder sich leise um sich selber drehen.
- In einer Glasschüssel ist Wasser mit einem mehligen Farbzusatz. In Ruhestellung setzt sich das Mehl auf dem Boden ab. Bringen wir die Schüssel in Rotation, wird sich das Farbmehl in Spiralform mitdrehen.

Körperarbeit mit der Spirale:

Hören: Crescendo – decrescendo

- Jedes Kind steht auf seinem Platz im Raum. In der einen Hand liegt eine schöne Glasmurmel. Mit der anderen Hand fährt das Kind von außen nach innen in Spiralform seine Hand ab, bis es bei der Kugel landet. Der gleiche Weg geht zurück zur äußeren Begrenzung der Hand.
- Jedes Kind reibt seinen Bauch. Nun fangen wir ganz außen über Brust und Bauch mit einer großen Kreisbewegung zu reiben an. Allmählich werden die Kreise immer enger, sie enden am Bauchnabel. Die Spirale wird mehrmals ein- und ausgerollt.
- Die ÜLin spielt einen Ton ein, der an- und abschwillt. Die Kinder wachsen und werden immer größer, wenn er anschwillt, strecken ihre Arme in den Himmel und stehen auf den Zehenspitzen. Wird der Ton „kleiner", werden auch die Kinder kleiner und rollen sich spiralig in sich zusammen, bis sie ganz am Boden sind.
- Diese Übung kann man auch am Boden in der Seitlage liegend machen lassen.
- Beide Hände werden gestreckt vor dem Körper gehalten, solange der Ton groß und voll klingt. Wird der Ton schwächer, ziehen sich die Hände zusammen. Wir sehen nun deutlich die Spiralform, wenn der Daumen außen übergreift. Wächst der Ton wieder, falten die Hände langsam auf bis zur Streckung.
- Zwei Kinder stehen nebeneinander und halten sich an der Hand. Eines rollt auf Signal ein, auf Signal wieder aus. Nun darf das andere Kind einrollen und wieder heraus.
  Bei dieser Übung erleben die Kinder sinnfällig Enge und Weite, Nähe und Ferne.
- Die ganze Gruppe kann diese Einrollübung machen. Ein Kind führt hinein, dann dreht die ganze Gruppe und das letzte führt wieder hinaus. Dazu kann ein Schneckenlied gesungen werden oder eine Spiralmusik mit immer enger werdender Mehrstimmigkeit improvisiert werden.

d) Thema Labyrinth

Das Labyrinth ist – ebenso wie Kreis, Schlange, Welle und Kreuz – eines der ältesten Symbole. Schon 1400 vor Christus werden Formen der Labyrinth-Bewegungen gefunden. In der Gestalt des Labyrinths verbinden sich diese vier Symbole zu einer neuen, völlig anderen Einheit. Es hat nur einen Eingang, hinter dem sofort die Umwege beginnen. Ziel ist die Mitte – und in dieser Mitte die Umkehr. Immer wieder geht der Weg nah an der Mitte vorbei, führt dann aber wieder nach außen.
In den Tänzen finden wir das Labyrinth als Weg wieder. Die Tänzer werden – durch einen Führer oder durch im Boden eingelegte Spuren (Chartres) – durch die verwundenen Wege geführt, müssen drehen, umwenden, überwinden. Mit dem Tanz wird der Raum gegliedert und damit die Zeit. Überliefert ist der österliche Balltanz der Priester im Labyrinth von Chartres. Hierbei trugen die Tänzer einen goldenen Ball als Symbol für Christus=Sonne. Leider ist die Tanzform nicht authentisch überliefert.
Es ist zu vermuten, daß die Labyrinthtänze ein Ersatz für eine große Pilgerreise waren. Der Wunsch nach Verwandlung und Erneuerung bei der Umkehr im Innersten und den Weg als Teil des Zieles zu begreifen, führt die Tänzer.
Im kretischen Mythos ist das Labyrinth eine Todesspirale, die in die Unterwelt führt und keinen Weg zurück vorgesehen hat – erst die Lichtkrone der Ariadne und ihr Knäuel ermöglichten dem Held Theseus die Rückkehr in die helle Oberwelt.
Das Liebeslabyrinth des nordischen Mai-Brauchtums oder die Feier der Hochzeit zwischen Sonne und Erde (Hopi-Indianer) zeigen uns das Labyrinth als Ort für die Fruchtbarkeitsmagie.
Zum Schutze und zur Abwendung von Schaden finden wir Labyrinthe in der Nähe von Stadttoren und Hauseingängen.
In den Kirchen waren diese Formen immer in die Gesamtkomposition des Raumes eingebettet und dienten der rituellen Bewegung, waren Pilgerweg und Zeichen für die Verwandlung im Glauben.
Wir finden die verschlungenen Wege aber auch in den Bahnen der Himmelskörper.
Die Formen des Gehirns erinnern an ein Labyrinth; bei Pflanzen (aufgeschnittene Mohnblüten, Kohlköpfe, Blattknospen etc.) sehen wir labyrinthische Formen, ebenso beim Zusammentreffen warmer und kalter Luftströme oder Wassermassen.

Übungen zum Labyrinth:

Vorübungen zum Tanzen labyrinthischer Formen haben wir reichlich bei der Erarbeitung des Kreises, der Welle und der Spirale gemacht. Um die

Sinne der Kinder aber weiter zu verfeinern und offen zu machen für diese besonderen Raumwege, können wir zeichnerische und gestalterische Vorübungen machen, die dann durch das Tanzen in eine andere Dimension geführt werden.

– Die Kinder stehen im Kreis mit weiten Abständen voneinander. Jedes hat einen kleinen Soft- oder Weichgummiball. Die Arme sind rechts und links weit ausgestreckt. Der Ball wird in die rechte Hand genommen und mit einer Halbkreisbewegung über dem Kopf in die linke gelegt; der nun leere Arm pendelt zurück. Nach einer Pause legt die linke Hand den Ball wieder in die rechte – zurückpendeln, Pause. Der ganze Körper geht dabei weich mit, um die Pendelbewegung, die typisch für das Labyrinth ist, nachzuempfinden. Diese Bewegungsübung wird von ruhiger Musik begleitet.

– Auf einen großen Karton malen die Kinder ein Kreuz. Das Papier ist fixiert, so daß die Kinder beidhändig malen können. Das Pendeln, das wir eben in der Ganzkörperbewegung erlebt haben, wird nun zeichnerisch beidhändig nachvollzogen, indem die gegenüberliegenden Punkte des Kreuzes miteinander verbunden werden.

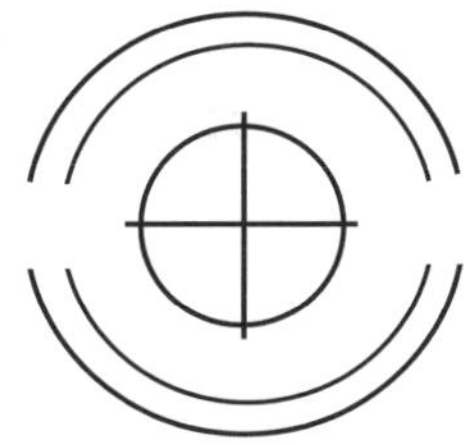

– Diese Übung wird jetzt erweitert.

Abgezeichnet aus: Marie-Luise Soltmann: Im Kreis um die kosmische Mitte

– Nach diesen einfachen Übungen können die Kinder das vergrößerte Bild „Ariadnefaden“ von Kern nachfahren; immer sind diese Übungen von ruhiger Musik begleitet, die die Konzentration erleichtert und die Körperprozesse harmonisiert.

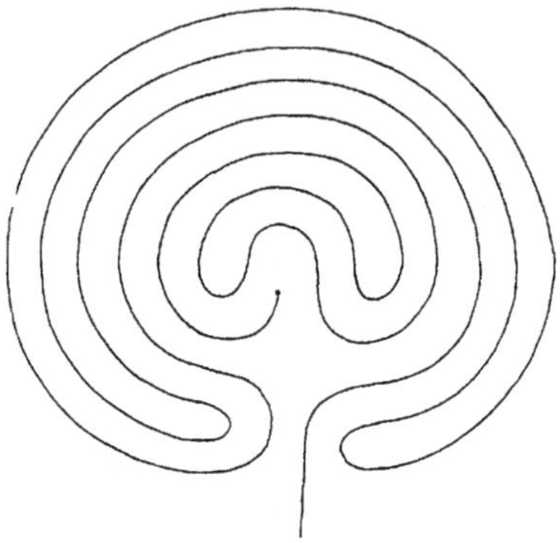

Ariadnefaden als Weg *(aus Lander/Zohner)*

– Als sehr anspruchsvolle Übung kann das Labyrinth von Chartres nachgefahren oder mit Tonrollen nachgelegt werden. Dazu ist es erforderlich, eine Kopie als Unterlage herzustellen, die etwa auf ein DIN A3-Blatt paßt. Die aneinandergefügten Rollen können zum Schluß mit dem Zeigefinder eine Vertiefung in der Mitte erfahren.
Wird diese Labyrinthtafel gebrannt, haben wir eine Spur, mit der wir uns immer wieder die Form in die Hände und damit ins Gedächtnis rufen können. Brauchen die Kinder eine konzentrative Stilleübung ohne Großbewegung, sind diese runden Täfelchen eine große Hilfe.

Labyrinth von Chartres *(aus: Lander/Zohner)*

e) Thema Linie und Reihe/Prozession

Prozessionen waren wohl in vielen Kulturen Bestandteil der religiösen Rituale: Denken wir nur an die Heiligen Straßen, die zu den Steinkreisen vorchristlicher Zeit führten; an die jüdischen Wallfahrten anläßlich des Passahfestes zum Heiligen Tempel; an die Darstellungen der Begräbnisprozessionen in ägyptischen Grabmälern; an die vielerlei Prozessionsrituale des Christentums. Als Tanzform begegnet uns die Prozession in ihren formalen Bestandteilen Linie und Reihe.
Diese Formen eignen sich besonders gut dazu, sich wieder dem Schreiten und würdigen Gehen zu nähern. In den Höfischen Tänzen sind sie weit häufiger vertreten als in den Volkstänzen.
Einzelübungen, die am Ende zu einer Polonaise oder Schreitprozession zusammengefaßt werden können:

– Zwei Gruppen stehen sich in der Reihe gegenüber. Die beiden ersten Kinder gehen aufeinander zu, fassen sich an einer Hand und schreiten durch die Reihe hindurch. Sie schließen sich unten – eventuell mit einem kleinen Kreis um den neuen Platz – wieder an. Die Anderen rücken mit sehr kleinen Nachstellschritten weiter, damit der Platz im Raum reicht.

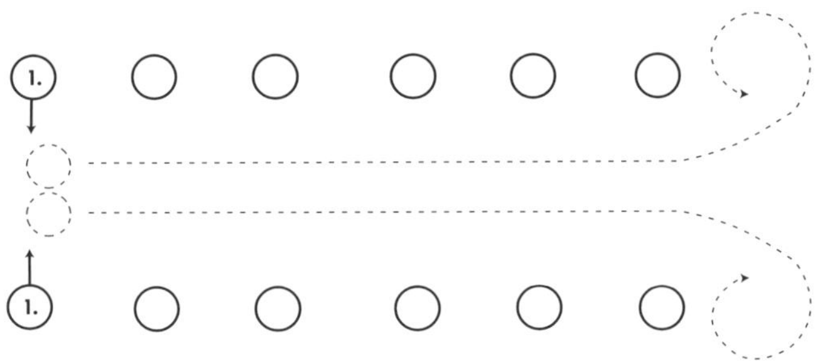

– Die beiden Ersten gehen aufeinander zu, wenden sich dann aber mit einem kleinen Kreis zurück und laufen außen an der Linie entlang zu dem neuen Platz am unteren Ende.

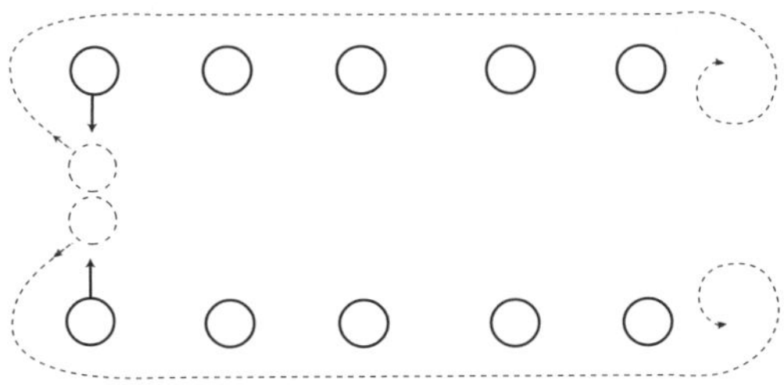

- Die beiden Ersten fassen sich, die Zweiten schließen sofort an usw. Am unteren Ende trennen sie sich und laufen an der Linie entlang wieder nach oben, um anzuschließen.

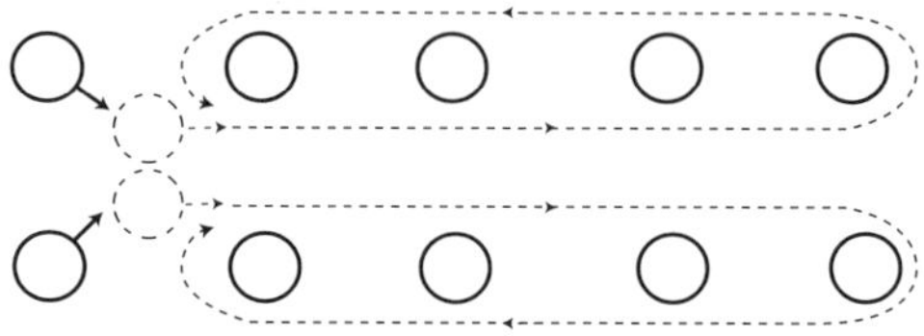

- Das erste und das letzte Paar fassen sich gleichzeitig und laufen aufeinander zu – Verbeugung. Während sie in der Reihe geschritten sind, haben sich die Linien in der Mitte getrennt und sind jede für sich mit kleinen Nachstellschritten nach außen gerückt. Die Mitte wird vorher gekennzeichnet (Band, Stock, Klebeband). Die Tänzer nehmen nun die mittleren Plätze ein, die Oberen fassen sich und schreiten sich entgegen.

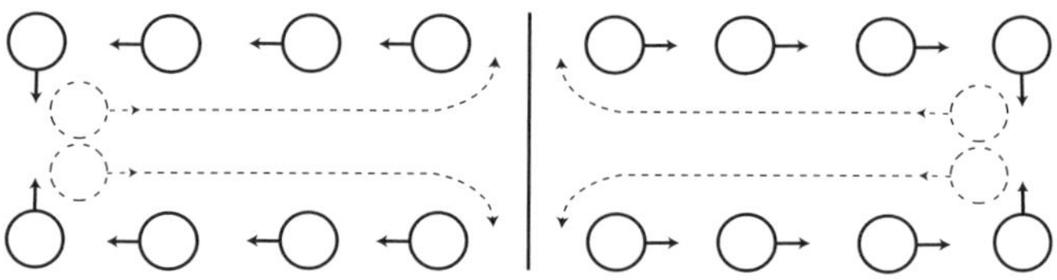

- Einfacher Platztausch

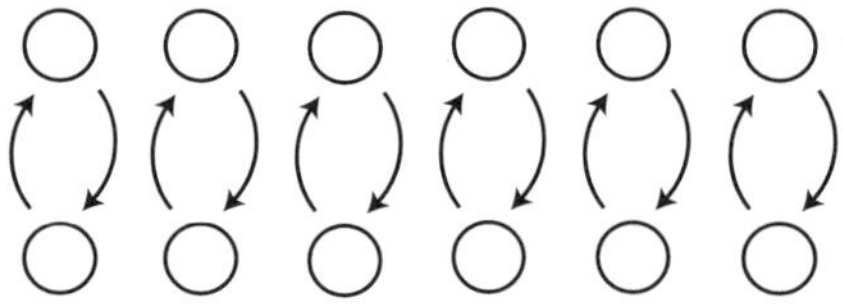

- Die gegenüberstehenden Kinder gehen aufeinander zu und klatschen die Hände gegeneinander, rückwärts zum Platz zurück.
- Die gegenüberstehenden Kinder gehen aufeinander zu, legen die rechten Pulsstellen aneinander, drehen einen kleinen Kreis und gehen zum Platz zurück.

- Die gegenüberstehenden Kinder gehen bis zur Mitte aufeinander zu, umrunden sich dann und gehen rückwärts auf ihren Platz zurück (dos à dos).
- Von der Mitte nach außen wechseln die Kinder diagonal die Plätze; entweder im Seitgalopp oder im Schritt. Genauso werden die Plätze zurückgetauscht.

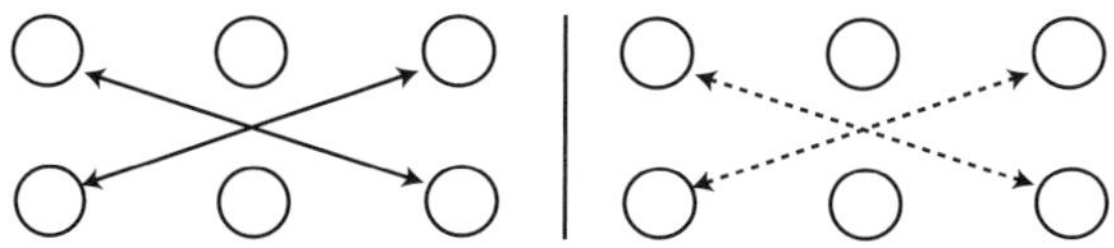

Es gibt viele weitere Möglichkeiten, mit Linie und Reihe im Raum zu spielen. Hier sollten nur einige Anregungen gegeben werden.

Einige einfache Mitmachtänze und ihr Bild im Raum

Die Cassetten zu den einzelnen Tänzen sind alle erhältlich bei Verlag Ludwig Lang, Postfach 100430, 74504 Schwäbisch Hall, Fax 0791/ 491434. Auf jeder Cassette ist nur ein Tanz eingespielt, damit das lästige Suchen unterbleibt.

I. Ma Na'Avu (Abb. S. 218):

- Kinder stehen im Kreis, angefaßt
- Vorspiel

1. Muster:

- Rechter Fuß: Vortippen – seitwärts tippen – rückwärts tippen – wieder ranziehen (dazu sprechen: Vor, seit, rück, ran)
- Linker Fuß genau so: Vor, seit, rück, ran

Noch einmal

2. Muster

- 16 ruhige Schritte nach rechts
- 16 Schritte nach links
- wieder von vorne

Dieser Tanz hat eine außerordentlich beruhigende Wirkung. Anfangs lasse ich die Kinder bis sechzehn mitzählen, wobei ich selber gegen Ende der sechzehn meine Stimme hebe um den Richtungswechsel anzukündigen.

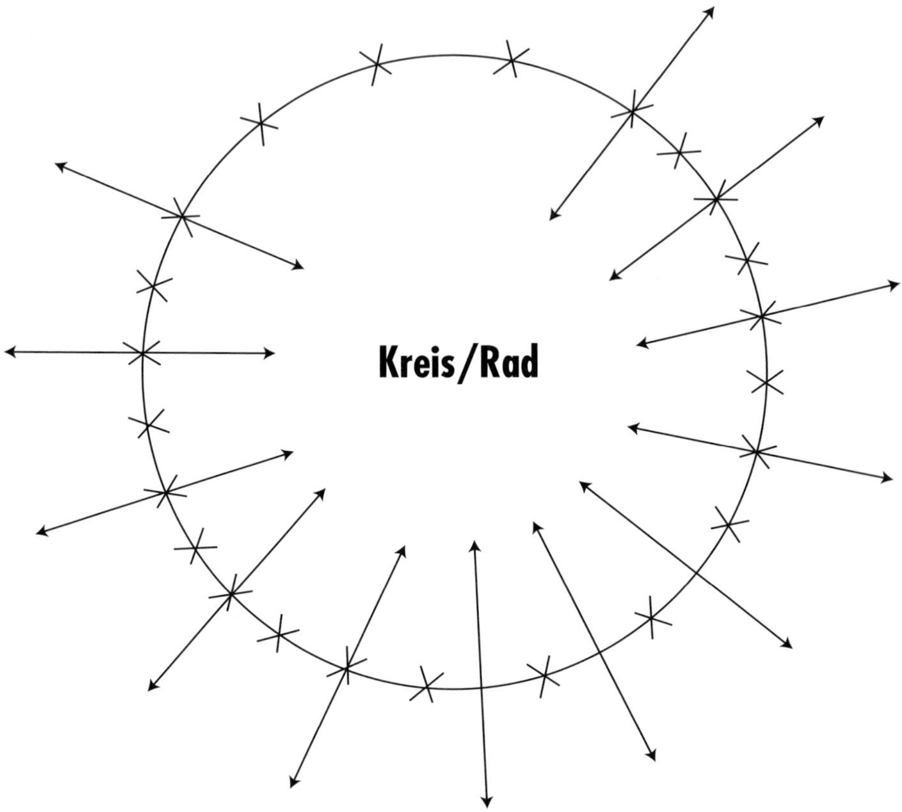

II. King of the Fairies:

(Zur Einführung klebe ich immer mit Tesakrepp am Boden die zu tanzenden Formen ab. Das kann man bei Ma Na Avu auch machen, ist aber nicht zwingend. Bei dem folgenden Tanz empfiehlt es sich sehr. Ein großer Kreis und pro Kind dann ein kleiner Kreis, so daß es wie eine Blume aussieht. Die Bewegungsrichtung auf der Klebe andersfarbig kennzeichnen!)

– Vorspiel

1. Muster:

– Handfassung im Kreis
– 8 Anstellschritte nach rechts
  (Rechts-ran-rechts-ran-rechts-ran-rechts-ran)
– 8 Anstellschritte nach links

2. Muster

- Mit acht Schritten einen kleinen Kreis nach innen laufen, beim ersten Mal mit dem rechten Fuß beginnend. Wenn der Platz wieder erreicht ist, halbe Drehung. Körper schaut nun nach außen.
- Mit acht Schritten einen kleinen Kreis nach außen laufen, am Ende wieder halbe Drehung.
- Kreis nach innen (acht Schritte)
- Kreis nach außen (acht Schritte)

Bei diesem Tanz ist die Zähleinheit durchläufig acht. Meistens lasse ich die Kinder folgenderweise laut mitzählen:
1-2-3-4-5-6-7-8 — rechts-ran-rechts-ran ... Hierbei nimmt natürlich die sieben eine besondere Stellung ein, da durch die Zweisilbigkeit auf einmal das Sprechtempo verdoppelt wird. Das gibt so einen kleinen drive ... (man könnte die zwei Silben der Sieben auch mitstampfen)

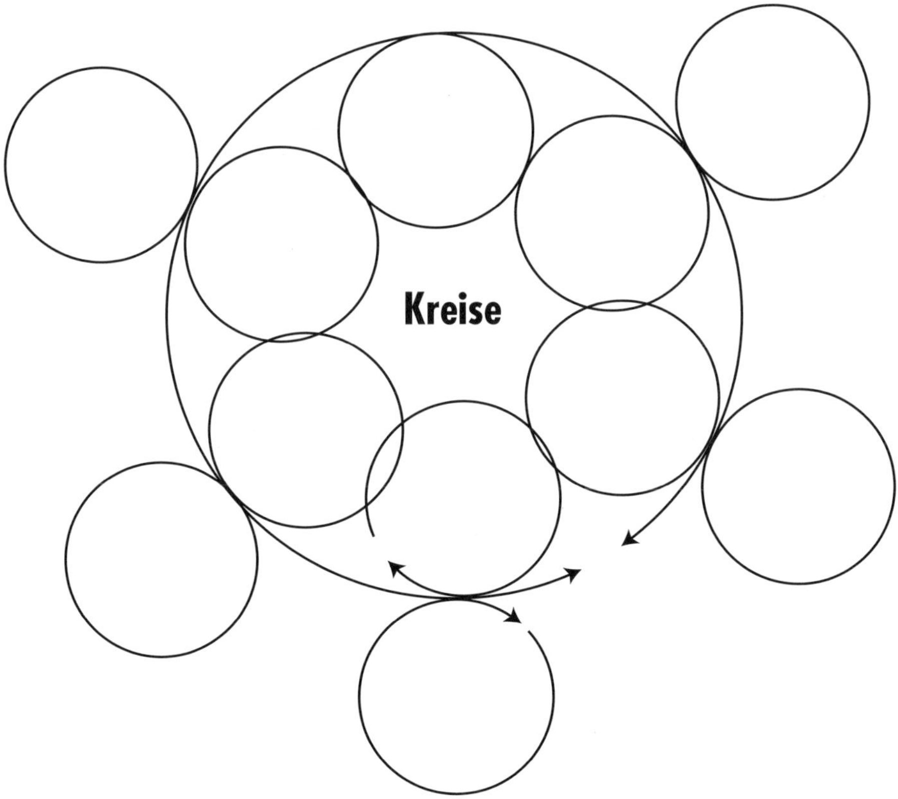

III. Savila se bela loza: (Knopflochtanz)

- Vorspiel. Die Kinder stehen in einem durchgefaßten Halbkreis. Da, wo der Kreis offen ist, steht anfangs je eine Pädagogin (Päd I und Päd II) oder die Lehrerin und ein gewieftes Kind.
- Die erste Pädagogin läuft mit flotten Hüpfern zwischen dem gegenüberliegenden ersten „Loch" durch. (Ein Loch entsteht, wenn zwei nebeneinanderstehende Kinder ihre gefaßten Hände heben)
- die zweite Pädagogin läuft nun durch das erste Loch auf der gegenüberliegenden Seite, das die erste Pädagogin mit ihrem benachbarten Kind bildet.
- Päd I läuft durchs zweite Loch
- Päd II läuft durchs zweite Loch
- Päd I läuft durchs dritte Loch
- Päd II läuft durchs dritte Loch etc.

Bei guter Übung können auch beide Enden der Schlange gleichzeitig loslaufen, dann natürlich nicht durch das gegenüberliegende Loch, sondern durch die Löcher auf der eigenen Kreishälfte. Das erfordert gute Augenabstimmung zwischen den beiden „Köpfen".

Später, wenn die Aufgabe klar ist, führen die Kinder die Schlange an. Der Trick ist, daß kein Kind je loslassen darf und die „Lochkinder" ihre Hände so locker fassen, daß sie sich ineinander drehen können. Der andere Trick ist, daß man immer nach rechts abbiegen muß, wenn man durch das Loch hindurchgetanzt ist.

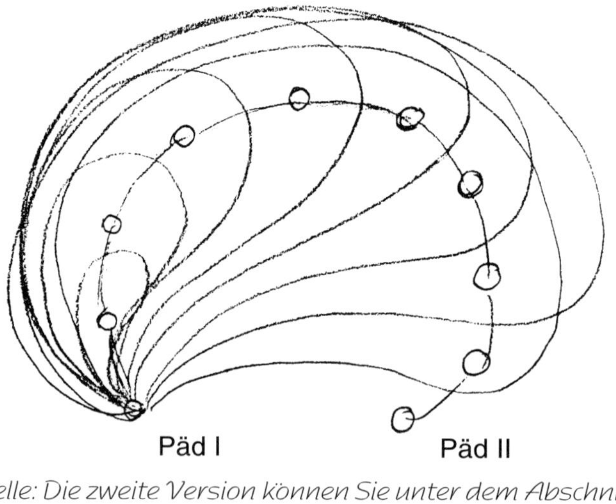

Schlange/Welle: Die zweite Version können Sie unter dem Abschnitt „Schlange/Welle" sehen.

IV. Tarantella: (sehr leicht zu tanzen)

Vorspiel

1. Muster:

- Die Kinder stehen eingangs durchgefaßt im Kreis und wenden sich gegen Ende des Vorspiels einem der Nachbarn zu. Rechte Hand wird an die rechte Hand gelegt (Mühlenfassung).
- Die Kinder beschreiben nun mit dieser Handfassung einen kleinen rechten Kreis (16 Schritte)
- Linke Hand an linke Hand, linksherum einen Kreis beschreiben (16 Schritte)

2. Muster: Jeder läuft für sich allein mit Schlangenlinien im Raum herum (8 Takte, 32 Schritte)

1. Muster mit anderem Partner wiederholen

3. Muster: Im Schreiten gehen alle zu einem großen Kreis zusammen.

4. Muster: Das Tempo der Bewegung wird halbiert; mit 4 langsamen Schritten gehen die Kinder zur Kreismitte, mit langsamen Schritten wieder heraus, Vier rein, vier raus.

Danach beginnt diese A-B-A-C-D Form wieder von vorne.

Kreisel/Wellen/Gerade

V. Northeimer

Vorspiel

1. Muster: Die Kinder stehen paarweise in Tanzrichtung auf dem großen Kreis. Sie laufen miteinander 16 Schritte vorwärts. Beim sechzehnten Schritt wechselt das innen laufende Kind nach vorne zum nächsten Partner. Noch einmal sechzehn Schritte und neuerlicher Wechsel vorwärts.

2. Muster: Kinder fassen sich an beiden Händen und tanzen im Seitgalopp sechzehn Schritte in Tanzrichtung – dann sechzehn Schritte zurück in die andere Richtung.

3. Muster: Stampf – stampf – klatsch-klatsch-klatsch Danach auf der Stelle um sich selber drehen

Muster von vorne

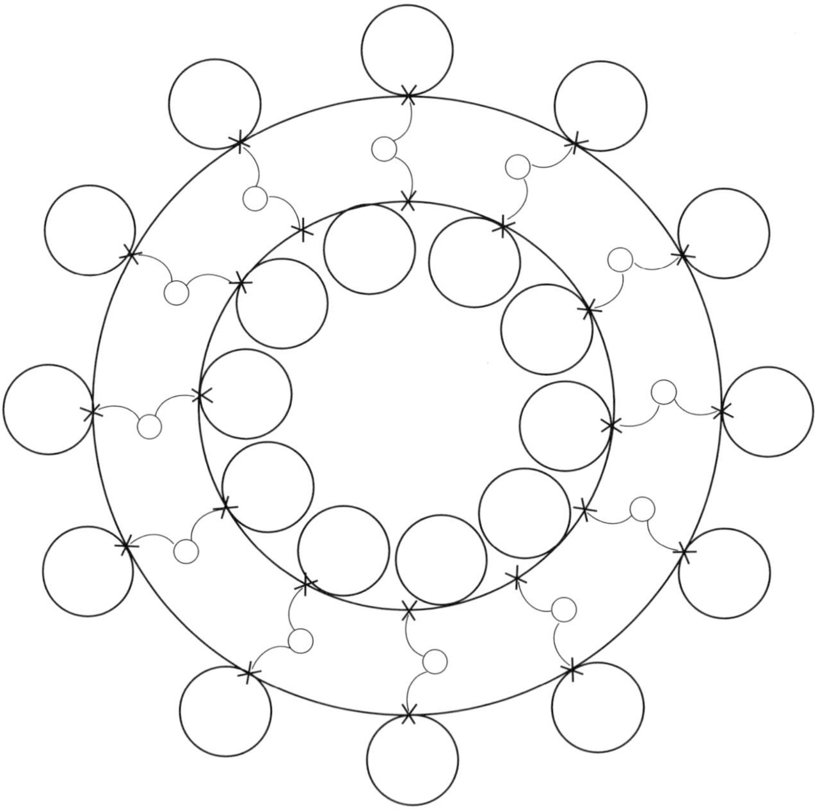

große Parallelkreise / kleine Platzkreise

VI. Cieta Polka

Vorspiel

1. Muster: Nach dem Vorspiel am Platz stehen und den Rhythmus mitklatschen.

2. Muster: Handfassung im großen Kreis, Seitgalopp acht Takte nach rechts, acht Takte nach links (je 16 Schritte)

3. Muster: Ein Kind geht in die Mitte und macht sechzehn Takte lang eine beliebige Bewegung vor, die alle nachmachen.

Zweites und drittes Muster jetzt immer im Wechsel bis zum Schluß.
Dieser Tanz ist sehr beliebt bei kleineren Kindern!

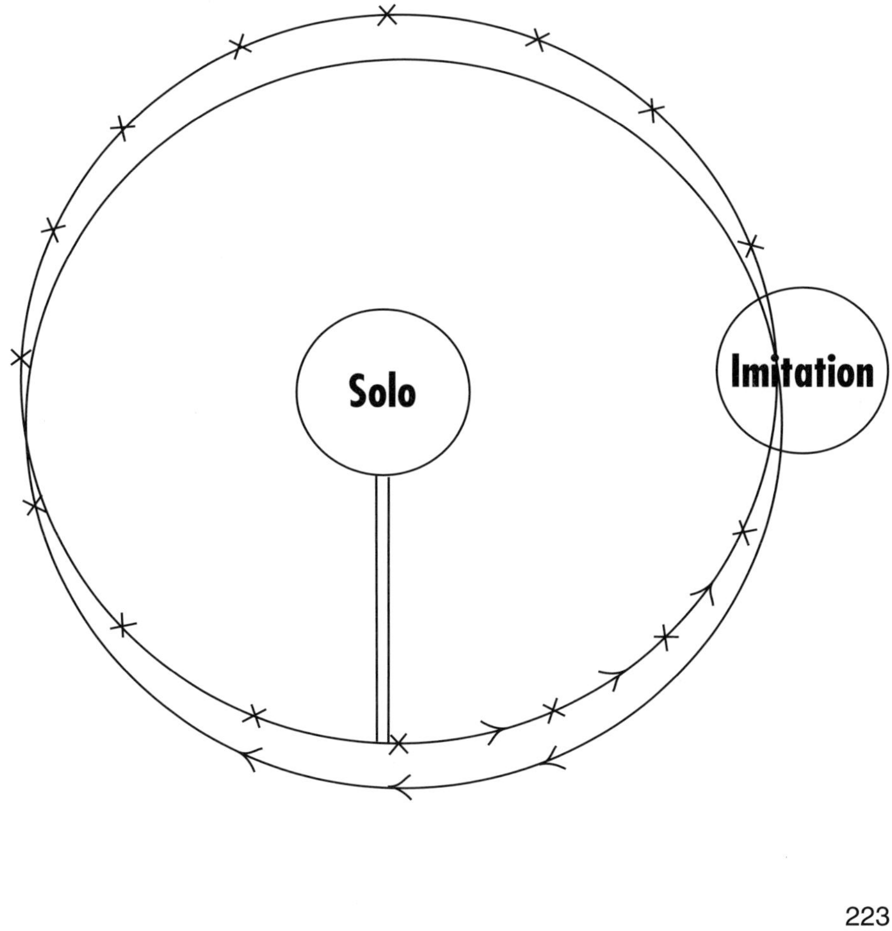

VII. Yayli

1. Muster: Die Kinder stehen sich in zwei Reihen gegenüber. Das erste Paar tritt sich mit vier Prozessionsschritten entgegen, mit Rückwärtsschritten wieder zurück zum Platz. Neuerliches Entgegentreten, Handfassung und

2. Muster: Im Prozessionsschritt durch die Reihe bis zu deren Ende, wieder auseinander. Die ganze Reihe rückt einen Schritt nach links auf.
Wenn das erste Paar sich an den Händen gefaßt hat und zu dem Durchgang losläuft, geht das zweite Paar aufeinander zu u.s.w. Prozessionsschritt: Rechts vor, linkes Bein ranziehen; links vor, rechtes Bein ranziehn. Es wird immer mit dem „leichten" Fuß weitergetanzt. (Schritt, tip, Schritt, tip ...)

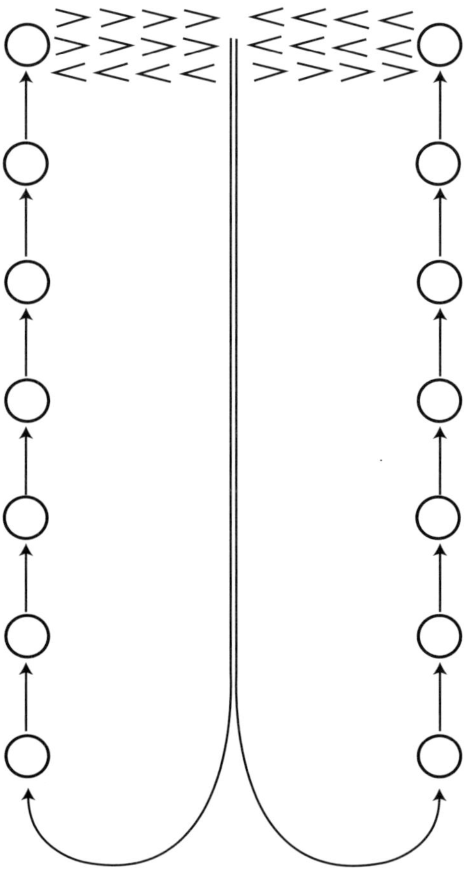

Gerade/Gassentanz

3.2.4 Tänzerische Musikgestaltung

Im Musikunterricht war in mehreren Stunden – über die Stationen Musikgespräch, Rhythmenhören, musikalisches Frage- und Antwortspiel – ein pentatonisches Stück erarbeitet worden. Zu diesem Musikstück wollten die Kinder einen Tanz erarbeiten. In der Sprachgestaltung hatten wir gerade das Thema „Elfen“ behandelt. Die Kinder fanden, daß die schwebende, unbestimmte Musik zu der Vorstellung „Elfe“ ganz gut passen würde. Damit standen Musik und phantastische Vorstellung fest. Hinzu kam eine weitere Vorgabe: Laut Plan stand das Thema Führen und Folgen, Beobachten und Spiegeln, Hören und Reagieren auf dem Programm. Durch diese drei Eckpunkte wurden die Hinführungsübungen bestimmt.
Hinführung zu der Szene mit der Elfenkönigin:

1. Spiegelung

1.1 Zu Tanzmusik macht die ÜLin Bewegungen vor, die die Kinder spiegeln.

1.2 Reihum macht jeder eine Form vor, die die anderen nachmachen. Zwischen den einzelnen Formen steht ein gemeinsamer Refrain (Bewegungsrondo).

1.3 Nun finden sich immer zwei Kinder zusammen. Eines macht eine Bewegung, eine Grimasse, einen Raumweg vor, das andere macht alles genau nach. Rollenwechsel. Die Kinder merken, daß sie ein bestimmtes Tempo nicht überschreiten dürfen, da sonst keine Imitation mehr möglich ist.

1.4 Die bunten Formhölzer werden ausgegeben. Der Raum wird in der Mitte durch eine Spiegelachse unterteilt. Nun baut ein Kind vor, das andere nach. Dieser Imitationsvorgang läßt sich auch mit Stangen, Tüchern, Säckchen, Perlen, Hölzchen etc. machen. Wichtig ist, daß die Partner die gleiche Anzahl von Material haben.

1.5 Die Kinder legen selber eine Form, die sie dann abmalen.

2. Führen und Folgen (mit begleitender Musik)

2.1 Je zwei Kinder bekommen einen Stock. Eines führt das andere mit Hilfe dieses Stockes nach einer Musik im Raum herum. Rollenwechsel.

2.2 Nun bekommen die Paare die Aufgabe, sich mit anderen zu kreuzen. Sie müssen drunterwegkrabbeln oder drübersteigen, drumherumgehen oder eine gemeinsame Figur miteinander erfinden.

2.3 Nun wird der Stock weggelegt und die Kinder berühren sich an den Fingerspitzen. Sie dürfen sich nicht verlieren, obwohl die Berührung sehr leicht ist. Das setzt ein großes Maß an Anpassungsvermögen und Rücksicht auf das Tempo des anderen voraus. Es dauert eine Weile, bis diese Übung klappt. Dann macht sie den Kindern aber besonders viel Spaß. Nach jedem Durchgang – gekennzeichnet durch den Abbruch der begleitenden Musik – erfolgt der Rollenwechsel.

2.4 Die Übung wird dahingehend erschwert, daß die Kinder sich nur noch mit den Augen „festhalten" und sich so folgen müssen.

2.5 Jedes Paar bekommt ein anderes Instrument. Die einen klopfen mit Hölzchen, die anderen haben Cymbeln, das dritte Paar hat Cocostrommeln, eines bekommt ein Stück Papier etc. Nun folgt der eine dem anderen mit geschlossenen Augen, nur nach dem Geräusch.

2.6 Die Kinder sitzen im Kreis in Zweiergruppen hintereinander. Der Vordere hebt einen Arm, oder hebt ihn halb, zeigt vielleicht nur einen Finger, oder hebt beide Arme ... der Hintere soll immer genau nachmachen, was der vor ihm erfunden hat. Platz- und Rollenwechsel.

2.7 Die ÜLin gibt arpeggierte Akkorde als Bewegungssignal (oder Trommelwirbel). Nun hebt das erste Kind zusammen mit dem Signal die Arme. Das Zweite folgt beim zweiten Akkord. Wenn die Kinder gut achtgeben, heben sich die Arme aller Ersten im Kreis gleichzeitig, ebenso die der Zweiten.

2.8 Drei Kinder sitzen hintereinander und heben – nacheinander dem ausgemachten Signal folgend – die Arme.
Diese Übung ist nun bis zur halben Gruppengröße erweiterbar, indem immer mehr Kinder hintereinander sitzen und bei Akkord oder Trommelsignal die Arme der Reihe nach heben, bis sich nur noch zwei Gruppen gegenübersitzen.

2.9 Nun heben sie die Arme nicht immer ganz zur Höhe, sondern so, daß ein „Vogelgefieder" entsteht.

3. Musizieren und Tanzen

3.1 Die eine Hälfte der Klasse bekommt die Instrumente, die andere baut sich hintereinander zu einer „Vielarmigen Elfenkönigin" auf.

3.2 Ein Instrument übernimmt das Signal für das Heben der Arme (Signal- oder Motivhören)

3.3 Die Musiker spielen kurze Phrasen des pentatonischen Musikgespräches ein, langsam an- und abschwellend. In den leisen Abschnitt hinein kommt das verabredete Signal. Zwei weitere Arme heben sich u.s.f.

3.4 Nacheinander – der Musik folgend und die Musik den Bewegungen folgend – entsteht die Elfenkönigin.

3.5 Mit einem immer lauter anschwellenden Schlußdurchgang endet der Tanz.

Variationsmöglichkeiten:

- Die Elfe wird wieder – durch die allmähliche Zurücknahme der Lautstärke und der Armpaare – „abgebaut".
- Die Elfenkönigin löst sich in viele einzelne Elfen auf, die nun aus der statischen Tanzgestaltung miteinander in eine freiere in den Raum gehen.
- Die selbsterarbeitete Musik wird durch eine zum Thema passende Programmusik abgelöst. Dadurch werden die Bewegungsmöglichkeiten erweitert, denn es liegt in der Art unserer Kinder, daß die selbstgefundenen Musiken immer nur einfachster Natur sein können und von daher einfachste Tänze initiieren.

In veränderter Form konnte diese isoliert erarbeitete Musikgestaltung in das große Weihnachtsspiel der Schule – König Wolf – eingebaut werden.
Dies ist nur ein kleines Beispiel dafür, wie Formerfahrung, soziales Lernen, Musikhören und -machen, Bewegungserfahrungen und Materialerfahrungen zusammenspielen müssen, um eine tänzerische Musikgestaltung zu entwickeln.

Knopflochtanz

4

Sterntaler

4.1 Gedanken zum Märchen

In diesem kurzen Märchen der Gebrüder Grimm stecken mehrere Erlebnismöglichkeiten:
Botschaft Nummer 1: „Wer gibt, dem wird gegeben – und: Je mehr du gibst, um so mehr bekommst du."
Diesen Ausspruch möchte sicher kein Erwachsener unterschreiben, auch für Kinder muß diese Botschaft im Gespräch über das Märchen differenziert werden. Gleichzeitig ist da die Gruppe der Beschenkten, die bitten und nehmen, obwohl sie sehen, daß das Mädchen selber arm ist.
Also Botschaft Nummer 2: „Du wirst ausgezogen – und zwar bis auf's Hemd."
Beide Botschaften sind extrem. Jedoch: Im Märchen werden viele Dinge übertrieben dargestellt, um ein Problem oder ein Erlebnis umso deutlicher hervortreten zu lassen.
Da junge Kinder noch „ehrliche Egoisten" sind, also Probleme mit dem Abgeben haben, ist es durchaus sinnvoll, das Hergeben zu üben.
Wenn nicht die häusliche Erziehung das Kind in diese Richtung treibt, glauben wir kaum, daß durch das Spiel ums „Geben bis zum letzten Hemd" eine retentive Hemmung erzeugt wird.

Das Sterntalermärchen eignet sich besonders dazu, an andere Themen nahtlos angeschlossen zu werden oder zwischen zwei Themen eingeschoben zu werden:

a) *Weihnachten* – mit dem Stern als Ankündigung des Heiles, der Erlösung zum Geistigen. Das Fest des Gebens und Empfangens, das Fest der Heiligen Nächte, in denen die Welt der Engel ein offenes Tor hat. Stichworte: Drei Könige, Sternsinger, Geben und Nehmen, Dritte Welt.

b) Herbst und Winter mit ihrer fortschreitenden Kälte, der immer tieferen Dunkelheit, den ersten Schneesternen, dem wiedererstarkenden Licht, der Ruhe. Winter auch als Synonym für die Beendigung des sichtbaren Lebens. Doch unter der Oberfläche wird das neue Werden vorbereitet. Das Leben draußen mit den vielen anderen Menschen wird vom Leben drinnen mit der Kernfamilie abgelöst, also auch stärkere Ich-Zentrierung, Bewegungseinschränkung und Ruhephase.

c) Nacht und Tag – mit dem Wechsel der Gestirne, den Sternbildern: Zeichen für die Ewigkeit, für die Heimat der Seele.
Die Nacht als dem bewußten Gestalten entzogene Ruhephase, in der das Erlebte, das Befürchtete, das Erhoffte sich zu Traumbildern wandelt.

Der Tag für das Wachsein, die aktive Gestaltung des eigenen Lebens. Was für Winter und Sommer im Großen, gilt für Tag und Nacht im Kleinen.

Die *erste Ebene* des Märchens werden wir vor allem *sprachhandelnd* bearbeiten – im Rollenspiel, mit festen, immer wiederkehrenden Sprachmustern.

Die zweite – assoziative – Ebene dieses Märchens sind die Bilder:
Wechsel vom Tag zur Nacht – zunehmend dunkler werdender Himmel – Aufkommen der Sterne und des Mondes – Sternbilder – Sternschnuppen – dunkle, scherenschnittartige Umrisse, also eine schattenhaft veränderte Umwelt – Kälte – plötzlicher Lichteinbruch beim Fallen der Goldtaler, dem Himmelsgeschenk.
Diese Assoziationen eignen sich besonders gut für die Gestaltung und sinnliche Erfahrung des Märchens: Malen, basteln, Lichtspiele, Schattentheater, plastizieren, fotografieren, fühlen, sehen, hören, tasten ...
Der *Stimmungsgehalt* sollte auch in den Traumreisen in Form von Bildbeschreibungen wieder auftauchen, neben der Handlungsebene mit ihren Urbildern von Einsamkeit und Vertrauen.

Die dritte, die *mythische Ebene* entzieht sich meist der bewußten Bearbeitung mit Kindern: Der *Weg des Sterntalers als Sinnbild für den Weg des Menschen auf der Erde,* der gut und vollendet ist, wenn er alles, was er besaß, hinter sich gelassen hat. Der Mensch, der durch Kälte, Schmerzen, Einsamkeit und fortschreitende Dunkelheit hindurchgeht in die Welt der Sterne, des Himmels, der Ewigkeit.
Diese Deutung liegt auch nahe durch den vorletzten Satz: „Und obwohl es sein Hemdchen fortgegeben hatte, hatte es ein neues an. Und das war aus allerfeinstem Linnen." Hier liegt die Verbindung zum Totenhemd auf der Hand.

Wenn ein Kind – vielleicht aus aktuellem eigenen oder häuslichem Anlaß – diese Ebene einbringt, muß natürlich damit umgegangen werden.

4.2 Originaltext der Gebrüder Grimm

„Die Sterntaler“

Es war einmal ein kleines Mädchen, dem waren Vater und Mutter gestorben, und es war so arm, daß es kein Kämmerchen mehr hatte, darin zu wohnen, und kein Bettchen, darin zu schlafen, und endlich gar nichts mehr als die Kleider auf dem Leib und ein Stückchen Brot in der Hand, das ihm ein mitleidiges Herz geschenkt hatte. Es war aber gut und fromm. Und weil es so von aller Welt verlassen war, ging es, im Vertrauen auf den lieben Gott, hinaus ins Feld.

Da begegnete ihm ein armer Mann, der sprach: „Ach, gib mir etwas zu essen, ich bin so hungrig.“

Es reichte ihm das ganze Stückchen Brot und sagte: „Gott segne dir's“ und ging weiter.

Da kam ein Kind, das jammerte und sprach: „Es friert mich so an meinem Kopf, schenk mir etwas, womit ich ihn bedecken kann.“

Da tat es seine Mütze herunter und gab sie ihm.

Und als es noch eine Weile gegangen war, kam wieder ein Kind und hatte kein Leibchen an und fror: Da gab es ihm seins.

Und noch weiter, da bat eins um ein Röcklein, das gab es auch von sich.

Endlich gelangte es in einen Wald, und es war schon dunkel geworden, da kam noch eins und bat um ein Hemdlein. Und das fromme Mädchen dachte: „Es ist dunkle Nacht, da sieht dich niemand, da kannst du wohl dein Hemd weggeben“, und zog das Hemd ab und gab es auch noch hin.

Und wie es so dastand und gar nichts mehr hatte, fielen auf einmal die Sterne vom Himmel – und waren lauter harte, blanke Taler. Und obwohl es sein Hemdlein weggeben, so hatte es ein neues an. Und das war von allerfeinstem Linnen.

Da sammelte es sich die Taler hinein und war reich für sein Lebtag.

4.3 Sprachgestaltung

Ziele: – Begreifen des Inhaltes gesprochener Sprache
– Verflüssigung und Rhythmisierung des Sprechens
– Automatisierung der in der Therapie erworbenen Laute
– Gedächtnistraining für Sprachmuster
– Atemschulung
– Stimmführung

Unterstützung durch Handgestenspiel, Rollenspiel, Fingerspiel, Bilderfolgen

Sprüche:

Gruß
Soviel Stern am Himmel stehen,
soviel Schäflein, die da gehen
in dem grünen Feld,
soviel Vögel, die da fliegen,
die da hin und wieder fliegen ...
so viel mal sei du gegrüßt!
(überliefert)

Im Sternkleid tanzt der große Bär,
im Sternkleid tanzt der kleine Bär
den Himmel lang
und lacht, und lacht
(nach Nortrud Boge-Erli bearbeitet)

Steh, Sternlein steh!
Dem Kinde tut was weh!
Nimm das Weh in deine Hand.
Trag es über Meer und Land,
trage es durch Tag und Nacht,
bis das Kindlein wieder lacht.
(Bearb. nach Alfred Baur)

Gehn wir durch den Wald im Dunkeln,
sehn wir goldne Sterne funkeln.
Leise hören wir sie fragen:
Wer kann einen Lichtstrahl tragen?
Das kann ich! Mein Lichtlein schimmert!
Sieh nur, wie es blitzt und flimmert!
Leuchtet's mir,
schenk ich's dir! (überliefert)

Laternenlied

Laterne, Laterne, Sonne Mond und Sterne.
Brenne auf mein Licht, brenne auf mein Licht
aber nur meine liebe Laterne nicht!

(überliefert)

Ich geh mit meiner Laterne
und meine Laterne mit mir.
Dort oben leuchten die Sterne
dort untern leuchten wird.
Mein Licht geht aus, wir gehn nach Haus,
rabimmelrabammelrabumm!

(überliefert)

Gute Nacht (nach Dorothea Neckel)

Am dunklen Himmel wohnt
der gute Onkel Mond.
Er schaut so übern Wolkensaum,
er blinzelt übern Apfelbaum,
Ulrikchen, gute Nacht!

Die Sternenkinderlein,
die spielen Ringelreihn.
Schaun durch die Wolken voller Ruh
und winken unserm Mädchen zu:
Ulrikchen, gute Nacht!

Es schneit

Wir hüllen die Erde in Seide,
in schimmerndes Geschmeide,
läuft jeder mit lautlosen Sohlen,
so hat es der Winter befohlen.

(überliefert)

Winter

Draußen ist es bitterkalt – hu-hu-hu
Wir stapfen durch den dunklen Wald – hu-hu- hu
Doch oben an dem Himmelszelt
Da schaun die Sterne in die Welt
bis daß der Schnee herunterfällt.

(Bearbeitung nach Slezak-Schindler)

Schneeflöckchen

Ich falle vom Himmel in wirrem Gewimmel.
Ich schimmre – ich flimmre
und decke das Land, zahllos wie Sand.

Doch unversehens im Sonnenschein
schleich ich und weich ich
und schlüpf ins Dunkel der Erde hinein.

(überliefert)

Noch sind die Nächte dunkel,
und Tannen stehn im Wald.
Doch leuchten in der Ferne
die hellen Himmelssterne.

(überliefert)

Strahlt ein Sternlein sanft und still.
Weißt du, was es sagen will?
Schau du abends dann und wann,
still das liebe Sternchen an.
Sinn und suche leis und still,
was das Sternlein sagen will.

(überliefert)

Wenn die kleinen Kinder beten
hören alle Sternlein zu;
Und die Engelein sie treten
leis herzu auf goldnem Schuh.
Lauschen auf des Kindes Worte,
schließen tief ins Herz sie ein,
tragen durch die Himmelspforte
sie zum lieben Gott hinein.

(Volksgut)

Wenn die Kinder schlafen ein
wachen auf die Sterne.
Und es steigen Engelein,
nieder aus der Ferne.
Halten wohl die ganze Nacht
bei den frommen Kindern Wacht.

(Volksgut)

Ich sehe den Mond- und der Mond sieht mich.
Gott segne den Mond, Gott segne mich.

(Nordamerika)

Der Sternfisch schwimmt im Sternenteich
er ist so unermeßlich reich.
Er schwimmt im Silber ein und aus,
hat in der Sternenstadt ein Haus,
besitzt ein helles Hemd mit Schuppen,
gemacht aus lauter Silberschuppen,
mit Edelstein geschmückt der Schwanz
und Augen grün und rund im Glanz.

Schaut er, dann scheint an dieser Stelle
ein schöner Stern, so leuchtend helle.
Schließt er die Augen manche Stunden,
dann ist der Schimmerstern verschwunden.
Es ist schon Nacht, guck selber, schau:
Es schimmert schon so grün und blau
so unermeßlich schön und reich
der Sternenfisch vom Sternenteich!

(Bearbeitung nach Alfred Baur, aus Bli bla blu,
Mellinger Verlag Stuttgart)

Stern-Stern scheine!
Der Mond, er ist noch kleine.
Hat eine Sichel in der Hand
und mäht das Gras am Himmelsrand.
Stern-Stern scheine!

(überliefert)

4.3.1 Erstes Unterrichtsbild

Rollenspiel: Geschichte vom Heilestern

(Bearb. nach Alfred Baur)

Eines Tages sagt die Mutter zu den fünf Buben:
„Ihr dürft spielen gehen, aber steigt mir nicht auf den hohen Baum."
Natürlich können sie nicht folgen und steigen auf den Baum.
„Ich bin oben", ruft der kleine Hans!
„Ich bin am höchsten!" Kaum hat er das gesagt, liegt er auch schon unten.
„Hast du dir wehgetan?" fragt der große Bruder.
„Ja, mein Kopf ist zerbrochen!"
„Wo tut's denn weh", fragt der dicke Bruder.
„Meine Füße sind gebrochen!"
„Wo tut's noch weh?" fragt der schnelle Bruder.
„Meine Arme sind gebrochen".
„Und was tut sonst noch weh?"
„Mein Rücken ist gebrochen".
„Oh tragt mich doch zur Mutter heim"
Die Brüder tragen Hans nach Hause. Die Mutter ist sehr erschrocken, legt das Bübchen ins Bett und streichelt ihn. Aber es wird nicht besser.
Da sieht sie den Heilestern vorüberziehn und ruft nach oben:

„Steh, Sternlein steh! Dem Kinde tut was weh!
Nimm das Weh in deine Hand,
trag es über Meer und Land,
trage es durch Tag und Nacht,
bis das Kindchen wieder lacht!"

Aber der Heilestern zieht seine Kreise und hört nicht.
Nun ruft nacheinander jeder der Brüder mit diesem Spruch den Heilestern, aber er hört nicht.
Zuletzt ruft die Mutter alle Buben zusammen und ruft mit ihnen gemeinsam nach dem Heilestern.
Und nun bleibt der Stern stehen.

Schlußspruch:
Der Heilestern bleibt stehen,
er hört auf, sich zu drehen.
Er nimmt das Weh in seine Hand
und trägt es über Meer und Land.

Auch die *Sternenballade* von *Ernst Moritz Arndt* eignet sich sehr gut zu Rezitation mit Rollenspiel, allerdings muß da die Sprachgestaltung bei kleinen Kindern stark vom Lehrer übernommen werden. Wichtig dabei ist, daß die Kinder den Inhalt der Sprache im Spiel aus dem Text übernehmen.

- Ein Kind stellt die Sonne dar, mit großer Sonne auf einem Stock, oder zwei gelben Seidenpeitschen, die kreisförmig geschwungen werden, oder einer Sonnenkrone auf dem Kopf.
- Ein anderes Kind spielt, auch deutlich so geschmückt, den Mond.
- Alle anderen Kinder sind die Sterne, die erst zur Sonne, dann zum Mond gehen und darum bitten, mitgehen zu dürfen.

Wir kommen zum Schlußbild, in dem jedes Sternkind an der großen Kerze des Mondes sein eigenes Lichtlein anzündet.

Sternen-Ballade

(Ernst Moritz Arndt)

Und die Sonne machte den weiten Ritt um die Welt,
und die Sternlein sprachen:
„Wir reisen mit um die Welt," und die Sonne,
sie schalt sie: „Ihr bleibt zuhaus,
denn ich brenn euch die goldenen Äuglein aus
bei dem feurigen Ritt um die Welt."

Und die Sternlein gingen zum lieben Mond
in der Nacht,
und sie sprachen: Du, der auf Wolken thront
in der Nacht.
Laß uns wandeln mit dir, denn dein milder Schein,
er verbrennt uns nimmer die Äugelein."
Und er nahm sie, Gesellen der Nacht.

Nun willkommen, Sternlein und lieber Mond,
in der Nacht,
ihr verstehet, was still in den Herzen wohnt
in der Nacht.
Kommt und zündet die himmlischen Lichter an,
daß ich lustig mitschwärmen und spielen kann
in den freundlichen Spielen der Nacht.

Übung zur Stille:

Auf dem Boden ist mit Klebband ein Kreis fixiert. Nun balancieren die Kinder alle, ausgenommen die Sonne, welche in der Mitte stehenbleibt, mit der Kerze auf dem Kreis. Die Musik von Kitaro (Cassette: Kitaros best) eignet sich gut zur musikalischen Begleitung dieses leisen Vorgangs.

4.3.2 Zweites Unterrichtsbild

Bilderbuchgestaltung: Sternenfee von James Crüss
Bildgestaltung: Maurice Careme/ Teo Pueblo
Verlag: Neuer Finken Verlag

1. Teil: Bewegungsvorübungen zum Buch.

Zusammenfindeübungen (Formwahrnehmung)

Jedes Kind bekommt einen Stern. Die Sterne sind Paare, je ein großer und ein kleiner. Die Paare unterscheiden sich in der Form. Nach ruhiger Musik wandern die Sterne im Raum herum; Unterbricht die Musik, finden sie sich passend paarweise zusammen. Die Formunterschiede werden besprochen. Die Sterne werden getauscht.

Hör- und Koordinationsübung

Die Sterne wandern nach meditativer Musik (Zum Beispiel Jenseits der Stille) am Himmel entlang. Auf ein Signal hin finden sie sich im „Sternenkorb" zusammen. (Ein mit dem Tau ausgelegter Kreis in der Mitte des Raumes)

Sprachverständnis

Nun werden einzelne Sterne mit dem Zauberstab gerufen. Sie kommen nach Beschreibung ihrer Form.

Reiz- Reaktionsübung

Der Zauberer zeigt auf einen der Sterne, der kommt sogleich herbeigeschossen und findet sich im Sternenkorb. Die Fee erlöst die Sterne, indem sie mit ihrem weißen Nebeltuch (Seidenkopftuch) einen Bogen um den Sternenkorb beschreibt. Die Sterne stieben heraus und gehen wieder ihre Bahn, wenn die Runde beendet ist.

Teil 2: Einführung des Bilderbuches

Das Bilderbuch wird nun vorgelesen, wobei es manchmal nötig ist, den Text für die Kleineren zu vereinfachen oder zu kürzen.

Teil 3: Rollenspiel

Nachspielen der Geschichte mit verteilten Rollen, wobei die Erzieher bei den ersten Durchgängen die tragenden Rollen mit Sprachaufkommen darstellen. Hier kommen die Vorübungen zum Tragen.

Teil 4: Instrumentierung der Geschichte

Mit dem Orffschen Instrumentarium werden nun die verschiedenen Darstellungsvorgänge musikalisch unterlegt:

- Die Sterne bekommen sacht klingende Cluster
- Der Zauberer wird mit einem gewaltsamen Trommelrhythmus eingeführt
- Die Bevölkerung bekommt ein volksliedhaftes Motiv durch das Klavier, Trommelgemurmel mit Handtrommeln oder ein bekanntes Volkslied.
- Die Fee kann mit Röhrenglocken oder pentatonischem Glockenspiel oder einem Monochord dargestellt werden
- Der Wind heult mit Cazoos oder der Heulflöte

Hier muß jede Lehrerin zusammen mit ihren Kindern vor dem Hintergrund des vorhandenen Materials auswählen.

Teil 5: Das Buch als Tischtheater

Mit Ton oder Papier oder Naturmaterialien oder ... wird die Stadt mit den Leuten, das Schloß des Zauberers, der Wald der Fee nachgestaltet. Kleine Kegelpüppchen werden hineingestellt und dienen nun den Kindern dazu, im Puppenspiel die Geschichte nachzuspielen.

Teil 6: Tischschattentheater

Im Schattentheater werden die drei Szenen nachgespielt. Genauere Spielanweisungen und Tips zur Technik können in

„Eine Rolle für jeden, Heft 2 – Schattentheater" von A. Fischer-Olm, Selbstverlag nachgelesen werden.

4.3.2.1 Ein bißchen Wissen über Sterne

In klaren Nächten kann man viele Sterne mit bloßem Auge sehen, durch ein Fernrohr sieht man bereits Millionen. Aber es gibt viele Sterne, die sind so weit weg, daß wir sie mit den allerbesten Fernrohren der Menschen niemals sehen werden.
Viele Sterne sind riesenhafte Feuerbälle, die Licht und Wärme ausstrahlen. Eines Tages aber werden sie verglühen und nicht mehr da sein.
Es gibt große und kleine Sterne, goldene und silberne, rote, rote, grüne, blaue.
Manchmal sehen wir in klaren Nächten auch einen Stern mit einem Schweif – der heißt Komet. Er kommt vom Rande unseres Sonnensystems und kehrt dorthin zurück. Die Menschen früher haben geglaubt, daß ein Unglück geschieht, wenn ein heller Komet zu sehen war. Aber inzwischen sehen wir es eher als ein gutes Vorzeichen an, bei dem man sich etwas wünschen kann, das sicher in Erfüllung geht.

In der Nacht, als Jesus geboren wurde, war ein Komet am Himmel zu sehen, der den Hirten und den Weisen den Weg wies.
Manchmal sehen wir auch eine Sternschnuppe: Auf einmal leuchtet es hell auf, fällt zur Erde und verschwindet. Das sind Sternbröckchen, die hell aufglühen, sobald sie in die Lufthülle der Erde eintauchen. Meistens sind sie so klein, daß sie die Erde gar nicht erreichen, sondern vorher in Staub verglühen. Manchmal aber auch sind es riesige Brocken, die dann auf die Erde mit einer solchen Wucht aufschlagen, daß sie riesige Krater reißen. Diese Sternbrocken nennt man Meteore.
Wir haben zwei Städte in Süddeutschland, die in einem Meteorkrater stehen: Steinheim bei Heidenheim und das mittelalterliche, schöne Nördlingen. Dort sind auch Museen über die Meteore, in denen man viel über diese Himmelserscheinungen lernen kann.
In besonders klaren Nächten sehen wir am Himmel ein funkelndes Band: Die Milchstraße.
Sie besteht aus vielen kleinen und großen Sternen, aus Gas und Staubwolken. Solche Sternstraßen gibt es noch viele im Weltraum, auch unsere Erde gehört zu einem solchen Sternhaufen. Die Milchstraße läßt viele Spiralen erkennen, die wir auch tanzen können – wie manche Sterne ihre Bahnen tanzen.
Viele Sterne, auch unsere Erde, kreisen um die Sonne. Man nennt sie Planeten. Sie leuchten nicht aus eigener Kraft, sondern werden von der Sonne angestrahlt und erhellt.
Nur die Planeten tanzen um die Sonne. Alle anderen Sterne, die wir sehen, haben einen festen Platz, man nennt sie Fixsterne.
Früher haben die Menschen geglaubt, daß die Erde die Mitte des Alls sei und Sonne, Mond und Sterne sich um die Erde drehen würden. Heute weiß man, daß die Sonne im Mittelpunkt steht und die Planeten – also auch die Erde – sie umkreisen.
Noch früher haben die Menschen geglaubt, daß der Himmel eine riesige, blaue Kuppel sei und Sonne, Mond und Sterne darangeheftet wären. Würde man bis ans Ende der Welt wandern, könnte man vom Scheibenrand herunterfallen in die Hölle. Jenseits der Kuppel in der Höhe aber sei der Himmel, wo der Reigen seliger Geister stattfände. Es gab sogar eine Zeit, wo Menschen, die etwas anderes glaubten, als Zauberer und Hexen verbrannt wurden.

4.3.3 Drittes Unterrichtsbild

Die Sterntaler (Bewegungsrondo)

(Bearbeitung des Märchens von Daniela Wörner)

Bewegungsrondo mit festgelegten Satzmustern und sehr einfachem Refrain, für sehr kleine und behinderte Kinder besonders geeignet.

Die verschiedenen Stationen des Spiels können – entlang der jeden Tag etwas erweiterten Erzählung – im Hausflur oder Bewegungsraum zu einem Bewegungsparcours aufgebaut werden.

Möglichkeiten:

- Weg ... ... Seile
- Berg ... umgestürzter Kullerkegel oder Elfertreppe
- Bächlein ... Blaue Tücher oder Folie
- Brücke ... Stuhlreihe oder Langbank
- Holprige Straße ... Balancesteine
- Zaun ... Kegel, Rundhölzer
- Blumen ... zusammengeknüllte Tücher, kleine bunte Bälle, Papierblumen
- Höhle ... Kriechtunnel, Tüchergestaltung über einer Leiter
- Umgestürzter Baumstamm ... Balancierbalken, umgedrehte Langbank

Zur Gedächtnisunterstützung

Karten, auf denen die Kleidung und Brot und Wasser abgebildet sind, werden Absatz für Absatz hochgehalten. An der Wand befestigt zeigen sie auch den zeitlichen Ablauf der Geschichte.

Requisiten:

Alle in der Geschichte benötigten Gegenstände und Kleidungsstücke sollten tatsächlich da sein. Hier können die Kinder – thematisch eingebunden – das An- und Ausziehen und korrektes Benennen üben.

Musikbegleitung:

Die Kinder sollten zwischendrin – wegen der Reihenfolgeübungen – immer wieder das Sterntalerlied singen.
Auch können die einzelnen Stationen von kleinen Musikern begleitet eigene Klangfolgen bekommen:
Weg: Trommelrhythmus
Berg: Beckenschlag
Bächlein: Wasserflöte
Brücke: Trommelkratzen

Holprige Straße: Steine werden in einem Säckchen aneinandergeschüttelt
Zaun: Klangstäbchen nacheinander anschlagen
Blumen: Flötenmelodie
Höhle: In eine hohle Flasche blasen
Baumstamm: Holzblocktrommel
Sterne: Pentatonische Klangfolge auf dem Metallophon (c-d-e-g-a-h)

Die Sterntaler (von Daniela Wörner)

Ein Mädchen hat keinen Vater und keine Mutter mehr. Es hat kein Haus und kein Zimmer, nicht einmal ein Bett. Das Mädchen ist arm.
Es hat nur eine Mütze, einen Schal, eine Jacke, einen Rock, einen Pullover, eine Strumpfhose, Schuhe und etwas Brot und Wasser.
Das Mädchen geht in die weite Welt.

Als es eine Weile gegangen ist, trifft das Mädchen ein Kind. Das Kind sitzt unterm Baum und sieht sehr traurig aus.
Es sagt: „Ich habe Hunger, bitte gib mir ein Brot!“
Da schaut das Mädchen in seine Tasche. Es holt das Brot heraus und gibt es dem Kind.
„Hier, ich schenke dir mein Brot!“
„Vielen Dank!“ antwortet das Kind und ißt das Brot gleich auf.

Das Mädchen aber geht weiter auf dem Weg und kommt schließlich an einen kleinen Berg. Neben dem Berg sitzt wieder ein Kind.
Das Kind schaut auf den Boden.
„Ich habe solchen Durst, gib mir Wasser“, sagt das Kind zu dem Mädchen.
Das Mädchen schaut in seine Tasche. Es holt die Flasche mit dem Wasser heraus und gibt sie dem Kind.
„Hier, ich schenke dir mein Wasser!“
„Vielen Dank“, sagt das Kind. Es freut sich und trinkt von dem Wasser.

Nun geht das Mädchen wieder weiter. Es geht, bis es an ein Bächlein kommt.
Vor dem Bächlein sitzt ein Kind. Es hält seine Ohren mit den Händen zu.
Das Mädchen fragt: „Was hast du?“
„Ich friere an meinen Ohren. Bitte gib mir deine Mütze!“
Da nimmt das Mädchen seine Mütze vom Kopf.
„Hier, ich schenke dir meine Mütze!“
„Vielen Dank!“ sagt das Kind und setzt die warme Mütze gleich auf.

Wieder geht das Mädchen weiter. Es hüpft über das Bächlein, bis es an eine Brücke kommt. Am Ende der Brücke geht ein Kind auf und ab. Es reibt sich seinen nackten Hals.
Das Mädchen fragt: „Was hast du?“
„Ich friere an meinem Hals. Bitte gib mir deinen Schal!“

Da nimmt das Mädchen seinen Schal von der Schulter.
„Hier, ich schenke dir meinen Schal!"
„Vielen Dank", sagt das Kind und wickelt sich den Schal um den Hals.

Das Mädchen geht weiter und kommt schließlich auf eine holprige Straße mit großen Steinen.
Auf der Straße sitzt ein Kind. Das reibt sich mit seinen Armen Schultern und Bauch.
„Ich friere. Ich habe keine warme Jacke; bitte gib mir deine Jacke."
Da zieht das Mädchen seine Jacke aus.
„Hier, ich schenke dir meine Jacke."
„Vielen Dank", sagt das Kind und zieht die Jacke gleich an.

Das Mädchen macht sich wieder auf den Weg. Es hüpft über einen Zaun, der am Weg steht. Am Ende des Zauns steht ein Kind. Es trippelt von einem Fuß auf den anderen.
Das Mädchen fragt: „Was hast du?"
„Ich friere. Bitte gib mir deinen Rock!"
„Hier, ich schenke dir meinen Rock."
„Vielen Dank" sagt das Kind und zieht den Rock gleich an.

Und abermals geht das Mädchen weiter. Es kommt an eine Wiese. Auf der Wiese stehen viele Blumen. Es schaut sich die Blumen an, dabei sieht es ein Kind, das dort sitzt und weint.
„Was hast du?" fragt das Mädchen.
„Ich friere. Bitte gib mir deinen warmen Pullover!"
„Hier, ich schenke dir meinen Pullover".
„Vielen Dank," sagt das Kind und zieht den Pullover gleich an.

Weiter geht es, bis das Mädchen an eine Höhle kommt. Vor dem Höhleneingang sitzt wieder ein Kind. Es reibt sich mit seinen Händen die Füße.
Das Mädchen fragt: „Was hast du?"
„Ich friere an meinen Füßen. Bitte gib mir deine Schuhe!"
Da zieht das Mädchen seine Schuhe aus.
„Hier, ich schenke dir meine Schuhe."
„Vielen Dank," sagt das Kind und zieht die Schuhe gleich an.

Das Mädchen geht weiter und kommt schließlich an einen langen, gefällten Baumstamm.
Auf dem Baumstamm sitzt ein Kind und reibt seine Beine.
„Was hast du?" fragt das Mädchen.
„Ich friere so an meinen Beinen. Gib mir bitte deine Strumpfhose."
„Hier, ich schenke dir meine Strumpfhose."
„Vielen Dank," sagt das Kind und zieht die Strumpfhose gleich an.

Das Mädchen geht weiter seinen Weg. Es hat nur noch Hemd und Höschen an.
Am Abend sieht es viele Sterne über dem Wald funkeln. Sie blinken und glitzern hell.
Plötzlich fallen die Sterne sanft vom Himmel nieder auf das Kind. Und wie es die goldenen Sterne in sein Hemdchen sammelt, sind es auf einmal lauter Goldstücke. Nun ist das Mädchen nicht mehr arm.

(Am Schluß wird das Sterntalerkind von allen Kindern mit einem großen weichen Tuch sanft zugedeckt.)

4.3.4 Viertes Unterrichtsbild

Musikalisches, fortlaufendes Rondo mit Sprechimprovisation

Die Kinder stehen im Kreis. Jedes Kind hat einen „Waldorfstern", ausgestattet mit Batterie, Birnchen und Knipsschalter (Arbeitsanweisung siehe unter Basteln) in der Hand. Man kann auch statt des Sterns eine Kerze auf einem guten, fest stehenden Untersatz nehmen.
Nun wird als Eingang irgendein erlerntes Sternenlied gesungen, die Kinder gehen ruhig dazu im Kreis herum. Nach Beendigung des Liedes öffnet sich der Kreis und das Sterntalerkind tritt in die Mitte. Diesmal werden die Kleidungsstücke nur pantomimisch ausgezogen. Nun schließt sich der Kreis um das Sterntaler und die Gruppe geht – den Refrain singend – um das Kind herum. Nach dem Refrain tritt das erste Kind – nachdem es seine Sternenlampe auf dem Boden abgestellt hat – hervor und nun entspannt sich ein improvisierter Dialog.
Hat das Kind sein Kleidungsstück erhalten, tritt es zurück in den Kreis, nimmt sein Sternchen wieder auf und die Gruppe wandert wieder, unter Absingen des Refrains, um das Sterntalerkind herum. Öffnung zum Halbkreis – nächstes Kind, nächster improvisierter Dialog.
So geht es, bis das Sterntaler alle seine Habe abgegeben hat.
Nach dem letzten, von Moll zu Dur veränderten Refrain stellen alle Kinder ihren Stern oder ihre Kerze bei dem in der Mitte sitzenden Sterntaler ab und schließen den Kreis mit einer „Krone" (alle Kinder heben ihre Arme und fassen sich dabei an).

Dieses Spiel kann man, soll eine Aufführung daraus gemacht werden, erweitern,

- indem zusätzlich zu dem Refrain verschiedene Sternenlieder gesungen werden,
- oder der Anfang mit der Rezitation der Arndschen Sternenballade gemacht wird,
- oder am Anfang und Ende je ein Lichtertanz mit verschiedenen Bewegungsmustern dargeboten wird ...

Die Möglichkeiten zur Erweiterung sind vielfältig.

Bei einer normal großen Gruppe können auch einige Kinder den Part der Musiker übernehmen und mit einfachen Orff-Instrumenten eine Begleitung zum Refrain spielen.

Sterntaler – Refrain

(Text und Melodie: Fischer-Olm)

Schlußlied von Sterntaler – Rondo

Tromelschlag auf 1
Bordun: h – e (Glockenspiel)
Hölzchen im Schrittempo mitklopfen lassen (auf eins und drei)
Beckenschalt auf „sehr"

Fingerspiele:

(Bearbeitung nach Elfriede Pausewang)

Schneeflöckchen vom Himmel –
ein frohes Gewimmel –
ihr silbernen Sterne –
aus himmlischer Ferne –
bleibt hier, bleibt da –
als Krönlein im Haar!

(beide Hände über dem Kopf schweben lassen – allmählich auf den Scheitel sinken lassen – dort bleiben sie liegen)

Komm, wir bauen uns ein Zelt!
Sitzen warm, wenn Regen fällt,

sitzen warm, wenn Kälte zwickt,
du
 und
  ich, ganz eng gedrückt.
Sehen, wie die Sterne blinken,
sehn den Mond – und wolln ihm winken!

(beide Hände zu einem Dach zusammenlegen, die beiden Daumen schlupfen hinten ins Zelt, drücken sich eng aneinander. Dann schauen die Daumen aus dem Zelt heraus und winken dem Mond.)

Kommt die Dämmrung über Land
werden Lichtlein angebrannt.

Du kannst sie am Himmel sehn –
leuchten sie nicht gar zu schön?
Schaust am Morgen du nach dort –
husch –
sind alle Lichtlein fort!

(Weite Bewegung mit Schnippsbewegung – mal rechts, mal links. Hand über's Gesicht – zum Himmel aufschauen – Arme hinter dem Körper verschwinden lassen).

Rätselsprüche zum Thema Stern/Zeit

(alle überliefert)

Was brennt Tag und Nacht und verbrennt doch nicht?
(Der Mond und die Sterne)

Was geht durch Hecken und Zäune und raschelt nicht?
(Das Licht)

Kommt die Dämmrung über Land
werden Lichtlein angebrannt.
Du kannst sie am Himmel sehn –
leuchten sie nicht gar zu schön?
Schaust am Morgen du nach dort-
husch –
sind alle Lichtlein fort.
(Die Sterne)

Es wechselt regelmäßig,
ganz gleich, ob man das mag.
Drum ist, sagt Vater Bräsig,
mal Nacht und auch mal ...
(Tag)

Sieht silbern aus und glänzet fein,
ist rund, und damit kauft man ein.
Es klingt, wenn es zur Erde fällt.
Nun wißt ihr's wohl:
Es ist das ...
(Geld)

Ein armes Mädchen ging fürbaß -
die Welt war kalt, die Welt war naß.
Gab alles bis auf's letzte Hemd ..
Wer wohl dieses Mädchen kennt?
(Das Sterntaler)

Die Felder weiß -
auf Flüssen Eis-
es weht der Wind -
wann ist das, Kind?
(Im Winter)

Rätselsprüche zum Thema Schnee

(alle überliefert)

Das Wörterraten der Kinder kann durch Handbewegungen unterstützt werden.

Wer weiß weiter?
Wie schön ist 's, wenn zur Winterzeit
vom Himmel es herunter ...

Wir freuen uns am Schlittschuhlauf
und bauen einen Schneemann ....

Wir fahren Ski, wie fein ist das!
Auch Rodeln macht uns großen ...

Und fallen wir mal in den Schnee,
so lachen wir, das tut nicht ...!

Was ist das?

Sie tanzen und können sich drehn
sind in der Luft zu sehn.
Die Wärme können sie nicht vertragen
drum sehn wir sie nur an kalten Tagen. (die Schneeflocken)

In der Luft da fliegt sie
auf der Erde liegt sie
auf dem Baume sitzt sie
in den Händen schwitzt sie (die Schneeflocke)

Weiß wie Kreide
leicht wie Flaum
weich wie Seide
feucht wie Schaum (die Schneeflocke)

Hat ein weißes Röckchen an
freut sich, daß es fliegen kann.
Fängst du's mit den Händen ein
wird es bald geschmolzen sein. (die Schneeflocke)

4.4 Musik

Ziele:

Hörerziehung
Hören verschiedener Höhen, Längen, Lautstärken, Schwerpunkte, Phrasen

Gedächtnis
Wiedererkennen von Melodien, Motiven, Stimmungen
Reproduktion musikalisierter Sprache
Mustermerken

Sprach- und Bewegungsplanung
Artikulomotorik
Atem- und Stimmführung
Feinmotorik, soziales Lernen (bei der Instrumentierung)
Grobmotorik, soziales Lernen (bei den Tänzen)

Durchführung:

Es empfiehlt sich, die Lieder immer im Ganzen in erzählender Weise einzuführen.
Am geschicktesten ist es, sie mit Handgesten zu begleiten, damit die Kinder den Bewegungskanal zur Unterstützung haben. Auch können Bilder oder Symbole zur Unterstützung herangezogen werden.
Tanzlieder werden ja ohnehin entsprechend ihren Bewegungsanweisungen im Lied getanzt.
Märchenlieder sind häufig gleich in Szenen = Strophen geschrieben.
Eine schöne Erweiterung ist es für die Kinder, wenn handlungsorientierte Lieder auch einmal mit Handpuppen oder anderen Puppen eingeführt werden. Tanzlieder können gut mit Stockpuppen eingeführt werden, wenn die Kinder mehr an diverse Tanzformen gewöhnt sind. Da macht jedes Kind eine Stockpuppe und läßt sie tanzen. Große Freude macht allen Kindern einfache Instrumentierung der Lieder. Zur Unterstützung des rhythmischen Gedächtnisses empfehlen sich Trommeln, Hölzchen, beidhändig bediente Cocostrommeln. Zur Unterstützung der Taktschwerpunkte eignen sich Bekken und Triangeln. Die Melodie wird mit Glockenspielen, Xylophonen, Flöten unterstützt. Die Harmonien können mit Kantelen, zusammengesetzten Klangstäben, Tischharfen gestützt werden.
Beim Gesang der Grundschul- und Kindergartenkinder muß gut darauf geachtet werden, daß den Kindern keine Tiefe zugemutet wird, die sie aufgrund ihrer kürzeren Stimmbänder nicht bewältigen können, ohne Schaden

an ihrer Stimme zu nehmen. Das bedeutet, daß die betreuende Lehrkraft in jedem Fall nicht in der eigenen Stimmlage mit den Kindern singen kann. Am günstigsten sind F-Dur, G-Dur für die gängigen Kinderlieder. Wenn die Pädagogin denkt, sie schaffe das Gepiepse nicht, dann ist es richtig. Kinderstimmen liegen etwa ein Drittel höher als die Stimmen der meisten Betreuerinnen!

Darüber hinaus ist es notwendig, daß mit den kleinen Kindern viel leiser gearbeitet wird, als gemeinhin üblich. Kinder sind lärmempfindlicher und reagieren auf leise Töne viel erfreuter. Deshalb ermahne man sie dazu, zart zu singen. Das vielerorts hörbare schreckliche Gebrüll ist ein Ergebnis falscher Gesangserziehung, nicht ein natürlicher Bestandteil des Kindergesanges.

Bei den Tänzen und Bewegungsmusiken ist zu beachten, daß durch die anderen Proportionen der Kinder alle Tempi etwa ein Drittel schneller zu nehmen sind als mit Erwachsenen.
Das bedeutet: Sollen Kinder normal gehen, muß das Tempo so gewählt werden, daß die Erwachsenen kurz vor der Laufgrenze sind. Das Gleiche gilt für's Schreiten, Laufen, Rennen, Hopsen. Auch das Balancieren muß schneller genommen werden als bei Großen.

Sternenlieder

Weißt du, wieviel Sternlein stehen
an dem blauen Himmelszelt?
Weißt du, wieviel Wolken gehen
weithin über alle Welt?

Gott der Herr hat sie gezählet,
daß ihm auch nicht eines fehlet
an der ganzen großen Zahl.

Schlaf, Kindchen schlaf. Am Himmel ziehn die Schaf.
Die Sterne sind die Lämmerlein. Der Mond der ist das Schäferlein –
schlaf, Kindchen schlaf.

Schlaf, Kindchen schlaf. Der Vater hüt' die Schaf.
Die Mutter schüttelt's Bäumelein, da fällt herab ein Träumelein –
schlaf, Kindchen schlaf.

(Volkslied)

Wer hat die schönsten Schäfchen?

Zwei Strophen aus „Lied vom Monde" von Hoffmann v. Fallersleben

Wer hat die schönsten Schäfchen?
Die hat der goldne Mond,
der hinter unsern Bäumen
am Himmel droben wohnt.

Sie tun sich nichts zuleide
hat eins das andre gern,
und Schwestern sind und Brüder
da droben Stern an Stern.

Mond-Mond scheine!

Mond – Mond scheine
die Sterne sind noch kleine.
Das Blau geht leise über Land
und wächst wie eine dunkle Wand.
Mond – Mond scheine.

(Melodie: Richard Rudolf Klein aus „Kinder musizieren“, Heft 7, Fidula Verlag, Boppard/Rhein)

Der Mond ist aufgegangen

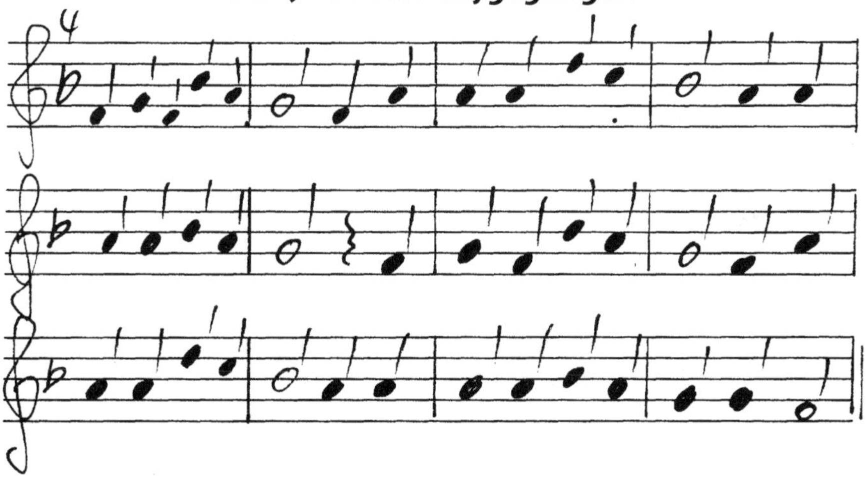

Der Mond ist aufgegangen, die goldnen Sternlein prangen am Himmel hell und klar.
Der Wald steht schwarz und schweiget und aus den Wiesen steiget der weiße Nebel wunderbar.

(Melodie: J.A.P. Schulz, Text: Mathias Claudius)

Laternenlied

Laterne, Laterne – Sonne, Mond und Sterne;
brenne aus mein Licht, brenne aus mein Licht:
Aber nur meine liebe Laterne nicht!

Aus Hamburg

Ich gehe mit meiner Laterne
und meine Laterne mit mir.
Dort oben leuchten die Sterne –
und unten leuchten wir.
Mein Licht geht aus,
wir gehn nach Haus.
Rabimmel-rabammel-rabumm!

Aus Norddeutschland

Sternruf

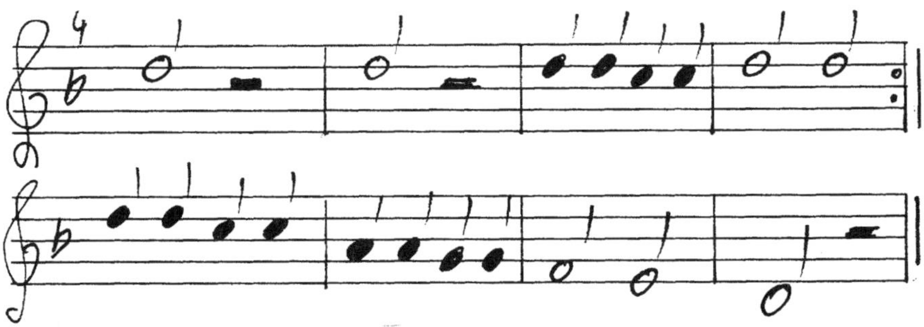

Stern – Stern – Stern am Himmel droben!
Licht – Licht – Licht so weit dort oben!
Leucht uns hier in unserer dunklen kalten Welt!

(Weise: Fischer-Olm)

Wanderndes Sternlein

Sternlein, Sternlein – du mußt wandern
von dem einen Kind zum andern.
Oh wie schön, oh wie schön,
daß wir dich da oben sehn.

(Spielanweisung: Die Kinder sitzen im Kreis. Einer der Sterne auf dem Stock wird im Takt weitergereicht. Die Erzieherin klopft sachte auf einer Handtrommel den Taktschwerpunkt mit.)

Schlaflied

Kindlein mein, schlaf nur ein, weil die Sternlein kommen;
und der Mond, kommt auch schon wieder angeschwommen.
Eia Wiege, Wiege mein – schlaf mein Kindlein, schlaf nur ein!

(Volkslied aus Mähren)

Gedanken-Wunsch

Wie die Stern am Himmel stehen
Wie die Wolken drüber gehen
Wie der Mond uns manchmal lacht
So sei heut an dich gedacht!

(Text und Melodie: Fischer-Olm)

Sternen-Liebe

Stehn zwei Stern am hohen Himmel,
leuchten heller als der Mond.
Leuchten so hell, leuchten so hell,
leuchten heller als der Mond.

Ach, was wird mein Schätzchen denken,
daß ich bin so weit von ihr?
So weit von ihr, so weit von ihr,
daß ich bin so weit von ihr.

Gerne wollt ich zu ihr gehen
wenn der Weg so weit nicht wär.
Wenn der Weg, wenn der Weg,
wenn der Weg so weit nicht wär.

Gold und Silber, Edelsteine -
schönster Schatz – gelt, du bist mein?!
Ach was kann, ach was kann,
ach was kann denn schöner sein.

(Volkslied aus Deutschland)

Sternen-KindSternen-Kind

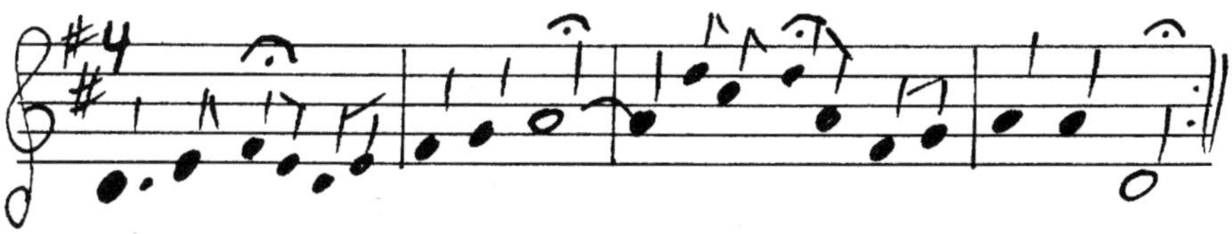

Kommt ein Kindlein auf die Welt:
Fällt ein Stern vom Himmelszelt.

(Worte: Ruth Schaumann, Weise: Gottfried Wolters)

Sternen-Tanz

Teil A: Sterne zählen, Sterne zählen – Eia Eia -
damit wolln wir uns nicht quälen – Eia Eia

Teil B: Haben selber unsre hellen Sterne,
und die leuchten wunderschön.
Sind gefangen in der Mondlaterne,
müssen mit uns gehn. (mündlich überliefert)

Tanzanweisung:

Teil A: Kinder stehen im engen Kreis um die am Boden abgestellten brennenden Laternen herum.
Mit Beginn des Gesangs gehen sie vier Schritte rückwärts – bei „eia eia" um die eigene Achse drehen.
„damit wolln ..." Vier Schritte vorwärts,
Drehen um die eigene Achse.

Teil B: Aufnehmen der Laterne, ruhiges Herumschreiten auf der Kreisbahn. Bei „mit uns gehn" wieder in der Mitte versammeln und die Laternen abstellen.

Weitere Tanzvorschläge finden Sie in Anneliese Gaß-Tutts „Tanzkarussell", erschienen im Don Bosco Verlag München.

4.5 Rhythmik

Ziele:
- Steigerung der Kreativität
- Verbesserung der Bewegungsplanung und Bewegungsdurchführung, Harmonisierung der Bewegungsabläufe und der Atmung
- Schulung des Gehörs
- Verbesserung der Ausdauer
- Veränderung des Rollenverhaltens in der Gruppe durch Rollentausch
- Verbesserung der optischen, akustischen, taktilen Wahrnehmungsfähigkeit
- Schulung der Sprache und Sprechfähigkeit

Schulung der Musikalität: Erkennen einfacher, musikalischer Abläufe und Zusammenhänge

Die folgenden Unterrichtsbilder können gut auf mehrere Übungszeiten verteilt werden. Die einzelnen Stundenelemente können auch weitgehend untereinander abgetauscht oder vermischt werden. Die ÜLin sollte immer genau hinschauen, wann die Kinder genug haben und unruhig werden. Jede einzelne Übungseinheit beginnt und endet mit der Kreisform, sei es, daß mit einem Tanz begonnen und mit einem Spruch geendet wird, sei es, daß eine Beobachtungsaufgabe am Anfang steht und eine gemeinsame Liedgestaltung am Ende.

Materialbedarf:

- Cassette: Israelischer Hochzeitstanz, Beginners Dances, Skill Institut Heidelberg
- Orffinstrumente: Trommel, Klangholz, Triangel, Becken Klangstäbe und Schlägel
- Karten mit den Abbildungen dazu
- verschieden geformte Sterne an Stöcken, je ein Paar gleiche Form, mal groß mal klein
- blaues Schwungtuch
- gelbe Noppenbälle
- großer Schaumstoffball
- vierfarbige kleine Weichgummibälle
- Klebeband zum Abkleben eines Kreises am Boden
- beleuchtete Fünfecksterne oder Kerzen in einem Sternuntersetzer
- Abbildungen oder Zeichnungen der Sachen, die das Sterntaler abgeben muß
- echte Verkleidestücke
- Klavier für die ÜLin, Flöte, Geige o.a.

1. Übungseinheit

Tanz: Übung zu Musterbildung, zum Gedächtnis, zur Bewegungsplanung, zum Phrasenhören, zum Schwerpunkthören, zur sozialen Anpassung – Israelischer Hochzeitstanz

1. Muster: Kreistanz nach rechts, 4 Schritte gehn, stehn, zweimal nach außen, einmal nach innen klatschen. Wiederholen.

2. Muster: Mit zwei langen Schritten zur Mitte gehen, halbe Zählzeit. Dabei die Arme heben, als wolle man „Sterne vom Himmel holen" beim Rückwärtsgehen die Arme sinken lassen, als ob man die Sterne am Boden ablegt. Die Kinder sprechen das „Sterne vom Himmel holen" laut mit.

1. Gehörerziehung

1.1 Vier verschiedene Orffinstrumente werden vorgestellt: Trommel, Triangel, Becken, Klapphölzer

1.2 Nun zeigt der ÜL vier Kärtchen, auf denen die Instrumente in leicht verfremdeter Form, weil von Hand gezeichnet, abgebildet sind. Jedes Kind bekommt die gezeigten Instrumente. Wird das Bild eines Instrumentes hochgehalten, spielen die Kinder.

1.3 Jetzt gehen wir den umgekehrten Weg. Die Kinder erhalten auch Karten, auf denen die vier Instrumente abgebildet sind. Spielt der ÜL auf einem, zeigen die Kinder die passende Karte.

1.4 Bei der erschwerten Form sitzen die Kinder mit dem Rücken zum ÜL. Sie hören den Klang eines der vier Instrumente und ordnen danach das Bild zu. Kontrolle durch den Erzieher.

1. 5 Das Einsammeln der Instrumente erfolgt, indem die ÜLin verdeckt ein Instrument spielt, die Kinder identifizieren das Instrument und liefern es ab. Genauso werden die Karten eingesammelt.

1. 6 Bei einer weitergehenden Gehörübung in einer nächsten Unterrichtseinheit kann der ÜL auch zwei Instrumente auf einmal spielen, das erschwert die Erkennung des Klanges erheblich.

1.7 Nun werden vier verschieden große Sterne den verschieden langen Klängen zugeordnet:

Becken – sehr großer Stern
Triangel – etwas kleinerer Stern
Trommel – noch kleiner
Hölzchen – am kleinsten

Jedes Kind hat vier Sterne, die es nun je nachdem, welchen Klang es hört, hoch hält.
Wenn zuvor noch nie Übungen mit diesen vier Instrumenten gemacht worden sind, empfiehlt es sich, erst einmal mit Becken und Hölzchen zu beginnen. Diese Hörübungen können im täglichen Morgenkreis kurz aufgegriffen und allmählich ausgeweitet werden.

Eventuell können auch kleine Sprüche rezitiert werden, während die Kinder die Instrumente bedienen. So wird das Tempo, das jedem Instrument zu eigen ist, auch noch sprachlich nachvollzogen – eine weitere Stütze für das Gedächtnis.

Das Becken steht für die ganze Note mit vier Zähleinheiten.

Das Be-cken tönt in gu-ter Rubi; halt es nur fest und hör gut zu

Die Triangel steht für die halbe Note mit zwei Zähleinheiten.

Eins zwei drei - tri an-gelnge-hen nie ent-zwei

Die Trommel steht für die Viertelnote mit einem Schlag.

Trommeln trommeln bumm bumm bumm; vir stapfen fest im Kreis herum

Die Rundhölzchen für die Achtelnote, halbe Zähleinheit.

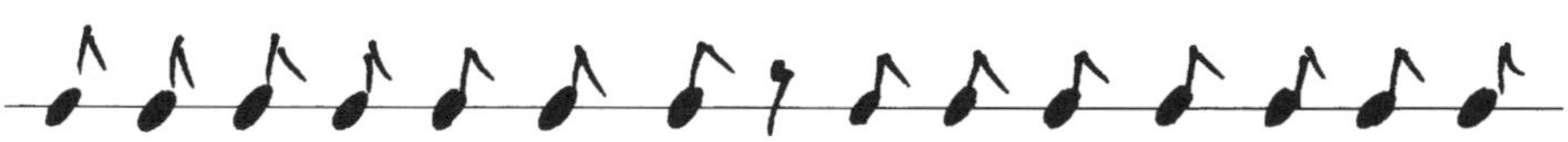

Klapperhölzchen klapp klapp klapp, klappern mir die Ohren ab.

2. Materialerfahrung Noppenball

Übungen zu Handgeschicklichkeit, Großmotorik, Körpergefühl, Bewegungsphantasie
Imitation, Reaktion, Konzentration

2.1 Blaues Schwungtuch wird als „Himmel“ am Boden ausgebreitet. Die gelben Noppenbälle werden als „Sterne“ hineingekullert. Wie liegen die Sterne zueinander? Welche liegen dicht beieinander, welche sind am weitesten entfernt? Der große weiche Schaumstoffball wird als letzter, als „Mond“ hineingegeben. Nun nehmen wir vorsichtig das Schwungtuch auf, damit ja kein Stern herausfällt. Der Himmel mit den Sternen wird in Bewegung versetzt. Die ÜLin zieht zu einem geeigneten Zeitpunkt das Tuch hoch und wirft damit alle Sterne (Bälle) vom Himmel, unter die Kinder. Jedes holt sich eines. Das Schwungtuch wird eingesammelt.

2.2 Materialerfahrung. Jedes Kind probiert für sich vor dem Hintergrund einer improvisierten Musik aus, was man mit dem Noppenball alles machen kann. Die ÜLin beobachtet die Kinder und greift einzelne Bewegungen zur Nachahmung heraus, indem sie die andern Kinder darauf aufmerksam macht.

2.3 Waren in der freien Erfahrungsphase nicht ausreichend viele Bewegungen zu beobachten, kommt nun eine Phase, wo die ÜLin die Bewegungen mit der dazu passenden Musik vorgibt.

3. Schlußphase

Übungen zur Aufnahme des Erarbeiteten und Wiedergabe in einer festen Gestaltung
Gemeinsamkeit
Der Bogen vom Beginn bis Schluß der Stunde (beide Male eine Kreisaufgabe) schließt sich.

3.1 Ein Ball wird von Kind zu Kind geworfen unter der Musik des leicht veränderten Liedes: Ringlein, Ringlein ... „Sternlein, Sternlein ...“

3.2 Klappt das Werfen und Fangen des kleinen Noppenballes schon ganz gut, können mehrere Bälle in den Kreislauf eingegeben werden.

2. Übungseinheit

Tanz: Wiederholung „Israelischer Hochzeitstanz“

Spruch: Übung zur gebundenen Sprache
Atemführung
Stimmführung
akustisches Gedächtnis

Licht am Himmel,	(mit vier Schritten zur Mitte gehen, Arme hoch über den Kopf heben)
Licht in mir,	(vier Schritte zurück, Arme auf die eigene Brust richten)
Mond und Sterne	(Hände zu Sternen übereinanderlegen und hin und her fahren)
leuchten dir.	(beide Arme zur Umfassungsgebärde auseinander und wieder zusammenführen)

1. Optische Wahrnehmungsschulung, Sprachschulung

1.1 Die ÜLin hat verschieden geformte Sterne, die auf Stöcke montiert sind, mitgebracht. Nun wird ein Stern nach dem anderen hochgehalten und seine Eigenart besprochen: Der eine hat vier Zacken, der andere sechs oder acht, der eine hat einen zackigen Schweif, der andere hat einen Schweif, der in einer schönen Rundung endet etc.

1.2 Nun wird eine Serie kleiner Sterne hervorgeholt und hochgehalten. Dieses sind die kleinen Brüder der großen, das heißt, wir haben die gleiche Form, aber verschiedene Größen. Die passenden Paare werden zusammengefunden.

1.3 Jedes Kind bekommt einen Stern. Zu einer beruhigenden, meditativen Musik schreiten die Kinder im Raum herum, hört die Musik plötzlich auf, muß jeder seinen kleinen, beziehungsweise großen, Bruder suchen und nun zusammen mit ihm auf der

1.4 Sternenkreisbahn laufen. Der Kreis wurde vorher mit Klebband am Boden fixiert. Zum Laufen auf der Kreisbahn brauchen wir eine deutlich andere Musik, die kann durch ein anderes Instrument oder durch eine Cassette gebracht werden. Hört die „Kreisbahnmusik“ auf, laufen die Kinder wieder zu der anfänglich eingebrachten Musik frei im Raum herum, bis ein neuer Musikwechsel ein neuerliches Zusammenfinden signalisiert.

1.5 Erschwerung der Aufgabe: Nach jedem Kreisbahndurchgang tauschen die Kinder Sterne untereinander aus, dadurch wechselt der Partner und die Beobachtung wird anspruchsvoller.

2. Gehörerziehung

2.1 Die Kinder laufen frei im Raum herum. Ertönt die Kreisbahnmusik besonders leise, sollen nur die kleinen Sterne ihre Bahn ziehen, die großen bleiben an dem Platz. Neuerliches Durcheinanderlaufen bei der anderen Musik. Wird die Kreisbahnmusik laut intoniert, dürfen die großen Sterne auf der Kreisbahn ihren Weg gehen, die kleinen bleiben stehen.

2. 2 Die Sterne werden am Fenster aufgestellt, die Kinder verteilen sich im Raum. Jedes Kind bekommt einen Klangstab. Nun gibt der ÜL eine Musik, entweder leise oder laut. Die Kinder sollen gut hinhören und mitspielen.

2.3 Das Zusammenspiel wird unterbrochen: Wie war die Musik? Haben wir einen großen oder einen kleinen Klang gemacht? Zeige den passenden Stern dazu. Neuer Durchgang.

3. Schlußphase

3.1 Einführung des Liedes: Stern, Stern am Himmel droben
Bewegungsmuster dazu: Schritt-Pause-Schritt-Pause
Schritt-Schritt-Schritt wenden
Wiederholung in die andere Richtung
Stern hochrecken am Platz und bei „kalte Welt“
wieder herunterlassen.

Hier wird abschließend das meditative „auf dem Kreis laufen“ nochmals aufgegriffen, diesmal um zwei Sprech- und Bewegungspausen erschwert. Das setzt eine diffizilere Planung voraus.

3. Übungseinheit

1. Tanz:
Stern, Stern, Stern am Himmel droben

2. Hörübung:
Große und kleine Klänge passen zu großen und kleinen Sternen

3. Seh- und Reaktionsübung:
Kinder sitzen, Fuß an Fuß bei vorwärts gespreizten Beinen, im Sitzstern. Nun gibt die ÜLin einen roten Weichgummiball in den Kreis. Jedes Mal, wenn er einem anderen Kind zugekullert wird, ruft der Absender ganz laut die Farbe: Rot!
Nun kommen langsam nacheinander ein blauer, ein grüner und ein gelber Ball dazu. Die Kinder müssen nun immer ganz genau aufpassen, welchen Ball sie auf die Reise schicken und laut das Wort dazu rufen. Das erfordert ein hohes Maß an Aufmerksamkeit.
Die Begründung für diese Übung innerhalb unseres Themas ist die Tatsache, daß die Sterne sehr verschiedene Farben haben und sich heftig bewegen. Das wollen wir auch einmal erleben.

4. Bewegungsrondo

4.1 Einführung des Refrains:
Es ging ein Mädchen durch den Wald so finster ...

4.2 Zwischen dem Gesang können immer wieder mundmotorische Übungen eingestreut werden.
Wir können den Wind rauschen lassen, die Bäume ächzen und stöhnen lassen, der Frost knackt, das Mädchen atmet laut und angstvoll in der dunklen Umgebung, die Sterne am Himmel summen beruhigend ...

4.3 Zu Beginn sind, bis auf ein Kind, alle Kinder die Bäume des Waldes. Das einzelne Kind geht herum und bleibt zum Ende des Refrains vor einem Kind stehen. Dieses läuft dann neuerlich durch den Wald. Diese Übung machen wir solange, bis alle Kinder durch den Wald gewandert sind.
Bis dahin kann sicher jedes Kind den Refrain. Nun können wir mit der Einübung des

4.4 Bewegungsrondos beginnen. Der Wald löst sich auf und verwandelt sich in einen Sternenkreis, der zu der Melodie des Refrains immer eine Kreisbahn um das Sternentaler beschreibt. Die Dialoge zwischen dem Refrain sind nicht vorgegeben. Zur Erinnerung an das, was von dem Kind abgegeben werden soll, hebt die ÜLin die Abbildungen der Kleidungsstücke oder der Eßwaren hoch. In den nächsten Stunden kann das Rondo mit echten Kleidern, echtem Brot und Saft, echten beleuchteten Sternen ausgeschmückt werden. Je öfter das Spiel gemacht wird, umso lieber spielen es die Kinder. Haben sie witzige eigene Einfälle zu verschiedenen Szenen – aufgreifen!

4.6 Psychomotorik

Die psychomotorischen Übungen können wunderbar in einem Sternentaler-Parcours untergebracht werden. Hat die Schule einen Bewegungsraum, können die Elemente des Weges sogar längere Zeit stehenbleiben und immer wieder erweitert und ausgeschmückt werden. Machen alle Klassen das gleiche Thema, kann für geraume Zeit ein Sterntaler Zimmer entstehen, in dem sich der Himmel mit den Gestirnen befindet, die Sterne an den Fenstern aufgehängt sind, die Sprüche und Lieder schön ausgemalt an den Wänden hängen und die Kostüme zum Spielen des Bewegungsrondos immer griffbereit liegen. Zum Sterntalerparcours: Mit drei Tischen und ein paar Tüchern kann in einer Ecke des Raumes das Haus entstehen, aus dem Sterntaler vertrieben wird. Nun beginnt seine mühselige Wanderung: Durch einen Tunnel muß es aus der Stadt heraus (Kriechtunnel), über eine schwankende Brücke (Trampolin oder Schwebebalken) geht es in den Wald. Hier sind in einer Schonung viele kleine Bäumchen (aufgebaute Kegel), um die das Kind mit großer Geduld herumhüpfen muß. Zäune stehen in seinem Weg (aufgebaute Stöcke), die es überspringen muß. Ein großes Wasser will überwunden werden (Schwungtuch), die Felswand (Sprossenwand) will es daran hindern, in den Zauberwald mit den Sternen zu gelangen .... Der Phantasie der Kinder und der Übungsleiterin sind keine Grenzen gesetzt außer denen des vorhandenen Materials.

4.7 Wahrnehmungstraining

Ziele: Schulung der verschiedenen Sinne zur Unterstützung der Kompensation

Auditive Schulung:

- Führen und Folgen nach Geräusch oder Musik (siehe Rhythmikstunde)
- Am Fenster wurden verschieden große gebastelte Sterne aufgehängt. Die tief hängenden Sterne bekommen einen tiefen Ton zugeordnet, die hoch hängenden einen hohen. Nun hören die Kinder die Töne und finden die dazu passenden Sterne.
  Erweiterung: Die großen Sterne haben einen lauten Ton, die kleinen Sterne einen leisen. Arbeitsauftrag: Höre den leisen tiefen Ton, höre den lauten hohen Ton etc.
  Erweiterung: Schwarze Sterne haben einen tiefen, goldene einen hohen Ton zugeordnet.
- Im Zimmer fallen die Sterne vom Himmel. Die Kinderliegen auf dem Bauch, den Kopf in den Händen vergraben und zeigen auf die Richtung, in der der Stern fiel.
  Erweiterung: Es fallen Sterne aus schwerem oder leichtem Material. Die Kinder müssen nun nicht nur die Richtung hören, sondern auch, ob es leichte oder schwere Sterne waren.
- Sterne aus verschiedenen Materialien herstellen: Pappe, Holz, Papier, Teppichresten, Blech ...
  Nun liegen die Kinder am Boden, haben den Kopf in den Armen vergraben und hören die Sterne nacheinander fallen. Sie raten nach jedem Fallen, um welchen Stern es sich handelt.
- Wir spielen eine Geräuschgeschichte: Wir hören das Mädchen am Anfang der Geschichte, sie geht noch behend und fröhlich. Nun hören wir, daß sie etwas auszieht ... Sie geht über eine Brücke sie stolpert und fällt ... sie gibt ihr Brot ab und der andere beginnt zu essen
  Die Geschichte kann entweder mit den Kindern zusammen stumm gespielt und auf Tonband aufgenommen werden, oder als Rätselgeschichte vorbereitet sein. Das Letztere ist das Schwierigere.

Optische Schulung:

- Zwei formgleiche Sterne mit gleichem Material bekleben: Filz, Stoff, Sandpapier, Metall ... Nun sollen die Sterne optisch einander zugeordnet werden. Diese Übung kann zum Memory (optisches Gedächtnis) oder zum Fühldomino (taktiles Gedächtnis) oder zum akustischen Domino (auditives Gedächtnis) erweitert werden.

- Die Geschichte vom Sterntaler als Bildergeschichte, wobei die Karten gemischt und in der richtigen Reihenfolge hingelegt werden müssen. Als deutliche optische Hilfe könnte eine Serie, bei der der Himmel fortlaufend dunkler wird und immer mehr Sterne auftauchen, gestaltet werden. Eine schwierigere Serie hätte einen gleichbleibenden Hintergrund. Hier müßte das Kind an den weggegebenen Kleidungsstücken die Reihenfolge ausmachen. Das letztere ist deutlich schwieriger.

- Fotogeschichte: Von dem Sterntalerrondo oder der Bewegungsgeschichte im Psychomotorikparcours werden fortlaufend Fotos gemacht. Sie können einmal als Bildergeschichte verwendet werden, einmal als Memory bei zwei gleichen Fotos.

- Aus den Fotos ein Bilderbuch machen. Eine Seite Fotos, eine Seite Kinderzeichnungen.

- Schattenmemory: Sterne verschiedener Umrisse werden aus buntem Papier ausgeschnitten, mit inneren Verzierungen versehen und nach Lust hinterklebt. Der „Schatten des Sterns“ wird auf dem Fotokopierer hergestellt, auf festen Karton aufgebracht. Die Aufgabe für das Kind lautet nun, den bunten Stern und seinen Schatten zusammenzufinden.

- Sternenspirale: Wenn man das Märchen vom Sterntaler in die Adventszeit nimmt, kann man am Boden eine Sternenspirale also einen großen Adventskalender gestalten lassen. Dazu wird erst mit Abklebband eine Spirale auf den Boden geklebt. Nun werden 24 Stationen von außen nach innen aufgeklebt (kleiner Kreis). Tag für Tag kommt ein Stern hinzu, nach dem Wochenende entsprechend mehr. Die Kinder laufen auf den Stationen und gehen auch wieder heraus, nie darf weiter gelaufen werden als bis zum letzten Stern. So erfahren die Kinder in Optik und Bewegung das Vergehen von Zeit. Natürlich kann der Kalender auch ohne die Großbewegung an der Wand gestaltet werden, wenn der Boden nicht geeignet ist.

  In der Regel wollen die Kinder neben dem großen Kalender im Raum einen eigenen für ihren Ordner basteln. Der kann dann auch zu weitergehenden Übungen als Spielbrett benutzt werden.

- Fragen die Kinder nach dem richtigen Sternenhimmel – die Fragen bleiben eigentlich nie aus – kann versucht werden, eine Himmelskarte herzustellen.

  Auf ein großes blaues Tuch (festes Material) oder blauen Karton werden

einzelne Sternbilder übertragen. Besonders schön für die Kinder ist es, die eigenen Sternbilder am Himmel aufzuhängen.
Die optische Aufgabe für die Kinder lautet, mit Hilfe der Erzieherin aus einer Himmelskarte das eigene Sternbild zu übertragen. Edel ist blauer Samt als Unterlage. Er kann ja immer wieder verwendet werden, wenn diese Kinder den Kindergarten verlassen haben und die Sternbilder der neuen Kinder aufgebracht werden sollen. Hübsch sehen Strohsterne auf dem Samt aus. Die Kinder sollen dabei durchaus die verschiedenen Größen der Gesamtsternbilder und der Sterne in den Sternbildern berücksichtigen.
Als optische Hilfe kann die Erzieherin mit einem Faden die Umrisse des Sternbilds auf dem Tuch fixieren.
Dieser „Himmel“ kann während der ganzen Phase des Sterntalermärchens hängenbleiben. Es werden sich immer wieder Anlässe zum Gespräch über Himmelserscheinungen anbieten.

- Im Raum und in schon zum Thema gezeichneten Bildern werden Sterne versteckt, die die Kinder auffinden sollen.
- Frostig-Übungen: Nachdem die Form des Sternes in der Großbewegung und Kleinbewegung ausreichend erfahren wurde, können die Arbeitsblätter aus dem Frostigschen Übungsheft, welche Sterne betreffen, bearbeitet werden (Formkonstanzübungen).
  Eventuell empfiehlt sich auch die Herstellung eigener Arbeitsblätter zur Formkonstanz, wenn das Frostig-Material nicht ausreichend erscheint.
- Sternmobile: Die Sterne der Größe nach ordnen und aufhängen.

Generell muß gesagt werden, daß alle die aufgelisteten Übungen immer in mehrere Trainingsbereiche hineingehen. Wir haben nur versucht, nach dem Förderschwerpunkt zu ordnen.

- Kälte-Wärme Parcours:
  Da das Sterntaler ja auf seinem Weg fortlaufend mehr unter der Kälte leidet, wollen wir das nachempfinden. Vier oder fünf Plastikschüsseln mit verschieden warmem Wasser bis hin zu Schnee werden aufgestellt. Das Kind soll nun mit den Händen und den Füßen herausbekommen, welche Wännchen kälter, welche wärmer sind und sie entsprechend der Reihe nach ordnen. Denn: Das Sterntaler hatte es ja auch nicht mal warm und mal kalt, sondern immer kälter.
  Anfangs macht das Kind die Übungen mit drei deutlich unterschiedlichen Wärmegraden, danach fortlaufend mehr differenzieren!
  Anfangs mit sehenden Augen, dann geführt mit geschlossenen.
- Vertrauenskreis: Die Kinder stehen in engem Kreis. Ein Kind ist in der Mitte, das Sterntaler. Das Kind ist am Ende seines Weges angelangt

und kann sich – all seines Besitztums entblößt – nur noch vertrauensvoll fallen lassen. Das wollen wir nachempfinden. Anfangs muß diese Übung auf einer weichen Matte stattfinden, falls ein Kind aus Unvermögen – oder weil es die Spielregeln nicht begriffen hat – nicht richtig zupackt.
Den Kindern wird eingeschärft, daß es wichtig ist, das Sterntaler aufzufangen, sich anzustrengen, damit ihm nichts geschieht. Haben die Kinder erst einmal selbst die wunderbare Erfahrung dieser Übung gemacht, werden sie niemanden mehr fallen lassen und ihre ganze Kraft darein setzen, das Kind in der Mitte aufzufangen. Nun läßt sich das Kind fallen und wird immer wieder weggehoben – von anderen gefangen – weggehoben ... mit der Zeit entsteht ein ganz eigener Rhythmus. Später kann das mittlere Kind die Augen schließen. Einige Kinder werden bis zuletzt nicht soviel Vertrauen zu der Gruppe fassen können, daß sie sich fallen lassen. In die Mitte gezwungen werden sollte niemand. (Gleichgewicht, Kraftdosierung, Teamarbeit, Vertrauen in die Gruppenmitglieder)

Geruchs- und Geschmackssinn:

- Ausstecherle in Sternenform mit verschiedenen Geschmacksrichtungen backen. Gleiche Geschmäcker zusammenfinden: Z.B. Zimt, Vanille, Salz, Nelken, Zitronenguß, Pfefferminzgeschmack ...
- Geruchsfläschchen mit den gleichen Gerüchen zuordnen lassen.
- Geruchsspuren legen und ihnen „mit der Nase“ folgen lassen.
- Sternenkerze aufspüren: Wo hat die Kerze gebrannt? Wo riecht's im Haus nach Kerze? Wie lange mag sie schon aus sein (taktile Übung)?

Taktil-kinästhetische Übungen

- Die mit unterschiedlichem Material (siehe optische Übungen) beklebten Sterne werden „blind“ identifiziert und geordnet.
  Hierbei gehen wir wie immer von leicht zu schwer: Zuerst werden Materialien gewählt, die sich fühlbar deutlich unterscheiden; mit der Zeit werden es immer mehr. Fortlaufend kommen Sterne hinzu, deren Oberfläche ähnlicher der vorhergehenden ist, so daß das Kind immer feiner im Fühlen unterscheiden muß. Löst ein Kind die Aufgabe auch nach dem „Fühlen und Sehen“ nicht, muß wieder ein Schritt zurückgemacht werden.

- Sterne im Kugelbad, unter Blättern, unter Erbsen etc. verstecken. Die Kinder sollen nun mit zugebundenen Augen die Sterne „herausfischen“
- Die für die Rhythmik gebastelten, verschieden geformten Sterne können ertastet und benannt werden: Der mit dem großen Schweif, der mit den vier Zacken, der mit den vielen Zacken, der mit den runden Zacken, der Kleine mit dem Schweif .... (Fühl- und Sprachübung).
- Die aus Pappe gebastelten Kleidungsstücke für das Bewegungsrondo können erst gesehen und benannt, dann sehr schnell gesehen und benannt, dann erfühlt und benannt werden (Gedächtnis-Geschwindigkeit-Gefühl).
- Nun können die realen Kleidungsstücke ertastet und benannt werden. Fällt einem Kind die umgekehrte Reihenfolge leichter, natürlich umgekehrt anfangen.
- Auf der eigenen kleinen Sternenspirale abtasten, wie viele Sterne schon darauf kleben (Taktil unterstützte Zählübung).
- Im Sandkasten den Weg des Sternentalers (siehe psychomotorische Stationen aus dem Bewegungsrondo) nachbauen (von Groß zu Klein, Erinnerung, Handgeschicklichkeit, Phantasie, Fühlen).
- Mit matschigem Ton die Erlebnislandschaft des Märchens nachbauen. Mit Naturmaterialien ergänzen (Zapfen, Stöckchen, Kieselsteine, Samen, Rindenstöckchen ...)
- Gleichgewichtssinn: Wir erklären den Spastikerball zu einem kleinen-großen Stern, auf dem man im Weltall herumrollen kann, mit dem man sich durch den Himmel fortbewegen kann ... (vestibuläre Übung).

4.8 Künstlerische Gestaltung

Malen und Basteln (Erlebensgestaltung)

Ziele:
- Entwicklung der Kreativität
- Anregung der Phantasie
- Ästhetische Erziehung
- Teamwork
- Schulung der Visuomotorik
- Übungen zur Formkonstanz
- Übungen zur Raumlage
- Schulung der Feinmotorik
- Von der Dreidimensionalität zur Zweidimensionalität (Malen)
- Materialerfahrung

Schneidearbeiten:

- Zimmerdekoration (Goldtaler, Sternketten, Fensterbilder, Sternmobile)
- Gleiche Formen und Materialien erkennen. Sterne aus verschiedenen Materialien, jeweils zwei, ausschneiden. Später gleiche Formen, Materialien, Farben, Oberflächen etc. zusammenordnen; mit diesen Materialien Domino, Memory, Fühldomino, Geschwindigkeitsdomino spielen.
- Tannenwald aufzeichnen und ausschneiden. Dazu auf einem Lerngang genau die Form der Tannen betrachten und aus der Dreidimensionalität in die Zweidimensionalität übertragen.
- Schneekristalle: Scherenschnittsterne, bunt hinterklebt.
- Schnipseltechnik bei der Fenstergestaltung
  Material: Blumenseiden
- Der Stern und sein Schatten: Verschieden geformte Sterne (auch bizarre) ausschneiden lassen. Bunt anmalen. Nun mittels Kopieren den Umriß in Schwarz herstellen, ausschneiden lassen. Schatten und Original müssen zusammengesucht werden. (Domino, Memory, Speed-Training)
- Faltsterne aus schwarzem Scherenschnittpapier für Briefpapier, Einladungen, Zeichnungen.
- Sterne aus getrockneten Samen zusammenstellen

Malen:

- Trocken/Naßtechnik: Mit Naßtechnik wird ein Himmel hergestellt (verschiedene Blautöne). Nun werden auf Extrablatt in Trockentechnik verschiedene Sterne gemalt und ausgeschnitten, in den Himmel geklebt.
- Absprengtechnik: Mit Wachsfarben das Sternentaler, die Bäume, die Sterne gemalt. Nun mit Tinte oder Aquarellfarben übermalen.
- Fingerdruck: Vorgezeichneten Stern ausfüllen.
- Glasmalfarben: Die Scherenschnittsterne unter klare Folie (gute Kopierfolie) legen, mit Trennpaste den Stern übertragen. Nun mit Glasmalfarben nach dem Trocknen der Paste ausfüllen. Gibt schöne, farbstarke, lichtechte Fenstersterne.
- Großen Scherenschnittstern auf Folie kopieren. Mit Glasmalfarbe ausmalen, ausschneiden. Gibt wunderbar leuchtende Fenstersterne!
- Die verschiedenen Teile, die das Sternentaler abzugeben hat, groß auf Karton aufmalen, ausmalen. Als Sprechanlaß und Gedächtnisstütze benutzen.

Wachsarbeiten:

- Wachssterne gießen (als Aufhänger)
- Wachssternkerzen gießen: In Sternenausstecherle Flüssigwachs (nicht zu heiß) gießen, einen kleinen Docht in der Mitte halten, bis das Wachs erstarrt. Aus der Form lösen.
- Sterne in eine große Schüssel mit Wachs tropfen, nach dem Erkalten herausheben, aufhängen.

Modellierarbeiten:

- Aufbauton ausrollen, mit Ausstecherformen Sterne ausstechen. Löchern, brennen. Man kann sie auch hübsch mit verschiedenfarbigen Engoben anmalen.
- Frei aus der Hand Sterne formen, das hat den Vorteil, daß sie nicht plan sein müssen und hinterher Fühlübungen damit gemacht werden können. Wenn man sie nicht glasieren will, kann man sie nach dem Schrühbrand mit brauner Schuhcreme abbürsten. Der Ton sieht dann aus wie altes Holz.

- Das Sternentaler mit seinem Hemdchen kann getöpfert werden. Vielleicht läßt sich sogar die ganze Gruppe töpfern. Die so hergestellten Puppen können dann zum Rollenspiel mit Puppen verwendet werden.
- In Abdrucktechnik einen Teller herstellen, mit kleinen Tonsternchen, die mit Ausstecherformen gemacht wurden, verzieren.

  Arbeitsgang:
  Ein größerer, tiefer Teller wird mit einem Tuch ausgelegt, am besten Tricottuch, das nachgibt: Altes Unterhemd, Jersey etc. Aus gut geschlagenem Ton wird mit dem Wellholz eine Platte ausgewellt, in den Teller gelegt und gut überall angedrückt. Der Rand wird grob geschnitten. Am nächsten Tag kann das lederharte Stück aus dem Teller genommen werden und der Rand richtig geschnitten werden. Ist es im Raum zu warm und zu trocken, kann dieser Vorgang häufig schon am gleichen Nachmittag gemacht werden.
  Nun werden auf den lederharten Teller die ausgestochenen Tonsternchen appliziert. Anritzen und anschlickern nicht vergessen!

„Waldorf"-Stern

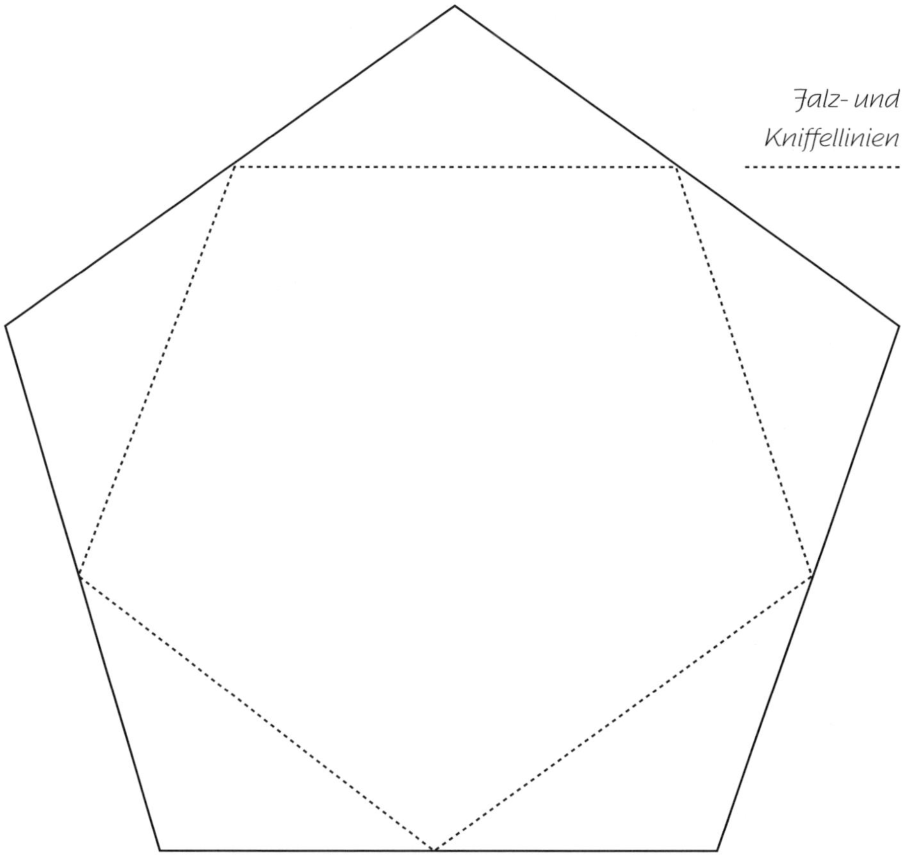

1) Eine Bodenplatte in Größe des Fünfecks aus Sperrholz aussägen.
2) Kleinen Knipsschalter, Haltestock, Batterie und Birnchenfassung montieren (oder einfach ein Teelicht fest am Boden verankern)
3) Fünfecke aus Lampenpapier oder Wachspapier ausschneiden. Transparentpapier ist zu dünn.
4) Nun die Sterne falzen und falten
5) Zusammenfügen, indem die gekniffelten Teile miteinander verklebt werden.
6) Auf der Bodenplatt befestigen.

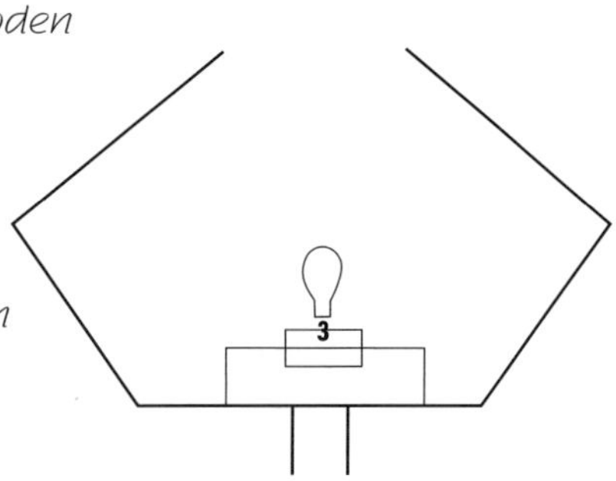

Sternenspirale

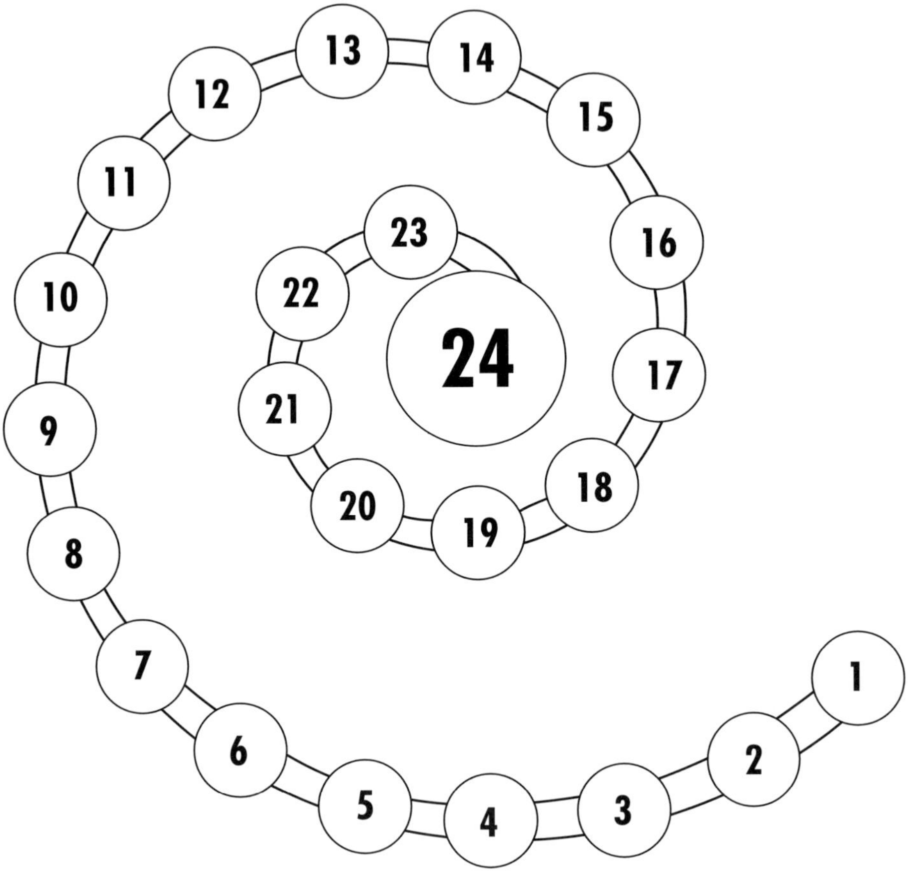

- *Kann als Adventskalender an der Wand gestaltet werden*
- *als Übung für Optik, Großmotorik und Zeitgefühl am Boden*
- *die Kreise werden fortlaufend mit Sternen bedeckt (Reihenfolge)*
- *das 24. Feld erfährt eine besondere Gestaltung (als Mitte, als Weihnachtstag, als Ende der Spirale ...)*
- *die Zahlen werden, obwohl das Kind sie noch nicht lesen kann, eingeschrieben. So prägt sich für später optisch und erlebnisorientiert schon das Bild der Zahl ein.*

4.9 Spezielle sprachtherapeutische Übungen

Isolierte, symptomorientierte Übungen sind eigentlich nicht mehr nötig, da bei jeder der verschiedenen, vorliegenden Übungen die Sprache immer vervollkommnend mitgeübt wird:

Wortfamilie:
Die Kinder arbeiten mit den Begriffen:
Stern, Sternenhimmel, Sternschnuppe, Sternzacken, Sternschweif, Sternentaler ... also in der Wortfamilie Stern in sehr umfassender Weise. Die Lautverbindung st = scht wird „schtändig" geübt.

Wortfeld:
Frieren: Frost, Kälte, Eis, Schnee, schlottern, zittern, zusammenkauern, frösteln, frostig, kalt, kühl, eisig, sternklar
Oberbegriffe: Kleidung – Gestirne – Gefühle – Güte – Geschenke – Belohnung

Reihenfolgeübungen:
Anhand der Bildergeschichte wird die zeitliche Reihenfolge ins Gedächtnis zurückgerufen und sprachlich abgerufen.

„Ich gehe zuerst – sie geht zuerst"
„Dann ziehe ich ... aus – dann zieht sie ... aus"
„Ich treffe den/die – sie trifft den/die"

Satzmuster finden wir: Im Refrain des Rondoliedes
Beim Heilestern-Lied
Bei der feststehenden Formel: „Bitte gib mir ..." und „vielen Dank"
Artikulationsübungen können immer wieder versteckt werden im Spiel. Sie sind deshalb nicht weniger gezielt:
sch – der Wind rauscht durch den Wald
ff- er weht ganz sacht, solange es noch nicht Nacht ist
ffssschsch – der Wind weht von schwach zu stark
sss stimmhaft: Die Sterne fangen an zu summen, als unser Kind bei der Endstation angekommen ist.
schschsch—t: Die Sterne kommen mit einem Rauschen vom Himmel zu unserem Mädchen
krk-krk: Die Bäume knarren in der Kälte

Es gibt sicher noch eine weitere Fülle von mundmotorischen Übungen, die sich verstecken lassen in der Geschichte.

Atemführungsübungen:
Sind in den Sprüchen, den Liedern, den Gedichten, den feststehenden Sätzen versteckt.

Stimmführungsübungen:
Die Leute, denen das Kind begegnet, können alle verschiedene Stimmlagen oder Sprecheigenheiten haben. Der eine spricht tief, der andere abgehackt, der eine säuselt, der andere fordert
bös ... auch hier läßt sich über das Rollenspiel das Stimmtraining verstekken.
Durch den Rollenwechsel übt jedes Kind jede Stimmführung und wird in der Handhabung dieses Instrumentes souveräner.

4.10 Sternidee: Das Faltbuch zur Geschichte

Wenn die Kinder immer noch nicht die Sterne und das Sterntaler bis obenhin satthaben, dann können wir noch ein richtiges Zauberbuch, eine Faltgeschichte herstellen.
Dazu benötigen wir guten DIN A 4 Karton, Faltblättchen, Klebe, Buntstifte und Phantasie.
Ein paar gängige Faltanweisungen, wie sie in allen Kindergärten daheim sind, habe ich hier aufgezeichnet. Darüber hinaus sind wir alle ja mehr oder weniger selber im Falten erfahren und können uns einfachere Formen für kleine Kinder oder Kinder mit motorischen Schwierigkeiten selber ausdenken.
Nun wird Seite für Seite – passend zur der Geschichte – einer von den Gegenständen, die das Mädchen abgeben muß, gefaltet und aufgeklebt. Vielleicht kann eine Kollegin mit einer besonders schönen Schrift die kleine Geschichte aufschreiben, so daß sie vervielfältigt und in die Faltbücher der Kinder zu häuslichem Vorlesen eingeheftet werden kann.
Dabei ist wichtig, daß immer nur der Satz, der sich nun auf das gefaltete Teil bezieht, geschrieben wird, so daß das Kind beim Betrachten und Vorlesen immer schon vorwegdenken kann, was vielleicht kommt.
So wird das Gedächtnis noch einmal auf eine neue Weise geschult und das fortlaufende Geschichtenwiedererzählen ja auch, denn was das Kind schon weiß, wird es selbst beitragen wollen.
Wenn nun um das gefaltete Teil herum noch mit Malen verziert wird, ist ein kleines Märchenbuch für jedes Kind entstanden.

Auch bei dieser Art, mit der Geschichte umzugehen, gilt, was wir am Anfang gesagt haben:

Wir behalten 20 % von dem, was wir hören,
30 % von dem, was wir sehen,
50 % von dem, was wir hören und sehen,
70 % von dem, was wir selber sagen und
90 % von dem, was wir selber tun!

Sterntalers Haus

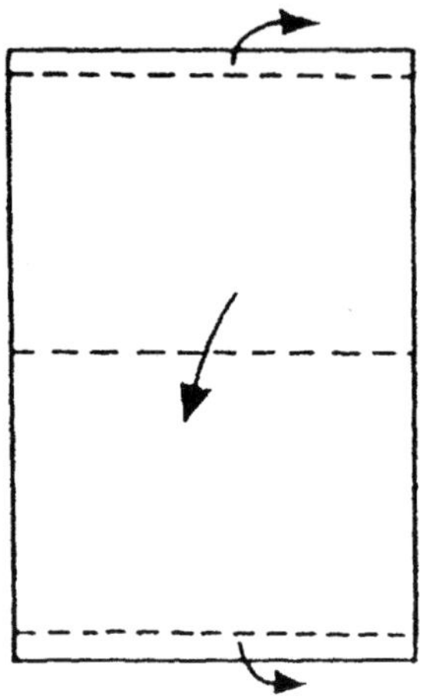

a) Unten und oben einen schmalen Streifen umknicken In der Mitte muß das Papier gefaltet werden

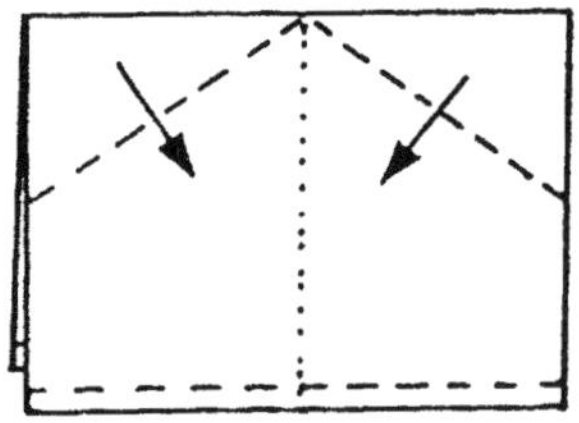

b) Rechts und links einknicken, damit ein Giebel entsteht

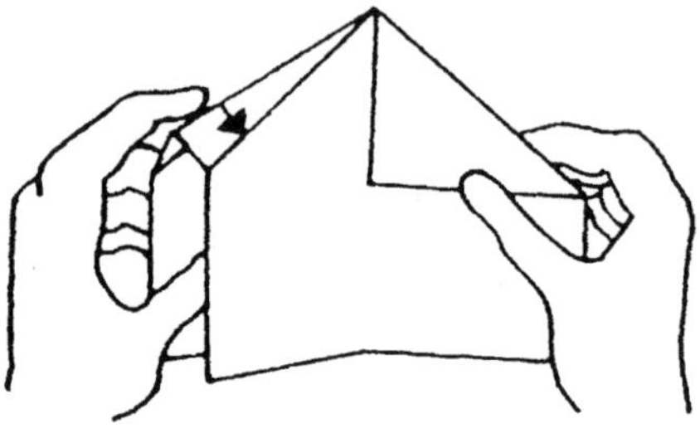

c) Die beiden Giebel nach innen eindrücken

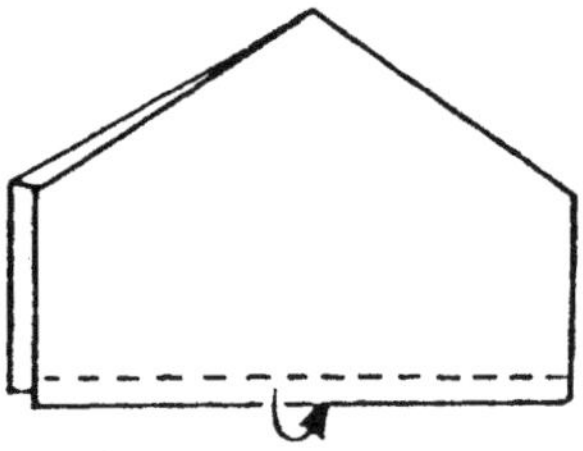

d) Die schmalen Kniffelstellen zum Aufstellen nach innen biegen

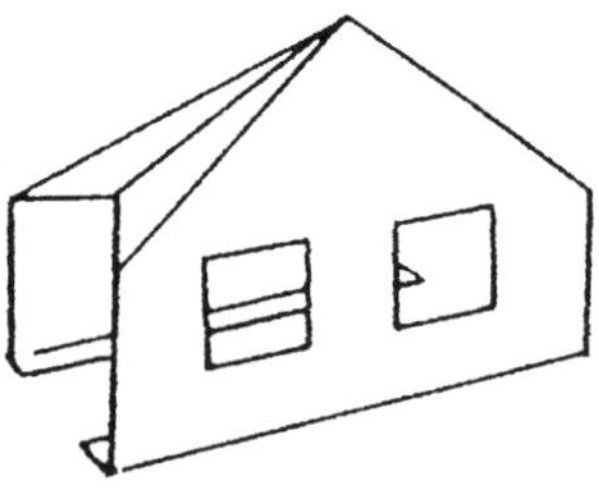

e) Mit Fenstern anmalen

Das letzte Hemd!

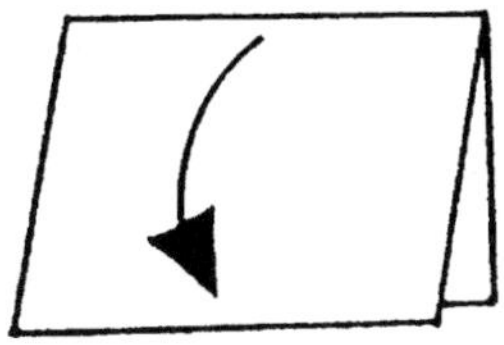

a) Rechteck zusammenfalten

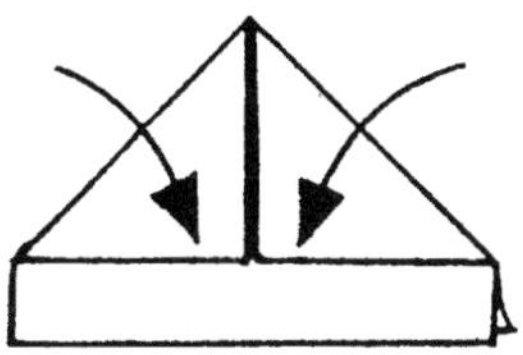

b) Den Falz zur Mitte falten

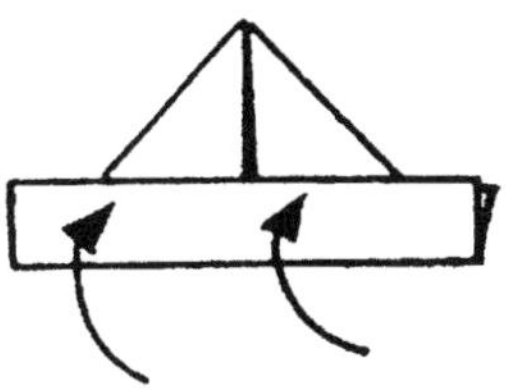

c) Die unteren Streifen nach hinten und vorn schlagen

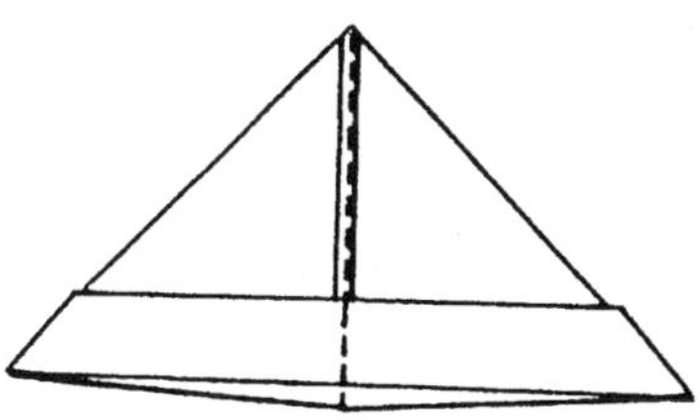

d) Den Hut am Mittelknick auseinanderziehen
Linke und rechte Ecke aufeinanderlegen

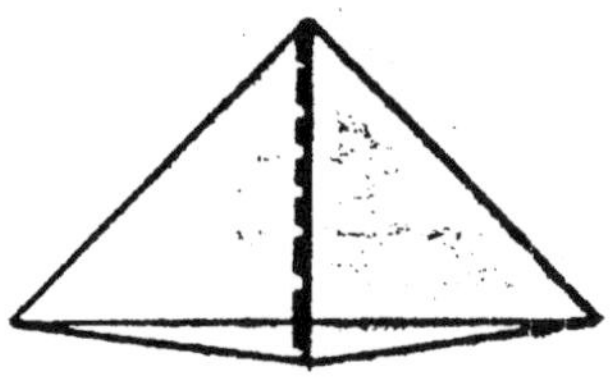

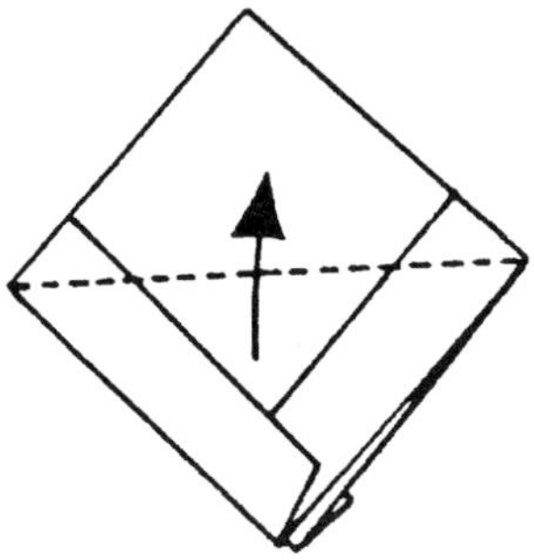

e / f) Die unteren Ecken nach vorn und hinten hochschlagen

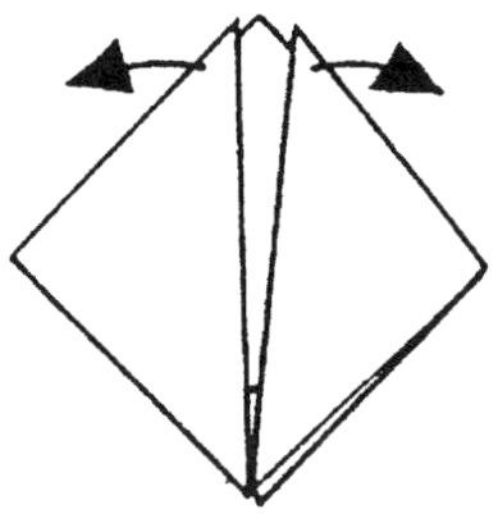

g) Das Dreieck wieder zum Viereck drücken
Beide Hälften gleichzeitig zur Seite ziehen

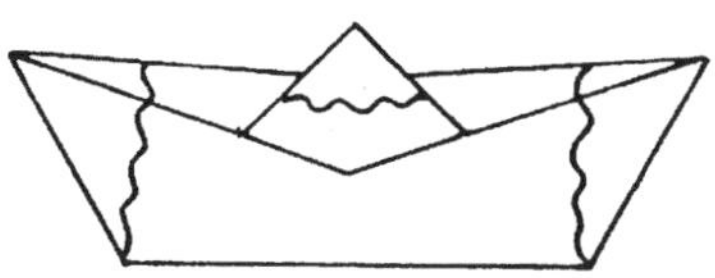

h) Geschichte von Sterntaler erzählen
Dabei die Ecken abreißen

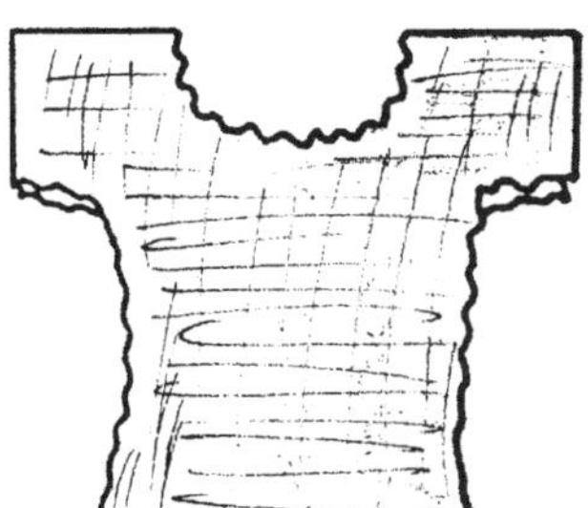

i) Auseinanderfalten

Ein Korb für den Proviant

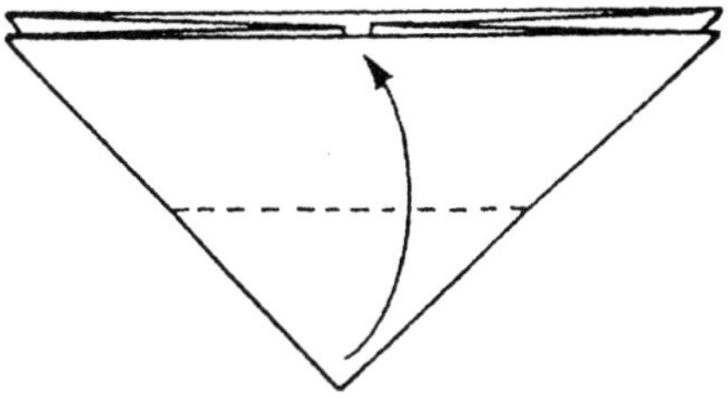

a) Grundform Knalltüte mit der Spitze nach unten
Spitze nach oben falten, wieder zurückfalten

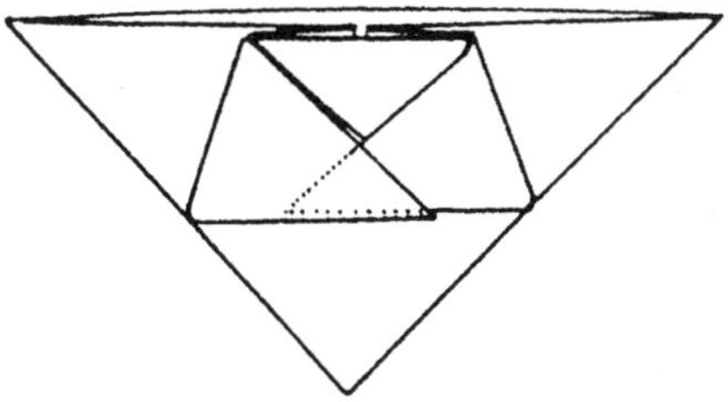

b) Die beiden Ecken zur Mittellinie falten
Ineinanderstecken
Mit einem Klebtropfen fixieren

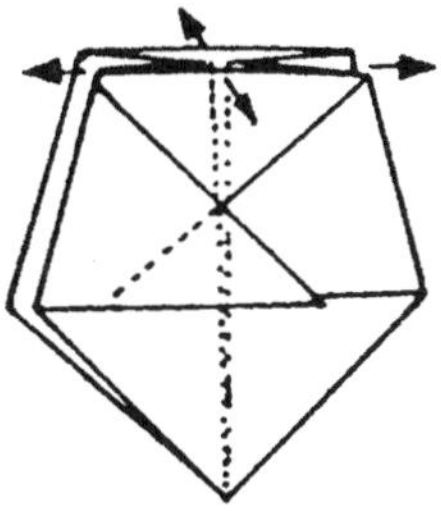

c) Das gleiche auf der anderen Seite

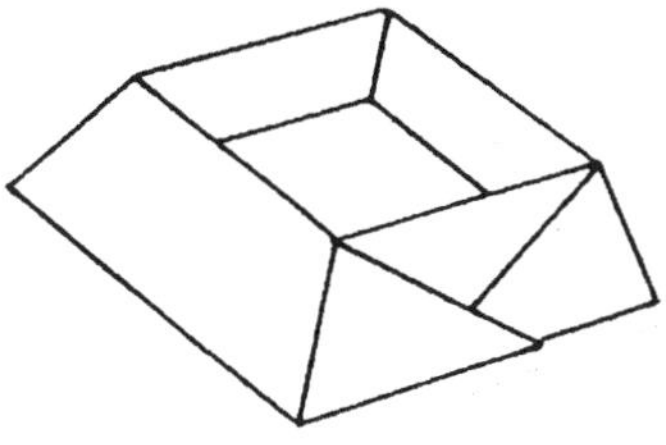

d) Die verklebten Ecken festhalten und vorsichtig das Körbchen öffnen

Sterntalers Hose . . .

a) Wir falten einen Doppelbrief
Alle vier Ecken zum Mittelpunkt falten. Wenden

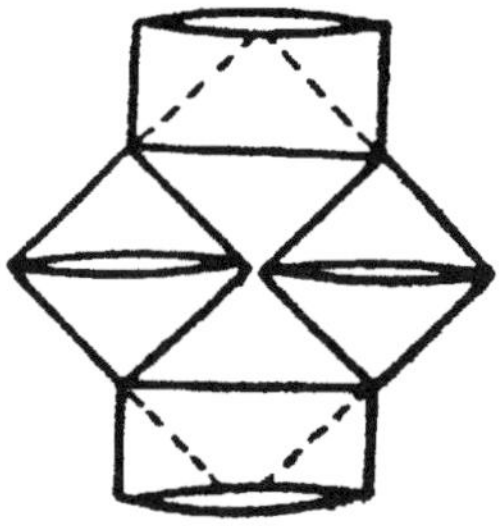

b) Wie beim bestens bekannten Dampfer das obere und untere Viereck umstülpen

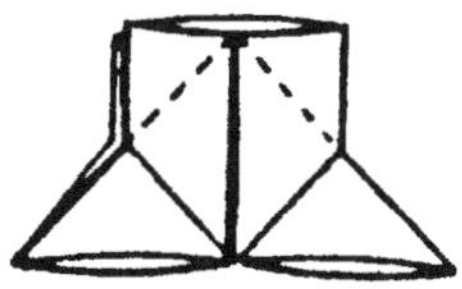

c) Nun das Stück zusammenklappen

d) Den Innenfalz des einen Dreiecks nach außen klappen und ganz nach unten drücken.
Das Oberteil gleichzeitig leicht auseinanderhalten

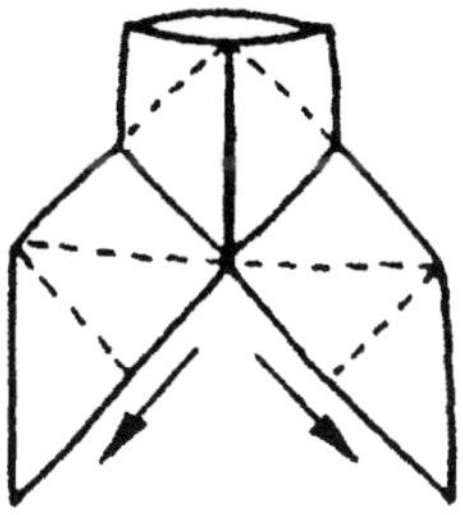

e) Auf der anderen Seite das Gleiche wiederholen

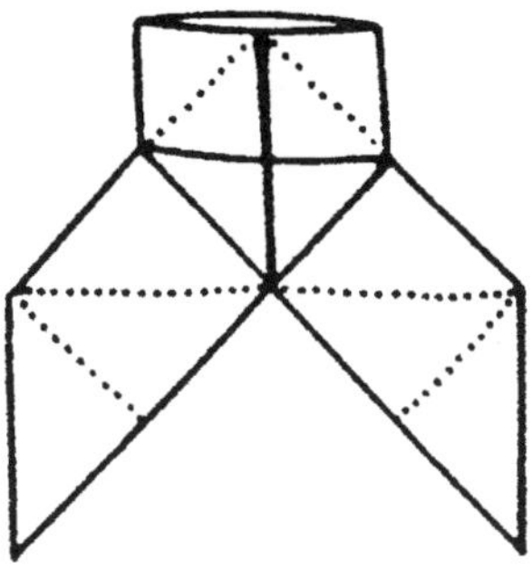

f) Fertig ist die warme Hose!

. . . und Jacke

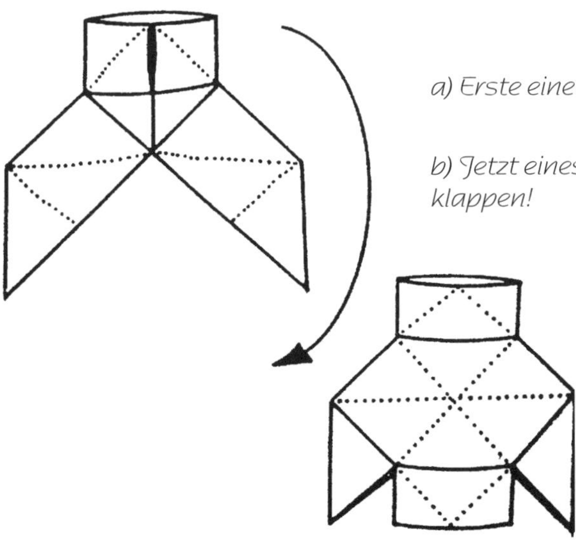

a) Erste eine Hose falten

b) Jetzt eines der Oberteile nach unten klappen!

Bäume für den Zauberwald

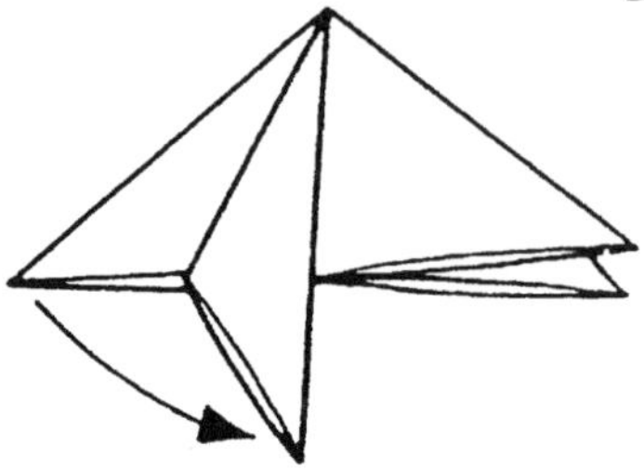

c) Grundform Knalltüte falten
Jede Ecke einzeln nach unten falten

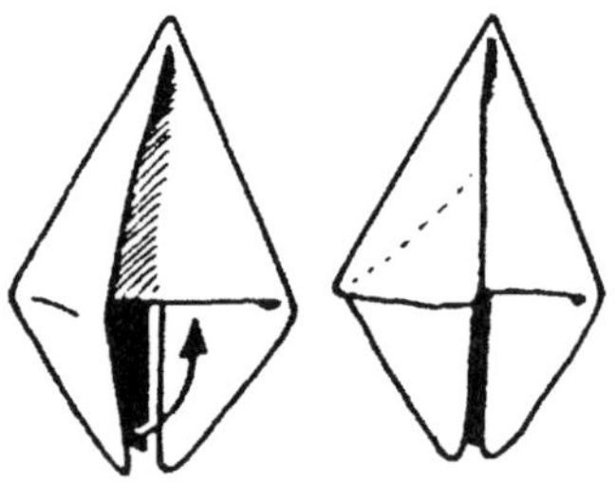

d) Die einzelnen Spitzen in die dazu gehörenden Dreiecke einschieben

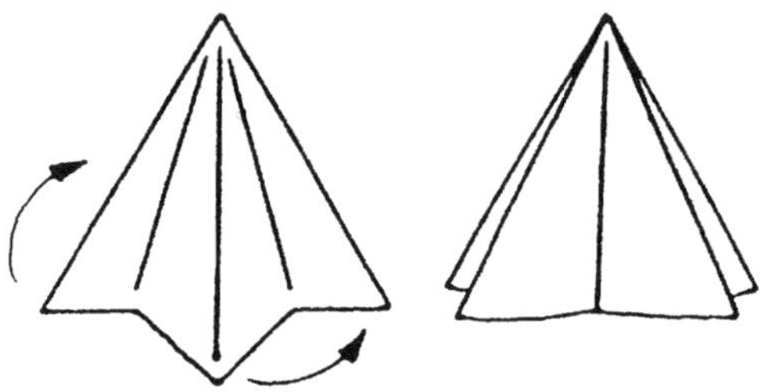

e) Den Tannenbaum nun zusammenfalten

f) Mehrmals über eine Tischkante ziehen. Die Falze sollen recht mürbe und eingekerbt sein

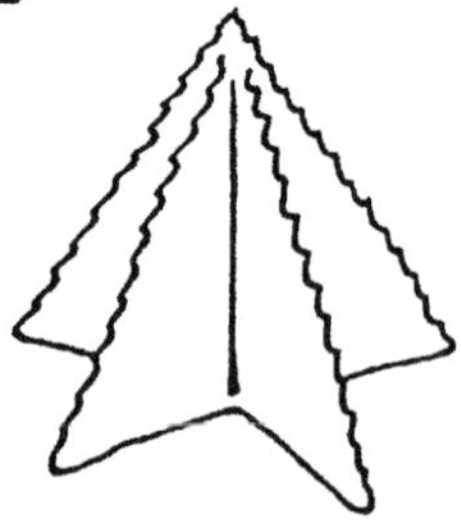

g) Auffalten, aufstellen
Mehrere Bäume zu einem Wald zusammenstellen.

Sterntalers warme Mütze

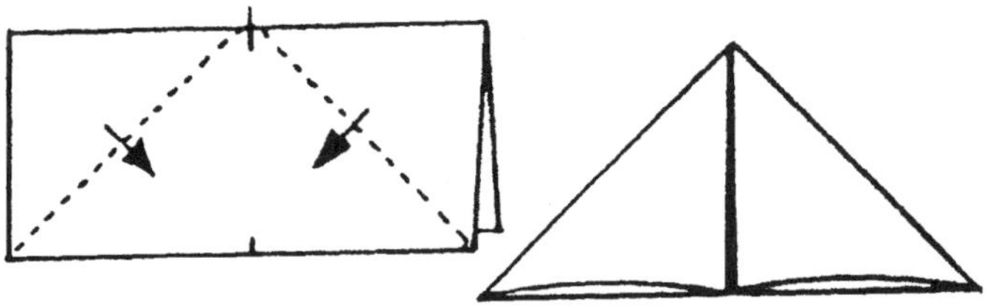

Quadrat in der Mitte falten
Halbieren
Beide Teile zur Mitte falten

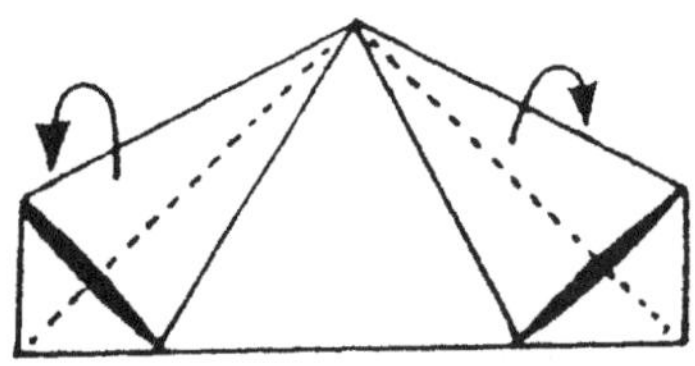

Das Dreieck auf der linken Seite senkrecht stellen und niederdrükken. Der Knick muß über dem unteren Falz liegen.

Rechts das Gleiche wiederholen. Beiderseits die überstehende Hälfte nach hinten abknicken.

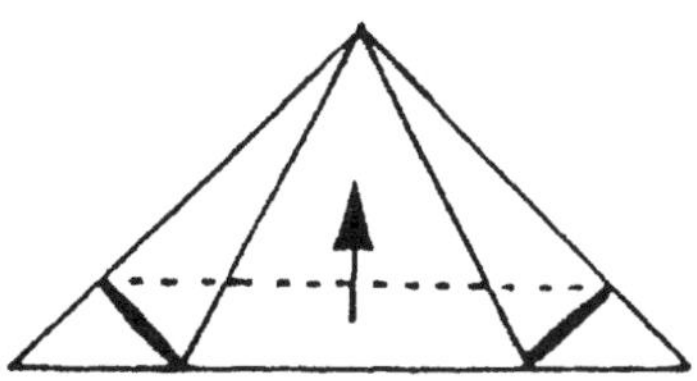

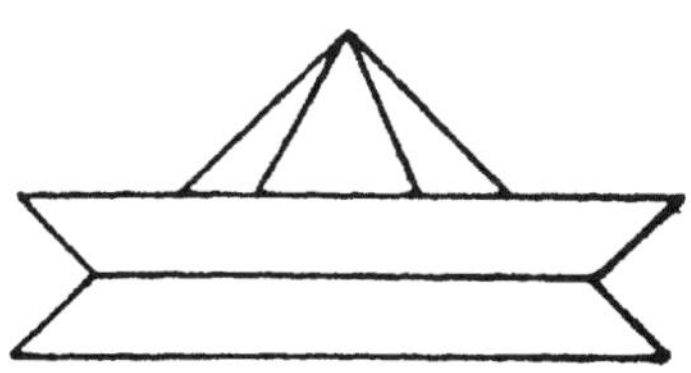

Die Unterkanten nach vorne und hinten abknicken.

Die Knicke gut nachfahren!

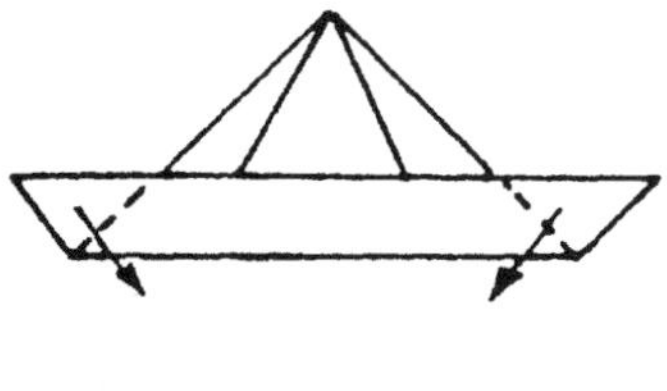

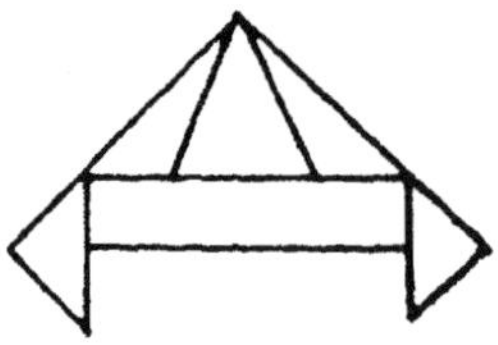

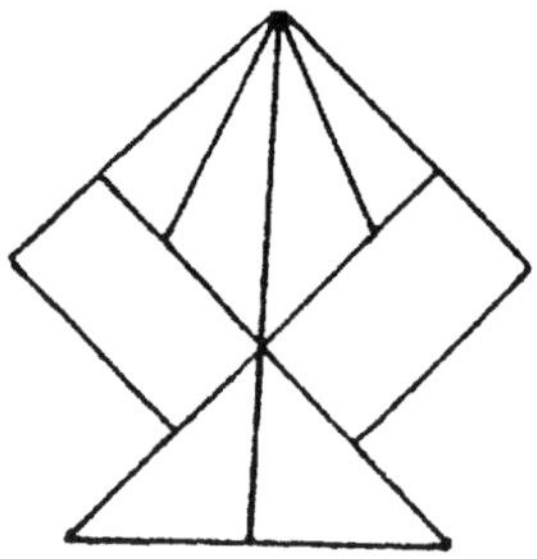

Die Spitzen vorne und hinten senkrecht nach unten falten!

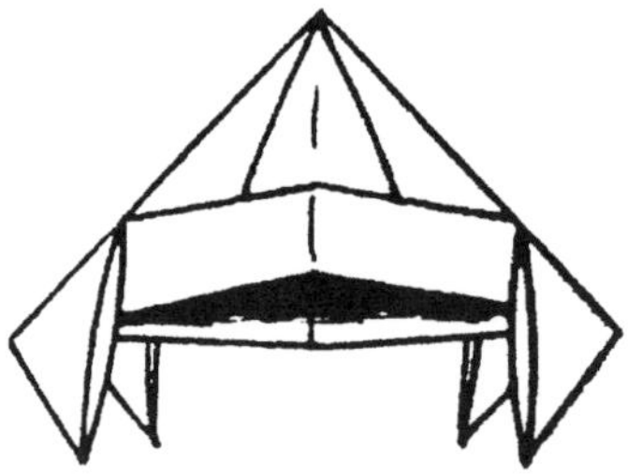

Nun das Faltstück vorsichtig etwas öffnen.
Fertig ist die warme Ohrenmütze unseres Sterntalers!

Feiner Faltstern

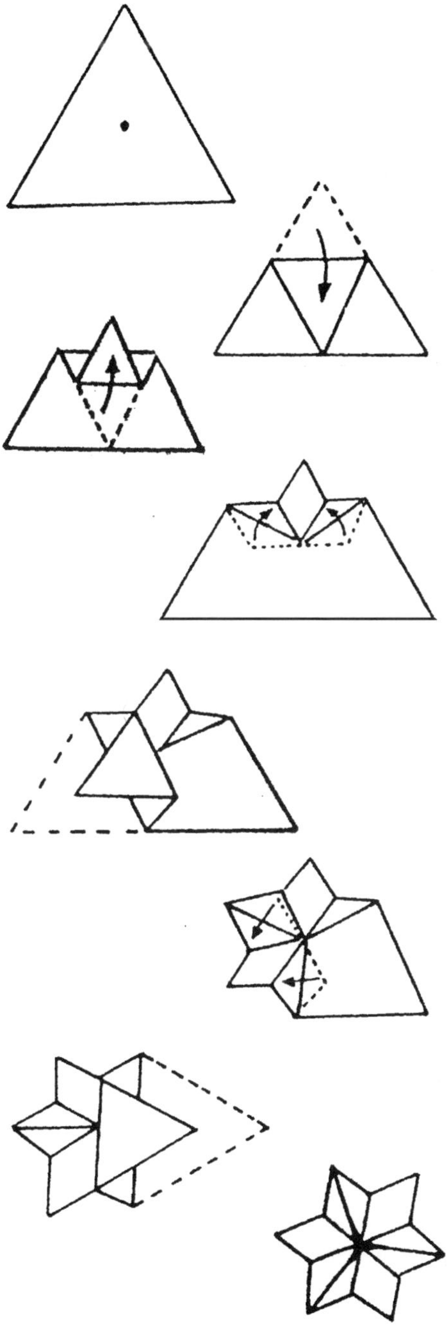

Diesmal haben wir ein gleichseitiges Dreieck als Ausgangsform. Spitze nach unten falten!

Am Mittelpunkt nach oben falten.

Die äußere linke Kante und die rechte Kante nach oben hin zum Falz falten.
Gut nachziehen!

Mit den beiden anderen Ecken wiederholen

Nacheinander mit allen Ecken den gleichen Faltvorgang machen.

Nun steht dem Sternenhimmel nichts mehr im Wege!

4.11 Stoffsammlung zu dem vorausgehenden Thema „Herbstsonne“

Sinnes/Körperwahrnehmung

Taktil:

- Fühlkästen mit selbstgesammelten Naturmaterialien
- Wärme und Kälte mit dem Körper spüren
- Montessori-Wärmefläschchen nach Wärmegrad ordnen
- Wärmequellen im Haus aufsuchen
- Mit geschlossenen Augen zur Sonne wenden, Wärme und Licht im Gesicht spüren
- Kinder massieren sich gegenseitig Füße und Hände:
  Der Wärme der fremden Hand nachspüren.
- Entspanntheit durch Wärme (Zudecken, in der Sonne liegen, auf die Heizung setzen, sich mit warmen Händen streicheln lassen etc.)
  Hand nicht auflegen, sondern knapp über der Haut hin und herführen. Wo ist die Hand jetzt? (Wärmemantel)
- Augen geschlossen der Sonne entgegenhalten. Ein anderes Kind deckt immer wieder die Lichtquelle ab. Wann ist Licht, wann ist Schatten?
- Fußerfahrungsstraße: In den Holzkästen sind die gesammelten Herbstmaterialien. Nun wird mit geschlossenen Augen und nackten Füßen, geführt von einem anderen Kind, die Fußerfahrungsstraße abgegangen.
- Stoppelfelder gehen, abfühlen, anschauen, riechen

Visuell:

- Lichtsignale mit der Taschenlampe. Die Bewegungen nachfahren, den Sonnenkreislauf nachvollziehen.
- Lichtmausspiel: Alle Kinder haben verschieden abgeklebte Spiegel (Dreiecke, Kreis, Viereck, Achteck etc.) Die Kinder sitzen vor einem aufgehängten Bettuch oder der Schattenleinwand. Nun kommt Licht von vorn auf die Spiegel, diese reflektieren ihre individuelle Form auf das Tuch. Nun kann ein Gespräch zwischen den verschiedenen Formen entstehen, ein Miteinander oder Gegeneinander.

- Variante: Die vom Übungsleiter improvisierte Musik steuert die Bewegungen.
- Sonnenfarben sammeln, auf Kärtchen malen. Nach Abstufung sortieren. Montessori-Farbtäfelchen!

Akustisch:

- Ein langgezogenes Signal (Becken oder singing bowl) kündigt den Sonnenaufgang an. Die Kinder vollziehen ihn nach.
- Geräusche der Blätter, Früchte, des Windes, des Herbstregens identifizieren können
- Typische Herbsttätigkeiten auf Tonband aufnehmen, erraten lassen

Geruchssinn:

- Herbstblumen riechen
- Geruch der verschiedenen Samen und Früchte identifizieren

Musik und Gesang

- Herbstmusik: Geräusche mit den gesammelten Früchten und Hölzern machen. Einmal als Musikgespräch, einmal als Ratespiel.
- Ausgangspunkt: Bild einer Herbstsonne. Nun passende Klänge dazu suchen, das Aufgehen und Niedersinken der Sonne klanglich darstellen, Töne für die Strahlen suchen, Töne für die warmen Farben suchen. (Instrumentenkunde)
- Zuordnung Vokal und Klang
- Tänze zum Erntedank tanzen
  Beispiel: Bändertanz
  Wir haben einen mindestens 2,50 m hohen Stock in der Mitte, an dem mit Karabinerhaken 12 oder 14 oder 16 3m lange Satinbänder im Wechsel blau und rot befestigt sind.
  Jedes Kind bekommt ein Band. Blau guckt rot an. Zu einer gemütlichen bayerischen Dreiermusik gehen die Kinder vorwärts, einmal unter dem entgegenkommenden Band, einmal das Eigene hebend. So entsteht am Stab ein Webmuster, das dem Ernte-Korbmuster ähnelt.
- Sonnenmeditation nach dem Bachschen Air oder einer anderen barokken Meditationsmusik
  Tanzform: In der Mitte des Kinderkreises liegt eine gestaltete Sonne. Die Kinder halten sich an der Hand. Beim Einsetzen der Musik rechts-

links-rechts mit langsamen Schritten auf die Mitte zugehen, sofort links-rechts-links wieder zurückgehen. Das Gewicht bleibt auf dem linken Fuß, der rechte geht einen Schritt nach rechts, der linke wird herangezogen.
Wieder von vorne.
Sprechen dazu: Rechts-links-rechts
Links-rechts-links
zum nächsten Strahl!

- Sonnengesang des Franz von Assisi mit Bewegungen darstellen. Bei den Kirchen kann man sich vereinfachte Formen besorgen, die im Religionsunterricht benutzt werden.

- Lieder:
  ... Ich schenk dir einen Sonnenstrahl (mit Wollknäuel)
  ... Falle, falle, falle – gelbes Blatt, rotes Blatt
  ... Guten Morgen liebe Sonne, komm zeig dein Gesicht
  ... Sonnenblumen
  (Herbst im Kindergarten Seite 64)
  ... Wenn der frische Herbstwind weht
  ... Drachenlieder
  ... Liebe Sonne scheine
  ... Will heut Äpfel pflücken
  ... Rinke ranke Rosenschein (Unser Liederbuch S. 6)
  ... Du liebe Sonne, bescheine mich (Unser Liederb. S.6)
  ... Erde, die uns dies gebracht, Sonne die es reif gemacht
  (Unser Liederbuch S. 44)
  ... Sonne Sonne scheine (Unser Liederbuch S. 40)
  ... Der Sonnenschein und die Beeren fein (Schalmei S. 58)
  ... Die güldene Sonne (Schalmei S. 65)
  ... Fliegt der erste Morgenstrahl (Schalmei S. 65)
  ... Oh Sonne Sonne scheine

Psychomotorik/Rhythmik

- Blätter zu Boden fallen lassen. Mit dem ganzen Körper und später nur den Armen die Fallbewegungen nachempfinden lassen.

- Sonnenstrahlen-Spiel: Die Sonnenstrahlen wecken nacheinander die Kinder.
  Variante: Die Sonne (ein Kind) schickt ihre Strahlen (zwei andere Kinder) von einem zum anderen. Haben die Sonnenstrahlen das bezeichnete Kind umarmt und gewärmt, kehren sie zur Mutter Sonne zurück und bekommen einen neuen Auftrag.

- Mit roten und gelben Seidentüchern wird eine Sonne in Bewegung, eine Sonne am Boden, eine Sonne in Ruhestellung gestaltet.
- Herbstnebel: Mit weißen Seidentüchern wird der Herbstnebel gestaltet, eventuell entlang eines Textes oder Liedes (Nebel, Nebel weiße Wand) (Nun hüllt mit Nebelschleiern der stille Herbst uns ein)
  Die Sonne löst dann den Nebel auf
- Nebel verhüllen die Sonne: Auf ein akustisches Signal hin wird die Sonne allmählich enthüllt.
- Blätter anblasen, so einen Herbststurm entfesseln.
- Die Blätter, durch die die Sonne hindurchscheint, draußen anschauen. Drinnen mit einem OP die Sonne simulieren. Die Kinder sind die Blätter, die sich nun vor der Lichtquelle bewegen. Verstärkung durch herbstfarbene Seidentücher (eventuell selbstgestaltet).
- Wind und Blätter: Einige Kinder machen den Wind (akustisch und szenisch), andere sind mit bunten Tüchern die Blätter (szenisch-tänzerisch). Eine Sonne geht zwischen all den Herbststürmen unbeirrt ihren Weg (Langes gelbes Gymnastikband, in Kreisform geschwungen)
  Kinder werfen vor der Sonnen einen Schatten auf den Asphalt, andere Kinder malen diesen Schatten mit Kreide nach.
- Ein Kind wirft einen Schatten, das andere legt sich genau in den Schatten hinein
- Thema darstellendes Spiel im Menschenschattenspiel
- Ein Märchen um die Sonne im Tischschattenspiel darstellen
- Bilderbuchgestaltung im darstellenden Spiel:
  Als die Sonne verkauft werden sollte“
  „Das Sonnenfest“ (siehe unter Bücher)

Naturkunde

- Bilder der Sonne und ihres Systems besorgen, an die Wand machen
- Pflanzen mit und ohne Sonne im Experiment beobachten
- Herbstfrüchte (Eicheln, Kastanien, Ahornsamen etc. in Töpfchen geben und das Keimen beobachten. Eventuell muß der Samen für eine Woche in die Tiefkühltruhe, es gibt Frostkeimer!
- Sinnesübungen zu dem Thema warm/kalt
- Natur“dinge“ sammeln und spüren

- Pilze suchen, bestimmen und kochen, beziehungsweise trocknen
- Blätter der verschiedenen Herbstbäume suchen
  - nach Farben ordnen
  - nach Formen ordnen
  - Metamorphosen suchen
  - Schattenbild (kopiert) dem Original zuordnen
  - Adern vereinzeln
  - Früchte und Blatt zuordnen
- Warum verliert der Baum im Herbst seine Blätter?
- Warum färben sie sich?
- Wo finden wir die Knospen für das folgende Jahr?
- Was passiert im Winter mit den Pflanzen?
- Welche Tiere fressen welche Früchte?
- Aus welchen Baumfrüchten kann der Mensch Öl gewinnen?
- Experimente mit der Lupe: Wenn Sonne gebündelt wird, was geschieht dann?
- Die „Gesichtsrichtung" der Sonnenblumen im Laufe eines Herbstsonnentages beobachten und aufzeichnen
- Öl aus Sonnenblumenkernen pressen
- Eine Sonnenuhr herstellen
- Weitere Experimente in den Sachbüchern, siehe unter Bücher

Basteln/ Malen

- Aus Goldpapier eine schöne Sonne in Gemeinschaftsarbeit herstellen
- Das Kostüm der Sonne miteinander golden anmalen
- Passende Gesichtsmaske herstellen (Venezianische Technik)
- Sonnenblumen, die nicht verblühen (Tonpapier)
  (Herbst im Kindergarten Seite 65)
- Kastanienmännchen und Tiere
- Kartoffeldruck
- Blätterdruck
- Drachen bauen und anmalen

- Blättermännchen gestalten
- Blätterkrone gestalten
- Bunte Blätter aus Knitterpapier ausschneiden
- Platzdeckchen mit Stoffmalfarben in Blätterdruck herstellen
- Obstschalen aus Ton in Abdrucktechnik herstellen

1. Schöne große Blätter sammeln, jedes Kind muß zwei von gleicher Größe haben. Die Adern sollen nicht zu stark, aber auch nicht zu schwach sein!
2. Jedes Kind formt eine sehr große Kugel
3. Auf der Tischränderscheibe wird die Kugel zu einem Pfannkuchen ausgeklatscht
4. Mit dem Draht von der Tischränderscheibe herunterschneiden und auf ein vorbereitetes Tuch legen
5. Mit dem Wellholz eine schöne, etwa drei bis vier Millimeter dicke Platte herstellen
6. Das eine Blatt darauf legen, sachte mit den Händen andrücken und nachfahren. Mit dem Wellholz von der Innenader nach außen anrollen, dabei darauf achten, daß nicht mit zuviel Druck über die Adern gerollt wird, sonst trennt sich nachher die Schale an dieser Stelle!
7. Konturen mit einem spitzen Messerchen nachfahren
8. Das ganze Blatt samt dem Tuch umdrehen. Nun liegt die Tonplatte mit dem Naturblatt auf dem Tisch, das Tuch kann vorsichtig abgezogen werden.
9. Das zweite Naturblatt wird nun auf die Rückseite der Platte gedrückt, abgerollt.
10. Dieses Naturblatt wird nun vorsichtig abgezogen. Das Ganze mit dem Naturblatt über eine umgekehrte Schale legen und den Einbuchtungen ein bißchen zur Regelmäßigkeit nachhelfen. Mit Namen versehen!
11. Die Ränder mit zarten Fingern etwas nachdrücken, damit sie nicht so dick bleiben und wirklich nach einem Blatt aussehen.
12. Wenn das Stück am nächsten Tag lederhart ist, von der Glasschale herunternehmen. Das zweite Naturblatt kann zur Stabilisierung auf dem Ton bleiben, es zerfällt beim Schrühbrand zu Asche.

- Eine Sonne töpfern. Auf der Rückseite eine Schlaufe für einen Stock einarbeiten, damit die Sonne dann mit dem Stock in eine Blume gestellt werden kann.
- Eine Sonnenmaske aus Pappmasche arbeiten in venezianischer Technik, damit das Kind, das beim darstellenden Spiel die Sonne spielt, eine Maske hat.
  (Ein Positiv aus Ton herstellen, dann mit dünnem Stoff oder Klopapier und Kleister die Maske abnehmen.)
- In Naßtechnik eine Sonne malen
- In Absprengtechnik eine Sonne malen
- Mit Sonnenscheinfarben ein Bild ans Fenster malen
- In Reißtechnik mit Glanzpapier eine Sonne kleben
- In Kupferblech eine Sonne drücken, mit Ständer versehen, damit eine Kerze wirkliches Licht aus dieser Sonne holen kann.
- Mit Seidenmalfarben in Aquarelltechnik ein Seidentuch gestalten und ans Fenster heften
- Herbstbild mit Sonne aus Filz herstellen. Wandbehang!

Hauswirtschaft

- Die Sonne hat das Obst gereift
  Pflücken, essen, Konservierungsmöglichkeiten besprechen und eventuell durchführen. Trocknen, einfrieren, einkochen, einsalzen, einzukkern (kandieren), mit Essig haltbar machen (süß-sauer Methode)
- Mithelfen, das Erntedankfest vorzubereiten
- Eventuell im Kindergarten einen eigenen Erntetisch herstellen
- Weinlese besuchen
- Kelter besuchen
- Eßkastanien pflücken (oder kaufen) und rösten.
  Kastanienmus herstellen
- Backäpfel braten (Gedicht dazu!)
- Verschiedene Trauben besorgen, vergleichen lassen nach Größe, Farbe, Kernen, Geschmack
- Verschiedene Herbstmarmeladen kochen

- Thema „Kartoffel“
  - Kartoffelfeuer
  - Kartoffelpuffer
  - Pommes
  - Kartoffelbrei
  - Spritzkartoffeln
  - Chipsis
  - Kartoffelschnee
  - Kartoffelnester
  - Kartoffelsuppe
  - Bratkartoffeln
  - Klöße
  - Gratin
  - etc. etc.
- Herbstkleidung ist anders als Sommerkleidung!
- Herbstkuchen backen
- Früchtebrot

Erlebensgestaltung

- siehe Rhythmik und Psychomotorik!
- siehe Basteln und Malen!
- Jahreszeitentisch
- siehe darstellendes Spiel!

Gruppenspiele zum Thema Sonne

- Sonnenstrahlspiel
- Sich mit warmen Händen im Raum herumführen, ohne sich zu berühren
- Sonnentanz
- Schattentreten, Schattenfangen
- Schattenspiel um die Sonne (mit zwei Projektoren)

Sprachgestaltung/Sprechmotorik

- Sonnen-Wörter sammeln
  a) inhaltlicher Art
  b) Wortfamilie

- Diese Wörter nach reichlicher Übung vom Mund ablesen lassen
- Sonnengedichte mit Bewegungen gestalten (siehe Anlage)
- Nacherzählung: Die Geschichte von der goldnen Sonnenblume (Herbst im Kindergarten Seite 62-63)
- Die Sonnenuhr (von Guggenmoos)
  Ich weiß einen eisernen Stab,
  er ragt aus der Wand ein Stück weit.
  Darunter sind Zahlen gemalt,
  darauf zeigt die Sonne die Zeit.

  Doch tut sie da nur nebenher,
  sie macht ja noch tausendmal mehr.

  Wenn sie nicht wär, wie säh's aus
  auf Erden? Oh Greuel oh Graus!
  Ewig kalt, ewig nacht, menschenleer
  wär's hier, wenn die Sonne nicht wär.
  (gefunden in „Oh Verzeihung, sagte die Ameise." S. 47)
- Liebe Sonne, scheine, scheine
  schick uns deine warmen Strahlen
  daß wir süß und saftig werden,
  du kannst rote Backen malen.
  Wer spricht da?
  (Herbst im Kindergarten, Seite 57)
- Spruch beim Tanz (Sonnenmeditation)
- Sonnengesang des Franz von Assisi
- Farbwörter zur Sonne sammeln
- Seide blasen
- Seifenblasen in die Sonne blasen
- Das „o" in dem Wort Sonne immer wieder vereinzelt üben
- Das s am Anfang des Wortes lang dehnen, wenn das Sonnenstrahlenspiel mit Sprechübungen verbunden werden soll.
- Mit der Stimme den Auf- und Abgang der Sonne simulieren (Stimmführungsübung)
- „Warme" Laute suchen, die für die Sonne benutzt werden können. Dann ein „Sonnengemurmel" machen.
- Die Geräusche der Blätter und Früchte artikulatorisch nachgestalten

Bilderbücher

- Guten Morgen, liebe Sonne
- Luftikus und Sausewind, Haba Verlag
- Das Sonnenfest gemalt von Inge Steinecke erzählt von Gudrun Pausewang, Middelhauve Verlag
- Alle meine Blätter, Irmgard Lucht/Josef Guggenmos, Ellermann Verlag
- Nur ein kleines Samenkorn, Eric Carle, übersetzt von Tilde Michels, dtv junior
- Als die Sonne verkauft werden sollte, Bjarne Reuter, Oetinger Verlag
- Das Apfelmännchen von Janosch, Nord-Süd Verlag

Sachbücher

- (mit Fotos) Der Apfelbaum im Jahreslauf, von Claudia Schnieper und Othmar Baumli, Kinderbuchverlag Reich/Luzern
- Wasser, Feuer, Luft und Erde, von Veronika Zacharias, Ellermann Verlag
- Das Jahreszeiten-Reimebuch, Herder Verlag
- Seifenblasen Schwebende Träume, von Michael Schuy, DuMont Verlag

Vorbereitungsbücher

- Die Herbstzeit im Kindergarten, von Rolf Krenzer, Edition Kemper im Verlag Ernst Kaufmann
- Frühling, Spiele, Herbst und Lieder, von Knister/Maar, Ravensburger
- Ein ganzes Jahr und noch viel mehr, von Barbara Cratzius
- Herbst im Kindergarten, von Barbara Cratzius, Herder Verlag
- Riech- und Schmeckspiele, von Wolfgang Löscher, Don Bosco Verlag, Nr. 1 September bis Februar, Herder Verlag
- Der Wind, der Wind, das himmlische Kind, von Wolfgang Löscher
- Sprechen und Spielen, von Susanne Stöcklin-Meier, Ravensburger, S. 101-114 Schattenspiele
- Oh Verzeihung, sagte die Ameise, von Josef Guggenmos mit Bildern von Nikolaus Heidelbach, Beltz Verlag 1990

Ideen zur Gestaltung des Themas „Sonnenaufgang"

Am Morgen

- Vorbereitet wird das Thema mit einem anschwellenden Ton. Erst hören die Kinder nur, beim zweiten Durchgang sollen sie mit dem ganzen Körper das Lauterwerden deutlich machen (für den Ton nehme ich eine Klangschale, es geht aber auch ein Saxophon oder ein Becken. Beim Becken nimmt man zwei Klöppel wie Eßstäbchen in die Hand und zittert immer rauf und runter, so daß das Becken einmal von oben und einmal von unten in schnellster Folge geschlagen wird. So entsteht ein Dauerton, dessen Stärke variierbar ist.) Die Kinder sitzen erst ganz zusammengekauert auf dem Boden, hören sie den Beginn des Tones, bewegen sie sich vorsichtig, strecken sich allmählich, wachsen zu voller Größe auf, wenn der Ton seinen Höhepunkt erreicht hat. Dann wieder allmähliches Abflauen. Diese Übung eignet sich auch sehr gut für das Wachsenlassen von Pflanzen.
- Das Sonnenlied kann nun eingeführt werden, wobei der Körper wieder den Sonnenaufgang nachvollzieht.
- Die Sonnen geht ihren Weg, weckt die Blumen auf, zieht das Wasser an sich, bescheint die arbeitenden Menschen.
- Im darstellenden Spiel wird der Weg der Sonne nachvollzogen. Ein Kind spielt die Sonne, die anderen stellen die Szenen pantomimisch (oder mit Sprache) dar, die die Sonne zu sehen bekommt.
- Geräuschteppich: Wir simulieren verschiedene Tiere und Menschengeräusche beim Erwachen des Tages. Raten
- Aufweckspiel: Alle Kinder schlafen am Boden. Die Sonne geht auf und geht ganz leise herum und weckt ein Kind nacheinander zum großen Kreis. Tanz „Sonnenmeditation"
- Der Bauernhof erwacht. Die verschiedenen Tiere werden nachgemacht mit ihren Geräuschen und ihren typischen Bewegungsarten.
- Musikmalen zu Griegs Morgenstimmung, nur in den Farben des Morgens
- Die beiden Morgenkanons in Bewegung lernen. Spuren am Boden abkleben! Die getanzten Muster graphisch oder mit den Morgenfarben gestalten

Cassettenverzeichnis

Rüpeltanz	
Let's kiss	*Fidula Verlag*
Oh onni gonni game	*Boppard/Rhein*
Grimassentanz	*5407*
Garun	*Ludwig Lang*
Le Or Chiyuchech	*74523 Schwäbisch Hall*
Tzadik Katamar	*Postfach 100430*
Gänseliesl Polka	
Cheltenham Morris	
Troika	
Korobushka	
Ma Navu	
At Va 'Ani	

(Diese Cassetten beinhalten jeweils
nur einen einzigen Tanz; so entfällt die lästige Sucherei.)

Callison Hall Jig	*Contra Dance*
	Lloyd Shaw Foundation
Yankee Doodle	*tanz*
Oh Susannah	*Kögler, EP 58704*
Doublebska Polka	*tanz*
Mexikanischer Walzer	*Walter Kögler Stuttgart*
Canadian Breakdown	*EP 58701*
Petronella	tanz
Good night Ladies	*Kögler Stuttgart*
Grand Square	EP 5870Z
Hava nagila	*tanz*
White silver sands mixer	*Kögler Stuttgart*
Shalako	*KA 85201c*
Mereten Mixer	
Dancing in the Street	
Misirlou	*tanz*
Milanovo Kolo	*Kögler Stuttgart*
Fado Blanquita	*EPA 4129*
Gie Gordons	*EP 58707*
Beginners Dances	Skill Institut
	Heidelberg

Literatur

Arndt/Singer: Das ist der Daumen knudeldick, Fingerspiele und Rätsel Otto Maier Verlag Ravensburg

Bächli: Der Tausendfüßler, Musik Hug Verlage

Baur: Bli bla blu, Verse und Lieder, Novalis Verlag

Ernst: Musik- und Bewegungserziehung, Bayerischer Schulbuchverlag München

Eggert/Lütje-Klose: Theorie und Praxis der psychomotorischen Förderung (Arbeitsbuch), borgmann publishing

Fischer-Olm: Faltbuch, Selbstverlag, 89551 Königsbronn, Amselweg 7

Fischer-Olm: König Wolf, Multisensorielles Schultheater für jüngere Schüler, Selbstverlag, 89551 Königsbronn, Amselweg 7

Gaß-Tutt, Anneliese: Tanzkarussell 1 und 2, Fidula Verlag

Kreusch-Jakob: Da hüpft der Frosch den Berg hinauf, Allerlei Krabbelverse und Handspielerein, Ellermann Verlag

Mala/Nemeth: Prof. Knickrich's Abenteuerfaltbuch, Englisch Verlag

Pausewang: Die Unzertrennlichen 1 und 2, Don Bosco Verlag München

Röttgen: Spielerlebnisse zum handelnden Spracherwerb, borgmann publishing

Stöcklin-Meier: Falten und Spielen, Otto Maier Verlag Ravensburg

Ulbrich: Tanz dich gesund!, Verlag Ullstein Mosby

Zimmer: Kreative Bewegungsspiele, Psychomotorische Förderung im Kindergarten, Herder Verlag